礼仪面对面丛书

接待礼仪

（第二版）

金正昆 著

中国人民大学出版社
·北京·

前言

在谈到人与人之间的正式交往与相互关系的处理时，中国古代典籍《礼记》曾给出一项基本规则：“以礼节之。”据我理解，它的含义是：必须用“礼”来具体约束人际交往以及人与人之间的关系，即所谓“约之以礼”。

就一般意义而言，所谓“礼”，是一种道德规范。孔子曰：“礼者，敬人也。”孟子则道：“有礼者敬人。”由此可见，“礼”的基本要求，就是以尊敬自己、尊敬他人，来具体协调人际交往与人际关系。所谓“仪”，则指的是“礼”的具体表现形式，即具有可操作性质的、“礼”的规范化做法。简言之，礼仪即一系列律己、敬人的规范化的具体表现形式。

在现代社会中，人们不仅讲究礼仪、运用礼仪，而且在不同的场合、不同的位置上还被要求遵守各不相同的礼仪规范。在正常情况下，越是正规的场合，地位越是重要的人士，越需要讲究礼仪。孟子坦言：“礼，门也。”荀子曾明确指出：“礼者，养也。”孔子亦曾强调：“礼也者，理也”，“不学礼，无以立”。他们的这些真知灼见，已成为越来越多当代中国人的共识。

在初次交往、公务交往、涉外交往等较为正式的场合，每一位现代人都必须知礼、行礼、守礼。唯有如此，才能够内强个人素质，外塑组织形象，增进人际交往，优化人际关系。

为了便于广大读者更好地、更全面地、更系统地学习和运用礼仪，在中国人民大学出版社领导的支持下，在出版社郭晓明先生的鼓励下，我编写了这套由《职场礼仪》、《接待礼仪》、《交际礼仪》、《行政礼仪》、《国际礼仪》等组成的“礼仪面对面丛书”。本丛书的基本特点有三：

其一，对象性。本丛书各册均以特定的人群为对象，并注重其特定的使用范围。

其二，实用性。本丛书坚持“行之有效”与“学以致用”，注重其相关内容安排上的可操作性。

其三，时效性。“古调虽自爱，今人多不弹。”本丛书力求与时俱进，关注新问题，重视新热点，并努力解决新问题。

就具体内容而言，本丛书的各个分册各有其不同的侧重点：

《职场礼仪》，主要面向各行各业的办公室职员。它所介绍的，主要是职员在其工作岗位上所应遵守的礼仪规范。

《接待礼仪》，主要面向从事接待工作的各类人士。它所介绍的，主要是接待人员在具体从事接待工作时所应遵守的礼仪规范。

《交际礼仪》，主要面向一般性的交际应酬的参加者。它所介绍的，主要是各种各样的交际应酬的参加者所应遵守的礼仪规范。

《行政礼仪》，主要面向各类行政人员以及与其打交道者。它所介绍的，主要是公务交往的礼仪规范。

《国际礼仪》，主要面向各类涉外人员。它所介绍的，是当代中国人在其国内外涉外活动中所须掌握的礼仪规范。

应当说明的是，本丛书的编写兼顾“古为今用”与“洋为中用”。既重视对中国传统礼仪精华的继承，又重视对外国礼仪尤其是通行于世的国际礼仪的借鉴。令本丛书的阅读与使用真正地有助于广大读者，乃是编写者最大之心愿与努力之目标。

目录

上编　内宾接待的礼仪规范

下编 外宾接待的礼仪规范

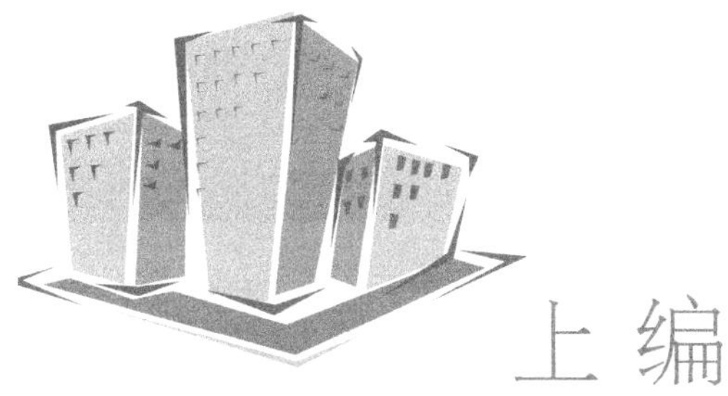

上编
内宾接待的礼仪规范

孔子曰:“有朋自远方来,不亦乐乎?”自古以来,中国人民就以热情好客而闻名于世。礼待宾客,在中国向来被视为为人处世的基本礼仪之一。

本编着重介绍的是内宾接待礼仪,即接待内宾时待人接物的一系列具体的行为规范。本编所谓的内宾,是指来自国内的宾客,特别是有关方面在正式场合所接待的来自国内的正式客人。鉴于目前中国的国际化程度日益加深,本编所介绍的内宾接待礼仪也或多或少地涉及某些接待外宾的具体做法。

第一章 宾客的迎送

迎送宾客，讲究有始有终、善始善终。在其整个具体过程中，必须坚持主随客便、以礼相待、热情有加。

第一节 总体要求

在接待工作的具体过程中，迎送来宾作为接待工作的具体起点，不仅理应为接待方所重视，而且亦为接待对象所关注。

在接待过程中，迎送来宾不仅反映接待方的接待水准，体现接待方的礼宾规格，而且意味着双方关系发展的具体程度，暗示着接待方对接待对象的重视程度，同时还事关接待对象对接待方工作的第一印象。因此，无论就接待方还是接待对象而言，接待工作中的迎送来宾理所当然地应被视为一桩礼仪大事。

具体而言，接待过程中迎送来宾，在礼仪规范上有熟悉详情、确定“时空”、关注细节、熟知程序四个问题需要为有关人士所重视。

一、熟悉详情

本着“知彼知己”的原则，从事迎送来宾的接待人员，有必要对有关状况掌握得详尽具体、细致入微。在此方面倘若稍有不足，就有可能产生连锁反应，影响到全部迎送活动乃至整个接待工作的顺利进行。

（一）掌握对方的状况

要将迎送来宾工作进行得圆满顺利，达到双方都满意的效果，接待方有关人员首先应对来访人员的具体状况予以充分掌握。这是接待人员做好迎送工作的基本保证。

1. 主宾的个人简况

对于对方主宾的简况，诸如姓名、性别、年龄、籍贯、民族、单位、职务、党派，以及文化程度、宗教信仰、生活习惯、个人偏好、家庭状况、职位变迁、政治倾向、业务能力、社会评价等，均应一清二楚。对对方其他来宾的基本情况，亦应尽可能地有所了解。

2. 来宾的总体情况

在迎送活动中，一些有关来宾的总体情况，例如具体人数、性别概况、相关专业、内部关系、组团情况及负责人等，接待人员亦应予以关注。

3. 来宾的整体计划

接待对象在来访之前，必定会制订具体的访问计划。对其来访计划，特别是访问目的、指导方针、大致安排等，接待人员应有一定程度的了解。

4. 来宾的具体要求

在迎送活动开始前，以及在具体进行中，接待人员对于对方所提出的要求或者意见、建议，均应认真听取，并予以充分考虑。

5. 来宾的抵达时间

对于来宾正式抵达的时间，例如具体日期、具体时间，以及相关的航班、车次、地点等，接待人员务必掌握充分、一清二楚，并且再三核对，以免在具体工作中出现重大差错。

（二）了解己方的规定

从事迎送工作的接待人员，尤其是其中的负责者，一定要对己方的相关规定进行全面了解。

其一，己方的接待方针。它具体涉及己方有关整个接待工作的基本要求。

其二，己方的礼宾规格。它是己方所给予来宾具体礼遇的最明显的体现。

其三，己方的操作重点。对于迎送来宾过程之中的某些重点环节，有关人员必须予以重视。

其四，己方的有关预案。对于用以防止某些临时变故的预备方案，有关人员必须了解清楚，而不能一知半解。

二、确定“时空”

在正式的接待过程中，宾主双方均对迎送来宾的具体时间与空间十分重视。因为它不仅限定了迎送活动的具体范围，而且还将在一定程度上直接影响着迎送活动的效果。

具体而言，与接待中迎送来宾活动的具体时空条件有关的规范，主要包括如下两个方面：

（一）活动的时间

在具体从事迎送活动时，对于时间问题理应高度重视。有关活动时间的礼仪规范，主要涉及如下三点：

1. 须双方商定时间

在任何情况下，有关正式迎送来宾的具体时间，均应由宾主双方事先正式商定，并达成一致。各方对此都可以提出意见或建议，但同时也必须耐心地听取对方的意见或建议。

2. 约定时间要精确

对于有关迎送活动的具体时间约定，不仅应该详尽，而且必须精确。一般情况下，每次活动的具体时间应明确年、月、日，采用 24 小时制计时，并且应当精确到以分钟为计时单位。对于每次活动的时间，既要规定起始时间，又要规定终止时间，即必须规定每次活动的具体时间长度。

3. 宜反复予以确认

接待人员在具体操办来宾迎送活动的过程中，应养成在必要时再度与对方确认相关时间规定的良好习惯。在下述情况下，对有关具体时间的规定更要不厌其烦地与对方再度进行确认：来宾正式出发之前；来宾即将抵达之前；迎送时间略有变动之后。

（二）活动的空间

在明确迎送活动具体时间的同时，对于其具体空间应亦有所规范。所谓迎送活动的具体空间，通常是指用以进行迎送活动的具体地点。有关活动空间的礼仪规范，一般包括下述两点：

1. 主方专断

通常，有关迎送来宾的具体地点，均由东道主一方自行确定。对于被接待方，东道主仅仅需要进行通报而已。

2. 环境良好

为了使迎送活动给来宾留下美好印象，在力所能及的前提下，一定要充分考虑活动地点环境的好坏：不仅应当关注活动现场具体环境的好坏，同时还应当关注活动现场周边环境的好坏。

三、关注细节

在迎送来宾的具体活动中，接待人员既要事事从大局着眼，明辨大是大非；又要处处从小事着手，关注具体的细节问题，防止因小失大。

古人认为，要做好一件事情，通常需要“天时、地利、人和”。与之相对应，在迎送活动中的“天时、地利、人和”，就具体地体现在天气、交通、安全三大细节方面。

（一）天气状况

在任何时候，天气条件的变化都会对人们的正常活动产生一定程度的影响。对迎送来宾的具体活动而言，天气情况则更是不可不察。在这一问题上，主要应当注意两点：

1. 掌握当地的天气变化规律

在具体安排迎送活动时，务必要充分了解当地的天气变化规律，在任何时候，都不应该使迎送活动“逆风而动”或草率行事。

2. 制定天气突变的应对措施

俗话说：“天有不测风云。”在制订迎送来宾的具体计划时，一定要对有可能产生变化的天气状况有所考虑，并为此制订应急方案。

（二）交通状况

不论举行何种形式的迎送活动，当地具体的交通状况都不容回避。倘若在交通方面存在隐患，则必将影响迎送活动的顺利进行。在交通问题上，通常有以下两点注意事项：

1. 安排适量的交通工具

一般情况下，迎送活动中所使用的交通工具应由接待方具体负责。

2. 事先向交管部门通报

在举行正式的来宾迎送活动之前，一定要向当地交通管理部门进行例行的情况通报。此种做法，既是对交管部门的一种尊重，同时也是为了取得交管部门的支持与配合。

（三）安全状况

由于许多迎送活动往往公开举行，因此有关部门和有关人员一定要对迎送活动的安全状况高度重视，并且牢固树立“安全第一”的观念。在这一重要问题上，除了要注意迎送过程中车辆行驶的安全外，还要根据情况采取必要的安全措施。例如，事先向公安部门报备，必要时请求对方给予协助。应对活动参与者提出要求，并进行资格审查。在其抵达现场后，往往还可以进行例行的安全检查。举行重大的迎送活动时，通常还应当采取一定的保密措施，并调配保安人员到场。

四、熟知程序

就礼仪惯例而言，凡属重大活动，皆应规定必要的程序，并届时循序而行。因此，一般情况下，每一名具体从事迎送来宾的工作人员，都应当熟知制定程序、规范程序、简化程序、执行程序这四个与迎送活动密切相关的程序问题。

（一）制定程序

一般性的迎送活动，特别是需要举行专门仪式的迎送活动，都必须事先制定活动程序，以保证迎送活动循序而行、井井有条。所谓程序，通常是指某项活动进行的基本步骤与先后顺序；所谓迎送的程序，显然指的就是迎送活动的主要环节与操作流程。对有关迎送活动的程序的具体制定，主要有以下两方面的要求：

1. 程序必须制定

任何正式的迎送活动，不论是否举行仪式，都一定要事先制定必要的程序。

2. 程序必须详尽

既然迎送程序事关迎送活动的操作流程与进行步骤，那么就应当在制定有关程序时力求规范、详细、具体、全面。

（二）规范程序

从标准化、正规化的角度来讲，迎送活动不仅需要制定必要的程序，而且还需要对有关程序进行必要的规范。一般而言，用以迎送对方来宾的具体程序，大致上可分为正式程序和非正式程序。

1. 正式程序

正式程序一般适用于举行非常正规的迎送仪式，多用于外事接待中，特别是迎送国宾。目前，中国最为正式的迎送来宾程序，首推对外国国宾的欢迎仪式。其具体程序大致为：当外国国宾抵达北京时，由中国政府陪同团团长前往首都机场迎接，并陪车将其送至钓鱼台国宾馆下榻。次日，在人民大会堂东门外为其举行隆重而正式的欢迎仪式。届时，欢迎仪式将由引见、献花、鸣炮、奏乐、检阅，以及随后在人民大会堂举行国宴等一系列规范化的程序组成。倘若天气不佳时，欢迎仪式则一般改在人民大会堂内北大厅举行。

2. 非正式程序

在内宾接待活动中，迎送仪式通常不必举行，但迎送活动往往还是不可缺少的。那些非仪式性的迎送活动的具体程序，即为非正式程序。

一般情况下，迎送来宾的活动应由邀请单位的负责人或者正式代表出面组织。具体程序通常应当包括：迎送、陪车、会见、合影、宴请等，群众队伍则一般不予以安排。这些具体程序，亦应由有关单位按照惯例与来宾要求，进行必要的规范。

若宾主双方关系较为密切、彼此相熟，常来常往甚至十分友好，则亦可视具体情况的不同，以其他亲切、友好、尊重、敬意的形式，来表达迎宾时的喜悦与送宾时的祝福，而不必过分拘泥于常规的迎送活动程序。

（三）简化程序

程序从简，是目前中国来宾迎送的一大趋势。在具体拟订来宾迎送活动程序时，接待方亦应在不失礼、不影响活动效果的前提下，对其进行必要的简化。在目前一般性的迎送活动中，通常不举行专门仪式，而且还须尽量减少活动的具体环节。只有这样，迎送程序才有可能被真正地简化。同时，还要努力控制活动的规模。对于参加活动的人数、到场领导的级别、参与陪同的人员、举行活动的时间及其具体的经费支出等，均应一律从简。

（四）执行程序

不论制定迎送活动的程序，还是规范、简化迎送活动的程序，都是为了追求其执行效果的最佳化。要做到这一点，有两方面必须要注意：

1. 认真执行既定的程序

迎送活动的程序一旦制定，有关人员即应无条件地、自觉地对其予以执行。

2. 灵活机动地执行程序

在执行既定程序时，必须既坚持原则，又善于机动灵活、随机应变，具有较强的应对突发事件的能力。

第二节　正式会晤

在接待工作中，宾主双方的正式会晤往往备受关注。接待人员对这一环节的具体操作过程中的礼仪规范必须掌握。所谓会晤，亦称相见、会面或会见，一般是指在较为正式的场合，与他人郑重其事地见面、结识、交流。在接待活动中，凡正式会晤多属礼节性活动，通常不会安排宾主双方就实质性的问题进行深入磋商，但却可以直接反映出宾主双方关系的现实发展程度。

在正式会晤时，会晤形式、待客之道、斟茶倒水等几个具体问题最为关键。对于接待人员来说，尤其要对待客之道给予高度的重视。

一、会晤形式

所谓会晤形式，一般是指会晤的具体方式。在安排会晤之前，自然必须首先明确其具体形式。在正常情况下，根据不同的情况，对会晤的具体形式可做不同的区分。

根据会晤时来宾参加方数量的不同，可划分为双边会晤和多边会晤。在双边会晤中，来宾只有一方；而在多边会晤中，来宾可多达两方甚至两方以上。一般而言，双边会晤往往要比多边会晤显得更为正式一些，所以除非有举行多边活动的特殊需要，通常都应当尽量少地安排多边会晤。举行多边会晤的主要难点在于，由于来宾不止一方，不仅礼宾次序较为繁杂，而且在具体进行时往往还会令主方顾此失彼、应接不暇。

根据会晤时宾主双方的具体身份不同，又可划分为会见、接见和晋见。所谓会见，一般指的是参加会晤的宾主双方地位、身份相仿。所谓接见，往往指的是地位、身份较高的一方主动会见地位、身份较低的一方。所谓晋见，又称进见，通常指的则是地位、身份较低的一方主动会见地位、身份较高的一方。正常情况下，接待工作中的会晤多为会见，采用这种形式，显然更加符合对等原则。

二、待客之道

在正式会晤中，接待方作为主人，就应当掌握好待客之道。接待之道的核心，在于以礼待客。这一指导思想，需要具体落实在以下几个方面：

（一）细心安排

在举行会晤之前，主办方应先期做好接待准备工作。具体包括以下三点：

1. 环境卫生

在客人到来之前，需要对会晤场地专门布置，并进行一次清洁卫生工作，以便创造出良好的待客环境，从而体现出对来访对象的重视。

2. 待客用品

通常，在来宾来访之前，需要准备好必要的待客用品，以应来宾之需。一般情况下，茶水是必不可少的待客用品。最好给来宾准备干净的一次性水杯和袋装茶叶，待客人就座后再倒水。此外，鉴于吸烟的危害性，除非客人提起，在正式会晤中一般不必准备香烟和烟灰缸。

3. 交通工具

在会晤来宾时，需要事先考虑交通问题。如果力所能及，最好主动为来宾安排或提供交通工具。为来宾安排交通工具，要注意善始善终：不但来时要管，走时也要管。这样做，不仅是为来宾排忧解难，而且也能体现主办方的待客之道与善解人意。

（二）讲究仪表

在参加会晤时，宾主双方都要讲究仪表。不论穿着打扮，还是仪容仪表，或者神态表情，都要精心准备、落落大方。这样做，才能显示出双方人员对此次会晤的高度重视。

（三）热情相待

在会晤时，主办方一定要表现出自己的热情、真诚之意。做到了这一点，就会让来宾更好地感觉到主办方的真心实意。对来宾的热情相待，应当主要体现在两方面：

1. 一心一意

进行会晤时，来宾必然是最重要的，待客就是主人的“工作重心”。因此，在会晤来宾时，一定要做到时时、处处、事事以来宾为中心，切勿三心二意、顾此失彼，有意或无意地冷落来宾。

2. 情趣盎然

在宾主相处之际，双方之间自然要进行必要的交谈，以便有所沟通和交流。此时，主人不仅要正确无误地表达和接受信息，而且还要扮演一名称职的“主持人”和最佳的“听众”。作为“主持人”，需要为宾主之间的交谈引起话题、寻找话题，而不使大家相对静坐、无话可说。作为“听众”，主人则需要在来宾讲话时洗耳恭听，并对此抱有浓厚的兴趣，令对方谈兴骤增、有话可谈。无论如何，主人都不宜使宾主之间的交谈冷场，或是对客人的谈吐明显地表现出毫无兴致。

三、斟茶倒水

中华文明几千年的积淀，孕育了茶文化丰富的内涵。在此背景下，以茶待客，作为最具中国特色、最受中国人欢迎的待客方式，早已成为正式会晤中所必不可少的组成部分。

（一）奉茶的人员

以茶待客时，由何人为来宾奉茶，往往具体涉及对来宾重视的程度问题。在家中待客时，通常可由家中的晚辈或是家庭服务员为客人上茶。接待重要的客人时，则应由女主人，甚至由主人自己为之奉茶。

在工作单位待客时，一般应由秘书、接待人员、专职服务人员为来客上茶。接待重要的客人时，则应由本单位在场的职位最高者亲自为之上茶。

（二）奉茶的顺序

若来访的客人较多，上茶的先后顺序一定要慎重对待，切不可肆意而为。合乎礼仪的规范化做法应当是：其一，先为客人上茶，后为主人上茶。其二，先为主宾上茶，后为次宾上茶。其三，先为女士上茶，后为男士上茶。其四，先为长辈上茶，后为晚辈上茶。

如果来宾甚多，且彼此之间差别不大时，则可采取下列四种具体顺序上茶：其一，以上茶者为起点，由近而远地依次上茶。其二，以进入客厅之门为起点，按顺时针方向依次上茶。其三，在上茶时，以客人的先来后到为先后顺序。其四，上茶时不讲顺序，或是由饮用者自己取用。

（三）敬茶的方法

以茶待客时，一般应当事先将茶沏好，装入茶杯，然后放在茶盘里端入客厅。如果来宾较多时，务必要多备上几杯茶，以防届时“僧多粥少”，供不应求。

在上茶时，应当借此机会，向客人表达自己的谦恭与敬意。标准的上茶步骤是：双手端着茶盘进入客厅，首先将茶盘放在临近客人的茶几上或备用桌上，然后右手拿着茶杯的杯托，左手附在杯托附近，从客人的左后侧双手将茶杯递上去，并置于客人右前方。茶杯放置到位之后，杯耳应朝向右侧。若使用无杯托的茶杯上茶时，亦应双手捧上茶杯。

从客人左后侧为之上茶，意在不妨碍其工作或交谈的思绪。万一条件不允许，至少也要从其右侧上茶，而尽量不要从其正前方上茶。

有时，为了提醒客人注意，可在为之上茶的同时，轻声告之：“请您用茶。”若对方向自己道谢，不要忘记答以“不客气”。如果自己的上茶打扰了客人，则应对其道一声“对不起”。

为客人敬茶时，一定要注意：尽量不用一只手上茶，尤其是不要单用左手上茶。双手奉茶时，切勿将手指搭在茶杯杯口上，或是将手指浸入茶水，免得污染茶水。

在放置茶杯时，千万不要粗枝大叶。既要避免直接碰撞客人，也不要把茶杯放在客人的文件上，或是客人行动时容易撞翻的地方。将茶杯放在客人面前与其右手附近，则是最恰当的做法。有的时候，亦可直接将茶杯递到客人手中。

（四）续水的时机

为客人端上头一杯茶时，通常不宜斟得过满，更不允许动辄使茶溢出杯外。得体的做法是应当斟到杯深的2/3处，不然就有厌客或逐客之嫌。

主人若是真心诚意地以茶待客，最适当的做法，就是要为客人勤斟茶、勤续水。一般来讲，客人喝过几口茶后，即应为之续上，绝不可以让其杯中茶叶见底。这种做法的寓意是："茶水不尽为客添，慢慢饮来慢慢谈。"

当然，为来宾续水让茶一定要讲主随客便，切勿神态做作，再三以斟茶续水搪塞客人，而始终一言不发。以前，中国人待客有"上茶不过三杯"一说。第一杯叫作敬客茶；第二杯叫作续水茶；第三杯叫作送客茶。如果一再劝人用茶，而又无话可讲，则往往意味着提醒来宾"应该打道回府了"。有鉴于此，在以茶招待较为守旧的老年人或海外华人时，切勿再三为之斟茶。

在为客人续水斟茶时，仍以不妨碍对方为佳。如有可能，最好不要在其面前进行操作。非得如此不可时，则应一手拿起茶杯，使之远离客人身体、座位、桌子，另一只手将水续入。

在续水时，不要续得过满，也不要使自己的手指、茶壶口或者水瓶口弄脏茶杯。手握茶杯的位置，应在其具体高度的1/2以下。如有可能，在续水时还应在茶壶或水瓶的口部附上一块洁净的毛巾，以防止茶水"自由泛滥"。

第三节　送别来宾

在接待工作中，送别来宾是最后一个环节。正所谓终者，来宾之送别也。作为接待工作的终点，送别来宾在接待活动中同样起到了十分重要的作用。接待人员对此一定要有充分的认识，并引起足够的重视。

在接待过程中，送别来宾是迎送活动的具体延续，它同样体现了接待方对来访人员的接待水准和礼宾规格。尽管送别活动开始时，主客双方的交流会面已经基本结束，但这并不意味着接待工作的具体完成。事实上，送别来宾关系着接待对象对接待方最后印象的形成。接待工作的圆满结束与否，在很大程度上也正是体现在送别来宾这一环节上。如果送别活动没有组织好，那么即使接待工作的其他环节做得再好，接待工作也是不成功、留有遗憾的。

因此，接待人员千万不要轻视送别，更不要在送别活动开始前就以为接待工作已经“万事大吉”而有所松懈。在送别来宾时，接待人员要掌握的礼仪主要有知晓情况、确定时间、充分准备、热情话别等几点。

一、知晓情况

在接待工作中始终存在着一条主线，即“知彼知己，百战不殆”。作为从事送别工作的接待人员，在来宾来访的过程中应始终关注来宾的反应，尽可能地掌握来宾的要求和想法，并根据主宾双方的意图认真制订送别计划。

在送别来宾时，不能简单地根据来宾来访前就制订好的迎送计划行事，而要充分考虑到来宾来访期间的最新情况和各方动态，相应制订出新的送别方案。此外，还须为此与来宾商量，只有宾主双方均对此满意时才可执行。

二、确定时间

在接待活动中，对时间的要求向来都是非常严格的。作为接待人员，对此绝不能马虎大意。具体的礼仪规范如下：

（一）提前确定时空

对于远道而来的客人，负责送别来宾的接待人员必须重视的是：一定要提前与对方商定双方会合的时间与地点。对于送别来宾的具体时间与地点，双方不仅要先期确定，而且通常还应讲究主随客便。必要时，在来宾正式动身前，接待人员还须再次与对方进行确认。

（二）适当留有余地

在规定送别来宾的具体时间时，应在安排上与执行上均留有适当的余地。在安排上留有适当余地，是指在排定有关送别活动的时间表时，要留有一定的时间幅度。而在执行上留有适当余地，则是要求接待人员在具体执行送别任务的时间表时，应当提前到场、最后离场，并且在特殊情况发生时见机行事。

（三）严格遵守时间

在正常情况下，接待人员对于正式规定的有关送别来宾活动的具体时间，必须严格地、无条件地、分秒不差地认真执行。不允许接待人员以任何借口迟到、早退或者是拖延时间，更不允许对双方正式商定的活动时间擅自进行改动。如确有必要对活动时间小作调整，则应当向来宾及时进行通报。

三、充分准备

具体从事来宾接待时，接待人员必须高度重视送别工作，并悉心以对。在做送别工作的准备时，接待人员要注意以下几点：

（一）限制送别的具体规模

目前，根据简化接待礼仪的要求，有必要对送别规模加以限制。在组织活动时，应突出实效、体现热情，但在实际操作上则应务实从简。一定要在参加人数、主人身份、车辆档次与数量上严格限制，不搞前呼后拥、人海战术。

（二）安排合适的交通工具

在力所能及的情况下，送别来宾所使用的交通工具应由主办方负责提供。对于主办方来说，一定要保证交通工具的数量能够满足要求，以备不时之需。

四、热情话别

当来宾离开时，接待方为其举行的送行仪式一般较为简化，通常包括话别和送行等具体程序。做好接待工作，就要一如既往、有始有终。在来宾结束了访问，即将离别之际，接待方必须认真地做好话别和送行工作。

如果来宾是从外地而来，那么按照送别礼仪，在来宾离开本地之前，主办方应专程前往其住所进行探望。

一般情况下，接待人员应专程陪同来宾乘车前往机场、车站或码头，亲自为来宾送行。在来宾正式登机、登车或登船离开本地之际，前往送行的接待人员一定要与对方一一握手道别，并预祝对方旅途愉快。当来宾所乘的交通工具离去时，要向其挥手致意。特别要强调的是，当对方所乘的交通工具尚未开动或离去时，接待人员通常不宜先行离开。

第四节　接打电话

电话是现代社会中最普及的信息传递工具之一。使用电话，可以说是接待人员向接待对象传递信息、保持联络进而开展工作的一种最常用的手段。它在很大程度上体现着通话者个人的修养和工作态度，进而折射出本单位、本部门的整体精神面貌。因此，接待人员在接打电话时应遵守和掌握一定的电话礼仪。

对于接待人员来说，接打电话应在通话准备、通话时间、通话态度、通话用语、使用手机等方面加以注意。

一、通话准备

人际交流的成功与否，往往取决于交流各方是否在交流前做了充分的准备。同样，接待人员只有在通话前做好充分的准备，才能使通话得以顺利进行，信息得以及时传递。

（一）准备内容

在拨打电话之前，必须首先明确通话对象的一般情况，包括姓名、性别、职务、年龄等，以免发生尴尬。而且必须明确通话对象的电话号码，经仔细核实后再谨慎拨打。

同时，在通话前接待人员应当对自己所要阐述的要点有明确的把握。最佳的办法是：预备一份条理清晰的提纲，事先把这些内容写在便笺上。这样一来，在通话时接待人员就可以依照提纲有条不紊地进行阐述了，而不至于遗漏要点、语无伦次，或是因一时想不起来该说什么而尴尬冷场。

（二）准备记录

对于接待人员来说，任何一次通话都有可能传递着某些重要的信息。如果因为一时疏忽而忘了所接听电话的内容，那么不但会给工作带来或大或小的损失，而且还会严重影响到接待人员的个人形象，并让人怀疑他的工作能力。

因此，接待人员应当在自己或公用的电话旁配备好完整的记录工具。要养成一听到电话铃声就拿起纸笔的习惯。在接听电话时进行适当的要点记录，避免反复，节约时间。这样一来，就可以有效地确保所接听的信息不被遗漏。

（三）准备仪态

电话交流虽然只是一个“只闻其声、不见其人”的过程，但通话者的神情举止完全可以通过声音的变化而被对方所清晰地洞察。通话者可以根据声音来判断对方到底是全神贯注，还是心不在焉；到底是和蔼可亲，还是麻木呆板？进而推断对方对自己尊重与否，从而微妙地影响交流的进程与效果。

正是因为如此，一般情况下，接待人员不论拨打电话还是接听电话，都必须全神贯注。届时应当暂时放下自己手头的一切工作，然后从容地拿起电话，微笑通话。通话时要专心，切不可三心二意地去做任何其他事情，否则既不尊重通话对象，也不利于交流沟通。

（四）准备补缺

出于种种原因，接待人员往往会在办公时间暂时离开自己办公桌处理其他事情，以致无法接听他人来电。此时，一般可采取如下两种应对措施：

其一，设置电话录音。预留录音时，应使自己的发音友好而谦逊。其基本内容大致如下："您好！这里是某某号码或某某部门，现工作人员因公外出，请您在信号声过后留言，或留下您的姓名和电话号码。我们将尽快与您联络。谢谢。"

其二，委托他人代为接听电话。应让受托之人嘱托来电者留下姓名、单位及电话号码，转告对方自己会在回办公室后即刻回电，并致歉意。一般不宜要求对方改日再来电，以免给人以"摆架子"之嫌；也可请受托人在对方同意的情况下，代为记录来电内容，但必须确保其记录准确，以免误事。

二、通话时间

接待人员使用电话时的个人修养，不仅体现在准备的实施上，还反映在通话者的时间控制方面。通话者时间感的强弱，往往能间接而微妙地折射出其办事效率的高低和工作能力的强弱。而对时间感强弱的判断，往往可以从如下三个方面予以具体把握：

（一）时间的选择

选择通话时间时，应根据通话对象的具体情况而定，并尽量为通话对象多做考虑，尤其要避免打扰对方的生活、工作和休息。一般而言，公务电话应当在周一至周五的上班时间拨打，不宜在下班之后或假日拨打，更不能在凌晨、深夜、午休或用餐时间"骚扰"他人。如确有急事不得不打扰别人休息时，务必在接通电话后要向对方致歉。如果是国际长途，则应先计算一下本地与目的地的时差，然后选择一个合适的时间拨打。总之，应尽量照顾对方方便，而不要简单地以考虑自己的方便为出发点。

（二）顺序的安排

如果接待人员同时有两个电话要接听，一般可先接听首先打进来的电话，在向其解释并征得同意后，再接听另一个电话，并让第二个电话的通话对象留下电话号码，告知稍后再主动与他联系，然后再迅速转接第一个电话。如果两个电话中有一个比另一个更重要，则应先听重要的一个。例如，应当先听长途来电，再接市内来电；先听紧急电话，再接一般性电话等。不论接待人员先接听了哪个电话，都应当在接听完毕后迅速拨通第二个电话，不宜让对方久等。切不可同时接听两个电话，或只听一个电话而任由另一个电话响铃不止，更不可接通了两个电话后只与其中一个交谈，而让另一个电话在线上空等。

（三）时间的长度

电话作为一种便捷的通信工具，其使用的目的在于提高工作效率。因此接待人员在使用电话时，务必要做到长话短说、删繁就简。一般情况下，接待人员使用电话都要具有一个明确的指导思想，那就是除非有重要问题需反复强调和解释，在正常情况下，一次通话时间应控制在三分钟之内。这一做法在国际上通称为“通话三分钟原则”。没话找话、絮絮叨叨，都是接听电话的大忌。

三、通话态度

接待人员在接听电话时应努力保持良好的通话态度，对通话对象要表现出足够的耐心、细致、周到和热情。

（一）耐心拨打

拨打电话时，要沉住气，耐心等待对方接电话。一般而言，至少应等铃声响过六声，或是大约半分钟时间，确信对方无人接听后才可以挂断电话；不可响两三下后就挂断重拨；更不可在接通电话后埋怨对方，或在铃响之时心急火燎地念念有词、责怪对方。

（二）礼貌接听

接待人员在接听电话时，必须处处以礼待人。一般最好在电话铃响三声左右及时地接听电话。拿起电话后，应先说“您好”，然后再略作自我介绍，以便对方确认是否拨错号码。若通话对象找的不是自己，可及时代为寻找对方所要找的人。对方若请自己传口信的话，一定要当场笔录下来并且复述。在通话结束时，不要忘记说“再见”，千万不要抢先挂断电话。

需要说明的是，接待人员应努力培养自己较强的听辨能力，熟悉与自己有着较多联系的接待对象的声音。如果一拿起话筒，就能立刻听出对方的声音并直呼其名（采用敬语），则会给对方留下很好的印象，进而有利于双方进一步交流与沟通。

（三）殷勤转接

如果接电话时发现对方找的是自己的同事，则应让对方稍候，然后热忱、迅速地帮对方去寻找接话人。切不可不理不睬，或直接挂断电话；也不可让对方久等，存心拖延时间。同时，要学会善于使用婉转的说法。例如，在解释所找之人为何不在或不便时，不可过于“坦率”，说诸如“他在厕所”、“他说他不愿接”之类的话，以免失礼于人或引起误会。

（四）解释差错

如果发现自己拨错了电话，应当诚恳地向对方致歉，切不可一声不吭地挂断电话，更不可有诸多抱怨。如果发现对方拨错了电话，切勿责怪对方，而应向其解释，并告知本单位或本人是谁。如有必要时，不妨告诉对方所要找的正确号码，或予以其他帮助。

如果因线路问题或其他客观原因而导致通话中断，则应由发话人迅速重拨一遍。不要让对方久等。如有必要，应向其解释、致歉；受话人届时也应守候在电话旁，不要离开，也不要抱怨对方。

四、通话用语

使用电话的过程，实质上是一个用语言进行交流的过程。语言是信息传递的载体，因此语言的使用是电话形象中的一项重要内容。一般而言，接待人员在使用电话时都应当遵循礼貌、规范、文雅、温和等基本要求。

（一）用语礼貌

通话是否用语礼貌，是对通话对象尊重与否的直接体现，也是本人修养高低的直观表露。要做到用语礼貌，就应当在通话过程中，尽可能较多地使用敬语、谦语。通话开始时的问候和通话结束时的道别，都是必不可缺的礼貌用语。

当自己主动拨打电话时，电话接通后，先要问候对方“您好”，接下来必须主动地自报家门。如果电话需要转接，或是需要受话人代找某人，切勿忘记以“请”相求，并且一定要向对方道谢。如果通话时拨错了号码，或是中途掉线，当时要主动承担责任，并向有关人员致歉。通话结束可主动征求对方意见：“就谈到这里，好吗？”一般宜等对方说完话或放下话筒，再挂电话。

（二）用语规范

接待人员的通话用语，往往是有一定之规的。这种规范性，主要体现在通话人的问候语和自我介绍这两个方面。例如，接待人员拨打电话时可以这样说：“您好，我是某某市政府接待处的万琼。”或者也可以这样接听电话：“您好，某某市政府接待处，我是万琼。”前者属于拨打电话时问候受话人，后者则是接听电话时的自我介绍。

（三）用语文雅

通话过程中，为了不影响他人的正常工作，通话双方都应对自己的音量加以控制。既不可大声嚷嚷、高声谈笑，也不可窃窃私语、鬼鬼祟祟，无端吸引他人注意。除了用语要文雅外，通话人的举止亦应保持文雅。话筒要轻拿轻放，不宜用力摔挂。通话时应避免过分夸张的肢体动作，以防带来嘈杂之声。

（四）用语温和

通话时的语气，直接反映着接待人员的办事态度。如果语气温和、亲切、自然，往往会使对方对自己心生好感，从而有助于进一步交往；而语气生硬傲慢、拿腔拿调，则无助于工作的顺利开展。因此，为了确保信息的准确传递，通话人在通话过程中应当力求发音清晰、语速平缓。要做到这一点，通话人应当在细节问题上予以充分的注意。例如，通话过程中始终使话筒与本人的口部保持2～3厘米的间距，就能有效地保证音量的适度。

如果自己说话带有口音，或觉察到对方接听时较为困难，应有意识地调整语速和音量；如果由于种种原因听不清楚对方的声音，则应委婉地告诉对方，待对方调整过来后再向对方致谢，切不可抱怨对方。

五、使用手机

在现代社会中，对外联系除了固定电话外，往往还使用手机。在接待工作中，接待人员使用手机时，必须注意以下几点：

（一）不招摇过市

手机是通信工具，而非时装道具，因此切勿在大庭广众面前用它来显示、招摇。走路时将其拿在手里，或是会客时将它置于桌上，对于接待人员来说都是不恰当的做法。

（二）不有碍安全

在乘坐飞机、架驶汽车、经过加油站或前往医院探视病人时，均不得使用手机，否则将有碍自己与他人的人身安全，有时甚至会因此而触犯法律。

（三）不妨碍别人

在一切公共场所及办公地点，最好把手机调至震动或无声状态，尤其是不要在接待过程中当众高声与人通话。简言之，不应使其噪声扰人。与此同时，不要使用手机滥发或转发短信、微信或微博。不论使用手机拍摄自己还是照摄他人，均应勿扰于对方。

第二章 宾主的会面

凡正式的接待场合，人们对宾主之间的会面都十分关注。有鉴于此，在正式会面时，一定要遵守必要的会面礼仪。接待服务人员务必牢记，与来宾相对时，不论在正式场合还是在非正式场合，只要自己是在工作岗位上，就绝对不能失礼于人。一般而论，接待服务人员在学习、运用会面礼仪时，一定要在自然、大方、互动三个方面倍加注意。

第一，行礼要自然。所谓以礼待人，讲究的是“出自内心，发乎诚意”，故一定要自然而然，切勿矫揉造作、过度夸张，或者勉强从事、毫无任何表情。

第二，待人要大方。面对来宾时，最佳的表情神态是落落大方。这不仅会给人以不卑不亢之感，而且也是自身充满自信的最佳表现。

第三，临场要互动。所谓互动，此处是指接待人员在为来宾服务时，一定要注意与对方协调、配合，并始终以对方为中心。不能一味地例行公事、我行我素，而是需要适时地观察对方的反应，并为此而进行必要的调整。

第一节 彼此称呼

称呼，此处是指人们在其交往应酬中所使用的表示彼此关系的称谓语。在接待工作中，正确、恰当地称呼对方，记住对方的姓名，是一个基本的要求。对于接待人员来说，要表现出对交往对象的尊敬与重视，就必须对所接待对象的称呼予以高度重视和认真对待。这是因为选择正确和适当的称呼，不但能够反映出自身的教养和素质，还能体现双方关系所发展到的具体程度。

从总体上讲，在接待活动中称呼所接待对象的姓名有两点注意事项：第一，符合常规。第二，不出差错。从具体层面来讲，要求接待人员一定要记住接待对象的姓名，并善于采用对方的尊称。做到了这两点，就不会在称呼这个问题上失礼，而且还有利于缩短交往双方的心理距离，赢得对方的好感，便于开展接待工作。

接待人员在具体涉及接待对象的称呼时，主要应注意姓名有别和称呼有别这两点。

一、姓名有别

在世界各国，人们一般都有本人专用的姓名，用以在称呼上区别于他人。所谓姓名，通常是一个人的姓氏和名字的合称。姓氏者，家庭之称谓也；名字者，则是对本人的称呼。在人际交往中，人们在称呼他人时，有时是只称其姓，有时是直呼其名，有时候则是连名带姓一起称呼。在接待活动中，接待人员在需要称呼或使用接待对象的姓名时，必须要注意记住对方、不出差错和不宜滥用。

（一）记住对方

在人际交往中，每一个人都希望自己被交往对象所重视。因此，接待人员对于称呼的运用往往与对接待对象的态度密切相关。此时，“态度决定一切”，千万不要马虎大意、随心所欲。可以说，在接待工作中，尤其是初次交往中，能够迅速地记住对方，是表现自己对接待对象重视的最为行之有效的方法。

一般而言，要记住对方，首先就体现为牢记对方的姓名。一旦知道了接待对象的姓名，特别是在与对方交换过名片，或者听过了对方的自我介绍后，就一定要记住对方的姓名，以便与之进一步交流。否则，不但令场面尴尬，而且还会给接待对象留下不被“重视”的感觉。

（二）不出差错

在接待工作中，接待人员在具体涉及接待对象的姓名时，不论口头称呼还是笔头书写，都不能出现任何差错，否则，轻则会使人觉得不礼貌，重则会影响接待工作的顺利进行。因此，在接待活动中，接待人员一定要谨记以下几点：

1. 不读错姓名

对于接待人员来说，千万不能读错接待对象的名字。不论任何原因，将对方的名字读错，都是一个严肃的错误。有些时候，还会引起对方的反感，甚至会引起不同程度的误解。

2. 不写错姓名

同样的道理，接待人员不能写错接待对象的姓名，因为写错姓名也意味着失礼和不尊重。当需要书写接待对象的姓名时，一定要加倍谨慎，不仅在书写过程中应当一丝不苟，而且在书写完毕后还必须认真地再三予以核对。

3. 不张冠李戴

对于接待人员来说，最尴尬的莫过于把接待对象的名字张冠李戴了。即使自己的工作再忙，交往对象再多，也应该采取各种方法记住接待对象的姓名，而千万不要错喊成他人的名字。

（三）不宜滥用

重视接待对象的名字，在接待活动中就意味着对对方的尊重。因此，在日常生活和接待活动中，接待人员切忌滥用接待对象的姓名。具体说来，要特别注意如下两点：

1. 不戏言接待对象的姓名

有必要使用接待对象的名字时，一定要认真、严肃、正经，不能乱写、乱念或乱画，更不能对其加以取笑或曲解。

2. 不要借用接待对象的姓名

在日常生活和工作中，不得随意借用自己所熟悉的接待对象的名字，是接待人员应遵守的一条准则。尤其要注意的是，不要随意因私人目的而滥用接待对象的名字，更不能将其轻易用于商业用途。根据国际惯例，未经本人许可，在任何情况下，都不能将他人姓名用于商业用途。作为训练有素的接待工作者，在这一方面尤其不能大意。不能因为一己之私，而任意滥用接待对象的姓名。

二、称呼有别

在接待活动中，接待人员对接待对象所使用的具体称呼，往往备受对方重视。因为选择一种称呼，不仅反映着自身的教养和对对方尊重的程度，而且还体现着双方关系的发展程度。

在称呼接待对象时，接待人员应该注意称呼正规、区分对象、主次有序、防止犯忌四个具体事项。

（一）称呼正规

在工作岗位上，人们所使用的称呼自有其特殊性。下述五种正规的称呼方式，是接待人员可以广泛采用的：

1. 称呼行政职务

在正式场合中，尤其是在具体工作中，以交往对象的行政职务相称，以示敬意有加、身份有别，这是接待活动中最常见、最正规的一种称呼方式。

2. 称呼技术职称

当今社会，正处于知识经济的时代，有文化、有知识、有技术的人士受到普遍的尊敬。在接待活动中，对接待对象中具有技术职称者，特别是具有高级、中级专业技术职称者，在工作中可直接称其技术职称，以示对其敬意有加。

3. 称呼所获学位

与前一种情形相类似，在交往中，特别是在实际工作或学术活动中，以交往对象所获得的具体学位相称，既可增强现场的学术气氛，又可增加被称呼者的权威。

4. 称呼职业名称

在接待活动中，当接待人员仅仅了解接待对象所从事的具体行业，而不清楚对方的行政职务、技术职称或者具体学位时，直接称呼被称呼者的行业名称，往往也是可行的，也是另一种不失礼的方式。例如，可以统称教员为“老师”，称医生为“大夫”，称警察为“警官”等。

5. 称呼通行尊称

所谓通行尊称，也称为“泛尊称”，通常适用于各类被称呼者。诸如“同志”、“先生”等，都属于通行尊称。不过，其具体适用对象往往小有差别。

此外，对同事、熟人，可以直接称呼其姓名，以示亲密无间，如“张腾”、“武小菲”等。但对尊长、外人，则显然不宜如此。

（二）区分对象

当面对不同行业、不同职务、不同身份乃至不同性别的接待对象时，接待人员还须根据交往对象的具体不同，而在具体称呼上有所区别。一般说来，对于成年人，可以将男士称为“先生”，将妇女称为“小姐”、“夫人”或“女士”。这是目前所通行的“泛尊称”。在称呼妇女时还要注意，对已婚者应称“夫人”，对未婚者或不了解其婚否者可称“小姐”，对于不了解其婚否者也可称之为“女士”。此外，在不同的场合还有不同的讲究。具体而言，主要有下列几点需要特别重视：

1. 政务活动

在政务活动中，除了可以使用“泛尊称”外，通常可以称呼对方的行政职务。

2. 军事交往

在军事交往中，对于军界人士，最佳的称呼往往是称其军职。对于其军衔，有时宜可作为称呼。

3. 宗教场所

在宗教场所中，对于神职人员，一般均应以其神职相称。有两点要特别加以注意：第一，切勿在称呼神职时出现差错；第二，越是正式的场合，越应当在称其神职时采用全称。

4. 普通场合

在普通场合中，对于教授、研究员、工程师、律师、法官、医生等职称、职务或博士学位拥有者，均可直接以之相称。

（三）主次有序

在实际工作中，接待人员往往需要在同一时间、同一地点之内对多名接待对象同时加以称呼。在这种情况下，既要注意在称呼对方时面面俱到，又要注意在称呼对方时主次有序。所谓主次有序，通常指的是在需要同时称呼多名接待对象时，一定要首先分清主次，然后由主到次、依次而行。在实际操作中，其标准做法有下列四种：

1. 由尊而“卑”

它的具体含义是：称呼多名人士时，应当自其地位较高者开始，自高而低，按顺序依次进行。

2. 由疏而亲

它的具体含义是：若被称呼的多名人士与自己存在亲疏之别，为避嫌疑，一般应当首先称呼其中与自己关系生疏者，然后再称呼其中与自己关系亲近者。

3. 由近而远

有时不便细分多名被称呼者的“尊卑”、亲疏，那么则不妨以对方距离自己具体空间位置的远近来进行，即先称呼距离自己最近者，然后再依次称呼距离自己较远者。

4. 统一称呼

在某些特殊情况下，对多名称呼者不必一一称呼，或者不便一一称呼时，则可采用统一称呼对方的方式作为变通。例如，以“诸位”、“大家”、“各位来宾”、“女士们、先生们”等方式直接称呼对方。

（四）防止犯忌

在接待活动中，千万不要因为称呼而冒犯对方的禁忌。一般而言，以下七种错误称呼都是接待人员平日不宜采用的：

1. 错误的称呼

在称呼接待对象时，千万不能有任何形式的差错。因为不论何种差错，显然都是十分失礼的。

2. 庸俗的称呼

某些市井流行的称呼，因其庸俗低级、格调不高，甚至带有明显的黑社会风格，在接待活动中应当绝对禁止使用。接待人员在正式场合如采用低级庸俗的称呼，则既失礼，又失自己身份。

3. 绰号性称呼

在接待活动中，对关系一般者，切勿擅自称对方的绰号，更不应该以道听途说而来的绰号去称呼对方。至于一些对对方具有讽刺侮辱性质的绰号，则严禁使用。接待人员一定要记住：在任何情况下，当面以绰号称呼他人，都是不尊重对方的表现。

4. 地域性称呼

有些称呼，诸如“爱人”、“对象”、“师傅”、“老师”等，具有很强的地域性特征。一旦对其不分对象地滥用，往往难免出错。

5. 简化性称呼

在正式场合，有不少称呼不宜随意简化。例如，把“范局长”、“沙处长”称为“范局”、“沙处”，就显得既不正规，又不礼貌。

6. 无任何称呼

在需要称呼接待对象时，一定要有适当的称呼。若根本不用任何称呼，或者代之以“喂”、“嘿”、“下一个”、“那边的”以及具体代码，都是极不礼貌的。

7. 距离不当的称呼

在接待活动中，若是与仅有一面之缘者称兄道弟，或者称其为“同学”、“战友”、“朋友”、“老板”、“闺蜜”、“屌丝”等，都是与对方距离不当的表现，接待人员应当避免使用此种称呼。

三、问候有别

在各国、各地区、各民族，问候礼都为人们所普遍运用。所谓问候礼，通常简称为问候、问好、问安，或者称之为打招呼。具体而言，它是指在与他人相见时，以专用的语言或动作向他人问好。这是向交往对象表示善意的一种常规的致意形式。

在接待工作中，接待人员在需要问候接待对象时，应注意如下三个问题：

（一）规范内容

尽管在不同的国家里，人们问候他人的具体内容和形式往往各有不同，但都必然充满了对问候对象的敬意与善意。

例如，在中国，人们最常见的问候是：“吃过饭没有”、“忙什么呢”。在美国，人们的问候往往是最为简洁的：“嗨。”而在中亚一些以畜牧业为主的国家，人们却惯以“牲口好吗”作为问候之语。

在国际交往中，问候外方人士的常规内容有二：其一，直接向对方问好，如“你好”。其二，采用时效性问候，即在向对方问好的同时加上具体的时间限制，如“早上好”、“下午好”、“晚上好”、“周末好”、“圣诞好”。除此之外，不宜再以其他内容向外方人士进行问候。

（二）重视态度

接待人员在向接待对象进行问候时，必须注意“表里如一”，即讲究具体态度。从总体上讲，问候接待对象时的态度应当是：热情、友善、大方。具体而言，须对如下几点加以注意：

1. “眼到”

问候他人时，一定要正视对方的双眼，以示自己全神贯注，一心不二。不允许在问候时目视他方，或是不正视对方。

2. “口到”

“口到”的具体含义是：问候他人时，声音一定要清晰、响亮、爽朗，切莫声音含糊或用词不当。

3.“意到”

在问候他人时，不允许面无表情，更不可以脸上充满敌意。此刻只有面露真诚的微笑，才会使自己的问候显得真心实意。

（三）讲究顺序

在比较正式的场合，人们彼此之间的问候应当有来有往。双方在彼此问候时，其具体顺序的先后往往颇有讲究。

根据惯例，交往双方在彼此问候时讲究“位低者先行”，即通常应由双方中地位较低的一方首先问候地位较高的一方。具体而言，主人应首先问候客人，职务低者应首先问候职务高者，晚辈应首先问候长辈，男士应首先问候女士，未婚者应首先问候已婚者。

在国际交往中，若我方人员需要同时问候多名外方人士时，按照惯例，可以“由尊而卑”或“由近而远”依次进行。在具体操作中，若接待对象首先向我方进行问候，则接待人员应立即予以回应。

第二节　使用名片

由于名片使用起来简便、灵活，能够适应现代社会人际交往十分频繁的需要，因此成为人际交往中必不可少的联络工具和信息载体，具有自我推荐和扩大交往的重要功能。

在接待场合，名片的使用往往和宾主双方的互相结识与交往联系在一起，因此接待人员对名片的使用应予以高度的重视。

一、基本类别

根据名片使用场合的不同，接待人员在日常生活中所使用的名片可以分为社交名片和公务名片；根据名片主人的不同，具体则又可以分为个人名片、夫妇名片以及集体名片。一般而论，接待人员在不同的场合，或面对不同的交往对象时，应当使用不同的名片。

（一）公务名片

公务名片，此处是指接待人员在正规的接待活动中所使用的名片，它是接待人员最常使用的名片。一枚标准的公务名片，按惯例应由具体归属、本人称呼、联络方式等基本内容构成。

1. 具体归属

它由接待人员供职单位和所在部门的正式名称所组成，不能采用各种约定俗成的缩写。一般而言，它通常位于名片的左上角。需要注意的是，在一枚名片上所列出的单位或部门不宜多于两个。如果确实有两个以上的供职单位或部门，或同时承担着多种不同的社会职务，则应分别印刷不同的名片，并根据接待对象和交际目的的不同而分发不同的名片。

2. 本人称呼

它应由本人姓名、职务、学术头衔等几个部分所构成，位于名片的正中央位置。一般来说，接待人员的技术职务，或者是学术头衔往往可有可无。通常名片所列的行政职务一般不宜多于两个，并且要注意与同一名片上的具体归属保持对应。

3. 联络方式

它通常由单位地址、办公电话、邮政编码等内容所构成。在正常情况下，家庭住址、住宅电话不宜列出。至于传真号码、电子邮箱等内容，则应该根据具体情况决定是否列出。单位的联络方式，同样应与同一名片上所列的具体归属相对应。

上述三项内容，既要完整无缺，又应排列美观。一般来说，具体归属与联络方式应以大小相似的小号字体分别印于名片的左上角和右下角；本人姓名应以大号字体印于名片的正中央；职务头衔则应以较小字体印在姓名的右侧。

（二）集体名片

集体名片，实际是公务名片的一种特殊形式，它通常适用于那些对外交往较为频繁的政府部门，是其主要成员集体对外使用的名片。使用集体名片不仅可以节省费用，而且有助于维护和宣传集体。

集体名片与其他公务名片的区别在于，应在名片上列出这一集体的每一位主要成员的具体称呼，并按其具体职务高低由上而下依次排列。

（三）社交名片

社交名片，在此指的是接待人员在工作之余，以其私人身份在社交场合进行交际应酬时使用的名片，故又被称为个人名片。

社交名片的基本内容包括两个部分：其一，本人姓名，以大号字体印在名片正中央，因为社交名片只用于社交场合，通常与公务无关，因此无须添加任何公务性头衔。其二，联络方式，以较小字体印在名片右下方。与公务名片有所区别的是，除了邮政编码外，包括家庭住址、住址电话、电子邮箱等在内的个人信息均可详细提供。但是，一般不宜将自己的手机号码留在名片上，以免使自己过于被动。如果本人不喜欢被外界打扰，则可根据具体情况对自己联络方式的内容有所保留，例如，可删去住宅电话。必要时，在名片上也可以不留任何联络方式，而仅保留姓名一项内容。

（四）夫妇名片

在一些社交场合，接待人员有可能偕同配偶一起参与交际应酬。在这种情况下，使用夫妇名片就比较合适了。事实上，夫妇名片只是社交名片的一种特例，它较多地运用于两人联名赠送礼品或投寄问候信函的场合。名片上的基本内容，同样只包括姓名和联系方式两项，或只有姓名一项。所不同的是，夫妇名片同时印有夫妇两人的姓名。需要注意的是，夫妇两人姓名应印刷成一行，而不宜印成上下两行。同时切记，无论任何理由，都不能随意划掉或涂去另一方的姓名，因为那是一种很不得体的做法。如果有必要以某一方的名义单独使用名片时，则最好还是选择个人名片。

二、主要用途

作为一种不可或缺的交际工具，名片在现实生活中有着很强的实用性。对接待人员而言，名片的基本用途主要有以下几种：

（一）常规用途

名片主要具有互通姓名、相互结识的重要作用。具体来说，又可细分为介绍自己、结交他人、拜会他人、便于联系等功能。

1. 介绍自己

初次与交往对象见面时，如果想进一步交往，除了必要的口头自我介绍外，还可以递上一张名片作为辅助的介绍工具。这样做，不仅能向对方明确身份，而且还可以节省时间，强化效果。

2. 结交他人

在社会交往中，接待人员如果想要结识某人，往往可以主动递交名片。这不仅意味着友好，而且还含有“可以交个朋友吗”这句潜台词。从礼仪上讲，对方一般会随之与接待人员互换名片，从而也就完成了双方结识的第一步。

3. 拜会他人

接待人员在初次前往他人工作单位或私人居所进行正式拜访时，可先把本人名片交于对方门卫、秘书或家人，然后由其交给拜访之人，意为“我是某某某，我可以拜访您吗”。待对方确认了拜访者的实际身份后，再决定双方是否见面。

4. 便于联系

利用他人在名片上提供的联络方式，可以与对方取得并保持联系，促进交往。当人们变换了单位、调整了职务，或者联系方式有所更改后，一般都要重新制作自己的名片。向经常交往的对象递交新名片，也就意味着把本人的最新情况通报给对方，避免双方联系上的失误。

（二）特殊用途

在社交场合，尤其是国际社交性的场合，名片不仅仅是相互联系的工具，它还可以代替一封简洁的信函，用来表示祝贺、感谢、介绍、辞行、慰问、馈赠以至吊唁等。具体做法是：在名片的左下角写上一行字或一句短语，然后装入信封送交他人。如果是本人亲自递交或托人带给他人，要用铅笔书写；如果采用邮寄方式，则应用钢笔书写。书写时多采用法文缩略语。

1. 较常见的法文缩略语

p. f. 意为“祝贺”，庆祝节日时用；

p. r. 意为“感谢”，接受礼物、款待之后，或者收到别人庆祝、吊唁之类的名片后使用；

p. p. 意为“介绍”，向对方介绍某人时用；

p. m. 意为“备忘”，提请对方注意某事时使用；

p. p. c. 意为“辞行”，在调离和离任时，向同事告别时使用；

p. p. n. 意为“慰问”，问候病人时用；

p. e. 意为“谨唁”，凭吊、追悼时用；

p. p. n. a. （可以大写）意为“恭贺新年”。

2. 代替信函使用时的注意事项

其一，介绍相识。接待人员如果欲向自己相识的人介绍某人时，可以在自己名片的左下角写上“p. p.”，再在后面附上被介绍人的名片，交由被介绍人交给对方，或直接邮寄给对方。在把名片交给被介绍人之后，介绍人应当先用电话与对方联络，告诉对方有人将拿着自己的名片去见对方。

其二，简短留言。当接待人员拜访某人，或者需要向某人传达某事而对方又恰巧不在时，可以留下自己的名片，并在名片上简单写上具体事由，然后委托他人转交。

其三，充当礼单。当接待人员向他人馈赠礼品时，可以将本人的名片作为礼单，置于礼品包装之内。具体做法是将名片装在一个大小相当的信封里，信封上写上收礼者的姓名，信封可以不封口。名片可根据实际情况简单留言，如“p. p. n. a.”。

三、名片制作

名片在当今社会中的作用已经不言而喻，从某种程度上讲，它实际就相当于人的另一张“脸面”。因此，一张名片制作得是否规范，往往会影响交往对象对自己的看法，进而影响双方的进一步交流与合作。接待人员在制作名片时应当认真考虑下述问题：

（一）规格材料

目前在中国通行的名片规格为长 9 厘米，宽 5.5 厘米，而在国际上较为流行的名片规格则为长 10 厘米，宽 6 厘米。一般情况下，内宾接待者应以前一种标准订制名片。夫妇名片和集体名片可在原有的基础上再扩大一些。名片通常以耐折、耐磨、美观、大方、便宜的纸张作为首选材料，如白卡纸、再生纸等。将名片做成折叠式或书本式，或者选用布料、塑料、真皮等材料制作名片是不太合适的。此外，将纸制名片烫金、压花、过塑、熏香，也是不合适的。

（二）文字版式

名片上文字的排列版式大体有两种：一是横式，即文字的行序自上而下，字序自左而右；二是竖式，即文字排列的行序自右而左，字序为自上而下。当两面的内容相同时，不可一面为横式，而另一面选择为竖式。

一般而言，内宾接待人员通常采用简化汉字的横式名片，如无特殊原因，不得使用繁体字。从事少数民族工作或涉外工作的接待人员，则可以酌情使用少数民族文字或外文。一般情况下，可将汉字印于一面，少数民族文字或外文印于另一面。一张名片上不宜使用两种以上文字，也不要在同一面上混合使用不同的文字。同时要注意，名片上的文字，尤其是外文，一定要确保规范和正确。

以汉字印刷名片时，一般采用楷体或仿宋体，尽量不要采用行书、草书、篆书等不宜识别的字体。以外文印刷名片时，一般均采用黑体字。在涉外交往中使用的名片亦可采用罗马体，但很少用草体。文字印刷要清晰易识，不宜自行手写名片，也绝不能在印刷的名片上以笔增减、修改内容，那是名片制作和使用上的大忌。

（三）色彩图案

接待人员所制作的名片宜选用单一色彩的纸张，并且以米白、米黄、浅蓝、浅灰等庄重朴实的色彩为佳。一般而言，名片上除文字符号外不宜添加任何没有实际效果的图案。如果本单位拥有象征性的标志图案，则可将其印于归属一项的前面，但不可过大或过于突兀。接待人员也不宜将照片、漫画、花卉等内容印在名片上。

四、现场交换

名片礼仪的核心内容，是交际现场名片的交换。接待人员如何交换名片不但是其个人修养的一种反映，而且也是对交往对象尊重与否的直接体现。

（一）携带名片

接待人员在接待活动中，或者参加正式的交际活动时，都应随身携带自己的名片。

1. 足量适用

接待人员携带的名片一定要数量充足，确保够用。所带名片要分门别类地放置，以便根据不同交往对象使用不同名片。

2. 放置到位

名片应统一置于名片夹、公文包或上衣口袋之内，在办公室时还可以放于名片架或办公桌内，切不可将其随便放在钱包、裤袋等处。

3. 完好无损

平时，名片一定要保持干净整洁，切不可出现折皱、破烂、肮脏、涂改等情况。

（二）递送名片

递送名片，是名片礼仪中的重点。接待人员在递送名片时，尤其要注意如下几个要点：

1. 观察意愿

除非自己想主动与人结识，名片务必要在交往双方均有结识对方或建立联系的愿望的前提下发送，否则就会有故意炫耀、强加于人之嫌。

2. 把握时机

发送名片，一定要掌握适宜时机，一般应选择初识之际或分别之时，不宜过早或过迟。不要在用餐、观剧、跳舞时递送名片，更不要在大庭广众之下向多位陌生人发送名片。

3. 讲究顺序

双方交换名片时，讲究由身份、地位较低者首先向身份、地位较高者递送名片，然后再由后者回复前者。因此在接待活动中，应由接待人员首先向接待对象递送名片。若接待对象不只一人，则应按照职务的高低自高至低来决定发送顺序，切勿跳跃式发送，更不能遗漏其中某些人。最保险的方法是：由近而远，按顺时针或逆时针方向依次发送。

4. 表现谦恭

递上名片前，应当先向接受名片者打个招呼，既可先做一下自我介绍，也可以说声“可否交换一下名片”之类的提示语。对于递交名片这一过程，应当表现得郑重其事。要起身站立，主动走向对方，面含微笑，以双手或右手持握名片，举至胸前，并将名片正面面对对方。届时应说声“请多多指教”之类的礼节性用语，切勿以左手持握名片。

(三) 接受名片

接受名片时，有一系列具体的讲究应予遵守。主要有：

1. 接受之法

在接受他人名片时，接待人员不论多忙，都要暂停手中的一切事情，起身站立，双手捧接。至少也要用右手，而不得使用左手。然后要用不少于一分钟时间，将其从头至尾默读一遍。遇有显示对方荣耀的职务和头衔不妨轻读出声，以示尊重和敬佩。若对方名片上的内容有所不明，也可当场请教对方。

2. 有来有往

接收了他人的名片后，不要忘记“礼尚往来”，一般应当立刻回送对方一枚自己的名片。若没有名片，名片用完了，或者忘了带名片时，应向对方作出合理解释，并致以歉意，千万不能毫无反应。

3. 认真收存

接过交往对象的名片后，切忌把玩或折叠。应将其谨慎地置于名片夹、公文包、办公桌或上衣口袋之内，并应与本人名片区别放置。需要注意的是：绝对不能把所收到的名片随意塞入钱包或裤子口袋里，那样对对方是一种极大的侮辱。

（四）索要名片

依照惯例，接待人员最好不要直接开口向他人索要名片。但若想主动结识对方，或者有其他原因有必要索取对方名片时，可采取下列办法：

1. 互换法

所谓互换法，即以名片换名片。在主动递上自己的名片后，对方按常理会回送给自己一枚他的名片，或者可在递上名片时明言："能否与您交换一下名片？"

2. 暗示法

所谓暗示法，即用含蓄的语言暗示对方。例如，索要名片时可说："请问今后如何向您请教？"

第三节　握手行礼

在交际应酬之中，往往都需要在适当的时刻向交往对象行礼，以示自己对于对方的尊重、友好、关心与敬意。此种礼仪，即所谓会面礼，也就是人们会面时约定俗成互行的礼仪。

在不同的历史时期、不同的文化背景之下，人们所采用的会面礼往往千差万别，互不相同。为人们所熟知的，目前就有点头礼、举手礼、致意礼、脱帽礼、握手礼、拥抱礼、亲吻礼、鞠躬礼、合十礼、吻手礼、吻足礼、碰鼻礼、拱手礼、叩头礼、屈膝礼等。但是，当今在我国乃至世界各国最为通行的会面礼却只有一种，就是人们在日常生活中经常采用的握手礼。

一般情况下，握手礼简称握手。对于接待人员来说，握手行礼是工作与生活中的基本礼仪。学习握手礼，应掌握具体时机、先后次序和有效方式等重要问题。

一、具体时机

握手的时机，是一个十分复杂而微妙的问题。它通常取决于交往双方的关系、现场的气氛，以及当事人的心情等多种因素，不可一概而论。

（一）应握手的场合

在下述场合，接待人员有必要与人握手：

其一，在比较正式的场合同相识之人道别，应与之握手，以示自己的惜别之意和希望对方珍重之心。

其二，在家中、办公室里以及其他一切以本人作为东道主的场合，迎送或送别来访者之时，应与对方握手，以示欢迎或欢送。

其三，拜访他人之后，在辞行之时，应与对方握手，以示“再会”。

其四，被介绍给不相识者时，应与之握手，以示自己乐于结识对方，并为此深感荣幸。

其五，在社交性场合，偶然遇上同事、同学、朋友、邻居、长辈或上司时，应与之握手，以示高兴与问候。

其六，他人给予自己一定的支持、鼓励或帮助时，应与之握手，以表衷心感激。

其七，向他人表示恭喜、祝贺之时，如祝贺生日、结婚、生子、晋升、升学、乔迁、事业成功或获得荣誉、嘉奖时，应与之握手，以示贺喜之诚意。

其八，对他人表示理解、支持、肯定时，应与之握手，以示真心实意、全心全意。

其九，应邀参与社交活动，如宴会、舞会之后，应与主人握手，以示谢意。

其十，在重要的社交活动，如宴会、舞会、沙龙、生日晚会开始前与结束时，主人应与来宾握手，以示欢迎与道别。

其十一，他人向自己赠送礼品或颁发奖品时，应与之握手，以示感谢。

（二）不宜握手的场合

在下述一些情况下，因种种原因，不宜同交往对象握手行礼，则应免行握手礼：

其一，对方手部负伤或负重。

其二，对方手中忙于他事，如打电话、用餐、喝饮料、主持会议、与他人交谈等。

其三，对方与自己距离较远。

其四，对方所处环境不适合握手。

二、先后次序

在比较正式的场合，行礼握手时最为重要的礼仪问题，是握手的双方应当由谁先伸出手来“发起”握手。倘若对此一无所知，在与他人握手时，轻率地抢先伸出手去而得不到对方的回应，那种场景将一定是令人非常尴尬的。作为接待人员，更要对握手的先后顺序有一个清醒的了解。

（一）“尊者决定原则”

根据礼仪规范，握手时双方伸手的先后次序，应当在遵守“尊者决定原则”的前提下，具体情况具体对待。

“尊者决定原则”的含义是，在两人握手时，各自首先应确定握手双方彼此身份的“尊卑”，然后由此而决定伸手的先后。通常应由位尊者先伸出手来，即尊者先行。位卑者只能在此后予以回应，而绝不可贸然抢先伸手，因为那是违反礼仪的举动。

在握手时，之所以要遵守“尊者决定原则”，既是为了恰到好处地体现对位尊者的尊重，也是为了维护在握手之后的寒暄应酬中位尊者的自尊。因为握手往往意味着进一步交往的开始，如果位尊者不想与位卑者深交，他是大可不必伸手的。换言之，如果位尊者主动伸手与位卑者相握，则表明前者对后者印象不错，而且有主动与之交往之意。

（二）具体涉及的情况

具体而言，握手时双方伸手的先后次序大体包括如下七种情况：

其一，年长者与年幼者握手时，应由年长者首先伸出手来。

其二，长辈与晚辈握手时，应由长辈首先伸出手来。

其三，老师与学生握手时，应由老师首先伸出手来。

其四，女士与男士握手时，应由女士首先伸出手来。

其五，已婚者与未婚者握手时，应由已婚者首先伸出手来。

其六，上级与下级握手时，应由上级首先伸出手来。

其七，职位、身份高者与职位、身份低者握手时，应由职位、身份高者首先伸出手来。

（三）某些特殊的情况

若一个人需要与多人握手，则握手时亦应讲究先后次序，由尊而“卑”，即先年长者后年幼者，先长辈后晚辈，先老师后学生，先女士后男士，先已婚者后未婚者，先上级后下级，先职位、身份高者后职位、身份低者。

在工作场合，握手时伸手的先后次序，主要取决于职位、身份。而在社交、休闲场合，则主要取决于年龄、性别、婚否。

在接待来访者时，这一问题变得较为特殊一些：当客人抵达时，主人应首先伸出手来与客人相握；而在客人告辞时，则应由客人首先伸出手来与主人相握。前者是表示“欢迎”，后者则表示“再见”。若这一次序颠倒，则极易让人产生误解。

应当强调的是：上述握手时的先后次序可用以律己，却不必处处苛求于人。要是当自己处于尊者之位，而位卑者抢先伸手要来相握时，最得体的做法，还是要与之配合，立即伸出自己的手去。若过分拘泥于形式，对其视若不见、“置之不理”，使其进退两难、当场出丑，也是失礼于对方的。

三、有效方式

握手的标准方式，是行礼时行至距握手对象约一米处，双腿立正，上身略向前倾，伸出右手，四指并拢，拇指张开与对方相握。握手时，应用力适度，上下稍许晃动三四次，随后松开手来，恢复原状。

具体来说，握手时应加以注意的问题有：

（一）握手的神态

与人握手时，理当神态专注、热情、友好、自然。在通常情况下，与人握手时，应面含笑意，目视对方双眼，并且口道问候。

在握手时，切勿显得自己三心二意、敷衍了事、漫不经心、傲慢冷淡。如果在此时迟迟不握他人早已伸出的手，或是一边握手，一边东张西望、目中无人，甚至忙于跟其他人打招呼，都是极不应该的。

（二）握手的姿势

向他人行握手礼时，只要有可能，就应起身站立，一般来说，接待人员坐着与人握手是不合适的。

握手之时，双方彼此间的最佳距离为一米左右，因此握手时双方均应主动向对方靠拢。若双方距离过大，显得像是一方有意讨好或冷落一方。若双方握手时距离过小，手臂难以伸直，则不大好看。

最好的做法，是双方将要相握的手各向侧下方伸出，伸直相握后形成一个直角。

（三）握手的手位

在握手时，手的具体位置至关重要，常见的手位有两种：

1. 单手相握

以右手单手与他人相握，是最常见的握手方式。不过进而言之，单手与人相握时，左手掌垂直于地面最为适当。这被称为“平等式握手”，表示自己不卑不亢。

与人握手时掌心向上，表示自己谦恭、谨慎，这一方式叫作“友善式握手”。

与人握手时掌心向下，则表示自己感觉甚佳、自高自大，这一方式叫作“控制式握手”。

2. 双手相握

双手相握，即用右手握住对方右手后，再以左手握住对方右手的手背。这种方式，适用于亲朋故旧之间，可用以表达自己的深情厚谊。一般而言，这种方式的握手不适用于初始者与异性，因为这有可能被理解为讨好。这一方式，有时亦被称为“手套式握手”。

双手相握时，左手除握住对方右手手背外，还有人以之握住对方右手手腕、握住对方右手手臂、按住或拥抱对方右肩。这些做法，除非是面对至交，最好不要滥用。

（四）握手的力度

握手之时，为了向交往对象表示热情友好，应当稍许用力；与亲朋故旧握手时，所用的力量可以稍微大一些；而在与异性以及初次相识者握手时，则千万不可用力过猛。

总之，在与人握手时，不可以毫不用力，不然就会使对方感到缺乏热忱与朝气。但也不宜矫枉过正，如果在握手时拼命用力，将对方握得龇牙咧嘴，则难免有示威或挑衅之嫌。

（五）握手的时间

在普通情况下，与他人握手的时间不宜过短或过长。大体来讲，握手的全部时间应控制在三秒钟之内，即握上一两下即可。当然，若是老友重逢，握手的时间则可以相应适当延长。

握手时两手稍触即分，时间过短，好似在走过场，又像是对对方怀有戒意。而与他人握手时间过久，尤其是拉住异性或初次见面者的手长久不放，则显得有些虚情假意，甚至会被怀疑为“想占便宜”。

（六）握手的禁忌

在人际交往中，握手虽然司空见惯，看似寻常，但由于它可被用来传递多种信息，因此在行握手礼时应努力做到合乎规范，不犯禁忌。这就要求接待人员做到下述几点：

其一，不要用左手与他人握手。与少数民族人士或外国友人打交道时，则更要牢记此点，因为在他们看来左手往往是不洁的。

其二，不要在握手时争先恐后，而应当遵守秩序、依次而进。

其三，不要在握手时戴着手套或将另外一只手插在衣袋里，也不能在握手时另外一只手依旧拿着东西而不肯放下，例如，仍然拿着香烟、报刊、公文包、行李等。

其四，不要在握手时戴着墨镜。只有患有眼疾或眼部有缺陷者，方可例外。

其五，不要在握手时面无表情、不置一词，好像根本无视对方的存在，或纯粹是为了应付对方。

其六，不要在握手时长篇大论，点头哈腰，显得过分客套。过分客套不会令对方受宠若惊，而只会让对方不自在、不舒服。

其七，不要在握手时仅仅捏住对方的手指尖，好像有意与对方保持距离；也不要在握手时只递给对方一截冷冰冰的手指尖，像是迫于无奈似的。正确的做法，是要握住对方的整个手掌。即使对异性，也要这么做。

其八，不要以肮脏不洁或患有传染性疾病的手与他人相握。更不能在与人握手之后，立即揩拭自己的手掌，好像与对方握手就会使自己受到污染似的。

其九，不要拒绝与他人握手。在任何情况下，都不能这么做。

第四节　相互介绍

现代人要生存、要发展，在日常生活和工作中，就需要主动地与其他人进行必要的沟通，以寻求理解、帮助和支持。介绍，就是人际交往中与他人进行沟通、增进了解、建立联系的一种最基本、最常规的方式，是人与人进行相互沟通的出发点。

在接待工作中，如能正确地利用介绍，不仅可以扩大自己的交际圈，广交朋友，而且有助于自己进行必要的自我展示和自我宣传。因此在接待场合中，接待人员必须熟练掌握有关介绍的相关礼仪。

一、介绍自我

介绍自我即自我介绍，简言之，就是在必要的社交场合，由自己担任介绍的主角，自己将自己介绍给其他人，以便使对方认识自己。

根据会面礼仪的具体规范，接待人员在进行自我介绍时，应注重自我介绍的内容、自我介绍的分寸等诸多问题。

(一) 自我介绍的内容

自我介绍的内容，是指自我介绍时所表述的主体部分，即在自我介绍时表述的具体要点。确定自我介绍的具体内容，应兼顾实际需要、所处场景及具体对象。

1. 应酬式

应酬式的自我介绍，适用于某些公共场合和一般性的社交场合，如旅行途中、宴会厅里、舞场上、通电话时。它的对象，主要是进行一般性接触的交往对象，故介绍内容要少而精。应酬式的自我介绍内容最为简洁，往往只包括姓名一项即可。例如：“您好！我叫祝姿。”

2. 工作式

工作式的自我介绍，主要适用于工作之中。它是以工作为自我介绍的中心，因工作而交际，因工作而交友。它的介绍内容，应当包括本人姓名、供职的单位及其部门、担任的职务或从事的具体工作等。其中这三项被称为工作式自我介绍内容的三要素，通常缺一不可。其中，第一项姓名，应当一口报出，不可有姓无名，或有名无姓。第二项供职的单位及其具体部门，有可能最好全部报出，具体工作部门有时也可以暂不报出。第三项担任的职务或从事的具体工作，有职务最好报出职务；职务较低或者无职务，则可报出目前所从事的具体工作。例如：“我叫王爱华，是东方市政府接待办的交际处处长。”

3. 交流式

交流式的自我介绍，主要适用于社交活动中。它是一种刻意寻求与交往对象进一步交流与沟通，希望对方认识自己、了解自己并与自己建立联系的自我介绍。交流式自我介绍的具体内容，大体应当包括介绍者的姓名、工作、籍贯、学历、兴趣以及与交往对象的某些熟人关系等。此种自我介绍不一定非要面面俱到，而应依照具体情况而定。例如："我名叫李青松，现在在北京长城有限公司工作。我是中国人民大学公共管理学院毕业的，咱们是校友，对吗？"

4．礼仪式

礼仪式的自我介绍，适用于讲座、报告、演出、庆典、仪式等一些正规而隆重的场合。它是一种意在表示对交往对象友好、敬意的自我介绍。礼仪式的自我介绍的内容，亦包含姓名、单位、职务等项，但往往还应多加入一些适宜的谦辞、敬语，以示自己礼待交往对象。

（二）自我介绍的分寸

进行自我介绍之时，对下述几方面的问题必须予以正视，方能使自我介绍恰到好处、不失分寸。

1．掌握时间

在进行自我介绍时要掌握好时间，在此包括以下两方面内容：

其一，应力求简洁。进行自我介绍时，应尽可能地节省时间，并以半分钟左右为宜。如无特殊情况，最好不要长于一分钟。为了节省时间，在做自我介绍时，还可利用名片、介绍信加以辅助。若使用了名片、介绍信，则其上所列的内容应尽量不予重复。

其二，应择时进行。自我介绍应在适当的时间进行，而不应在不适当的时间进行。进行自我介绍的适当时间，在此所指的是：一是对方有兴趣时；二是对方有空闲时；三是对方情绪好时；四是对方干扰少时；五是对方有要求时。进行自我介绍的不适当时间，则是指对方无兴趣、无要求、工作忙、干扰大、心情坏、休息用餐或正忙于私人交往之时。

2．讲究态度

进行自我介绍，态度务必要自然、友善、亲切、随和。既不要小里小气、畏首畏尾，又不要虚张声势、轻浮夸张、矫揉造作。在做自我介绍时，要充满信心和勇气，要敢于正视对方的双眼，显得胸有成竹、不慌不忙。这样做，将有助于自我放松，并使对方对自己产生好感。在自我介绍的具体过程中，语气要自然、语速要正常、语音要清晰，这对自我介绍的成功将大有好处。届时倘若语气生硬冷漠、语速过快或过慢、语音含混不清，都是缺少经验、缺乏自信的表现。

3. 力求真实

进行自我介绍时所表述的各项内容，一定要实事求是、真实可信。没有必要过分谦虚，一味贬低自己去讨好别人，但也不可自吹自擂、弄虚作假、夸大其词。切勿在自我介绍时大掺水分，否则定会得不偿失。

二、介绍他人

介绍他人，又称第三者介绍，是经第三者为彼此不相识的双方引荐、介绍的一种介绍方式。介绍他人，通常都是双向的，即将被介绍者双方各自均做一番介绍。有时，也可以进行单向的他人介绍，即只将被介绍者中的某一方介绍给另一方。

（一）介绍他人的顺序

在为他人作介绍时，必须遵守“尊者优先了解情况的原则”。也就是说，在为他人作介绍前，先要确定双方地位的“尊卑”，然后先介绍位卑者，后介绍位尊者。这样做，可以使位尊者优先了解位卑者的情况，以便见机行事，在交际应酬中掌握主动权。这一原则，有时又被称为“后来者居上原则”。它所指的是后被介绍者，应较之先被介绍者地位为上。二者从不同角度，阐明了同一问题。

根据这些规则，为他人作介绍时的顺序大致有如下几种情况：

其一，介绍年长者与年幼者认识时，应先介绍年幼者，后介绍年长者。

其二，介绍长辈与晚辈认识时，应先介绍晚辈，后介绍长辈。

其三，介绍老师与学生认识时，应先介绍学生，后介绍老师。

其四，介绍女士与男士认识时，应先介绍男士，后介绍女士。

其五，介绍已婚者与未婚者认识时，应先介绍未婚者，后介绍已婚者。

其六，介绍同事、朋友与家人认识时，应先介绍家人，后介绍同事、朋友。

其七，介绍来宾与主人认识时，应先介绍主人，后介绍来宾。

其八，介绍上级与下级认识时，应先介绍下级，后介绍上级。

其九，介绍职位、身份高者与职位、身份低者认识时，应先介绍职位、身份低者，后介绍职位、身份高者。

（二）介绍他人的内容

在为他人作介绍时，介绍者对介绍的内容应当字斟句酌，慎之又慎。倘若对此掉以轻心、词不达意、敷衍了事，很容易给被介绍者留下不良印象。根据实际需要的不同，为他人作介绍时的内容也会有所不同。通常有如下五种形式可供借鉴：

1. 标准式

它适用于正式场合，其内容以双方的姓名、单位、职务等为主。

2. 简洁式

它适用一般的社交场合，其内容往往只有双方姓名一项，甚至可以只提到双方姓氏为止。接下来，则是由被介绍者见机行事。

3. 引见式

它适用于普通的社交场合。做这种介绍时，介绍者所要做的，就是将被介绍者双方引导到一起，而不需要表达任何具有实质性的内容。

4. 推荐式

它适用于比较正规的场合，多是介绍者有备而来，有意要将某人举荐给某人，因此在内容方面，通常会对前者的优点加以重点介绍。

5. 礼仪式

它适用于正式场合，是一种最为正规的他人介绍。其内容略同于标准式，但语气、表达、称呼上都更为礼貌、谦恭。

（三）介绍他人的应对

在介绍他人时，介绍者与被介绍者都要注意自己的表达、态度与反应，即介绍他人的应对问题。

介绍者为被介绍者作介绍之前，不仅要尽量征求一下被介绍者双方的意见，而且在开始介绍时还应再打一下招呼，切勿开口即讲，显得突如其来，让被介绍者措手不及。

被介绍者在介绍者询问自己是否有意认识某人时，一般不应加以拒绝或扭扭捏捏，而应欣然表示接受。实在不愿意时，则应说明缘由。

当介绍者走上前来，开始为被介绍者进行介绍时，被介绍者双方均应起身站立，面含微笑，大大方方地目视介绍者或对方，神态庄重而专注。

当介绍者介绍完毕后，被介绍者双方应依照合乎礼仪的顺序进行握手，并且彼此问候对方。此时的常用语有："你好"，"很高兴认识你"，"久仰大名"，"认识你非常荣幸"，"幸会、幸会"，等等。必要时，还可进一步进行自我介绍。不要在此时此刻有意拿腔拿调、硬端架子，显得瞧不起对方，或是心不在焉、疲于应付；也不要奴颜婢膝、阿谀奉承，成心讨好对方，表现得有失人格。

三、集体介绍

集体介绍，系他人介绍的一种特殊形式。它是指介绍者在为他人介绍时，被介绍者其中一方或者双方不止一人，甚至是许多人。由此可见，具体介绍大体可分成两种：其一，是为一人和多人做介绍。其二，是为多人和多人做介绍。

进行集体介绍时，应主要关注其顺序与内容两方面的问题。

（一）集体介绍的顺序

集体介绍的顺序，若有可能，应比照他人介绍的顺序进行。若实难参考，则可酌情参考下述顺序。应当强调的一点是，越是正式、大型的交际活动，对集体介绍的顺序就越是不可马虎。

1. "少数服从多数"

它的含义是当被介绍者双方地位、身份大致相似，或者难以确定时，应当使人数较少的一方礼让人数较多的一方，一个人礼让多数人。

即先介绍人数较少的一方或个人，后介绍人数较多的一方或多数人。

2. 强调地位、身份

若被介绍者双方地位、身份之间存在明显差异，特别是当这些差异表现为年龄、性别、婚否、师生以及职务有别时，则地位、身份为尊的一方即使人数较少，甚至仅为一人，仍然应被置于尊贵的位置，最后加以介绍，而先介绍另一方人员。

3. 单向介绍

在演讲、报告、会议、见面时，往往只需要将主角介绍给广大参加者，而没有必要一一介绍广大参加者。

4. 人数较多一方的介绍

若需要介绍的一方人数不只一人，可采取笼统的方法进行介绍。例如，可以说“他们都是我的同事”等，但是最好还是要对其一一进行介绍。进行此种介绍时，可比照他人介绍时位次“尊卑”的顺序，由“尊”而“卑”，如先上级后下级、先长后幼、先女后男等。不过，这一顺序的标尺一定要正规、单一，并且为众人所认可。

5. 人数较多双方的介绍

若被介绍双方皆不只一人，则可依照礼规，先介绍位“卑”的一方，后介绍位“尊”的一方。在介绍各方人员时，均须由“尊”而“卑”，依次进行。

6. 人数较多各方的介绍

有时，被介绍的会不只两方，此时需要对被介绍的各方进行位次排列。排列的具体方法有：一是以其负责人身份为准；二是以其单位规模为准；三是以其单位名称的英文字母顺序为准；四是以抵达时间的先后顺序为准；五是以座次顺序为准；六是以距介绍者的远近为准。如进行多方介绍，应由“尊”而“卑”。如时间允许，应在介绍各方时，以“尊卑”的顺序，一一介绍其各个成员。若时间不允许，则不必介绍其具体成员。

（二）集体介绍的内容

集体介绍的内容，基本上与他人介绍的内容无异，不过要求更认真、更准确、更清晰。有以下两点，应尤为注意：

1. 不使用易生歧义的简称

在正式场合介绍他人时，简称切勿乱用。例如，不要讲“人大”、“消协”，而应道明是“中国人民大学”、“消防协会”。至少，要在首次介绍时使用准确的全称，然后方可采用简称。

2. 不开玩笑、捉弄人

进行介绍时，要庄重、亲切，切勿随意拿被介绍者开玩笑，或是成心出对方的洋相。乱开他人的玩笑，绝对是失礼的。

四、介绍业务

在日常接待工作中，接待人员有时需要向接待对象介绍业务。

介绍业务，是指由服务人员向接待对象举荐商品、服务，使对方对其有所熟悉、有所了解。介绍业务的主要方法，要么是主动地介绍商品、服务的有关知识，要么则是对接待对象所提出的有关商品、服务的问题进行直接回答。后者有时亦称“问有答声”。

介绍业务，是接待人员进行服务的常规手段之一，接待人员对下述三点必须认真予以对待：

（一）苦练基本功

接待人员在其工作岗位，必须对自己经营的商品、负责的服务十分熟悉。只有如此，才能做到介绍在行，有问必答，得心应手。对于商品销售而言，要做好介绍推荐，就要做到“一懂”、“四会”、“八知道”。

所谓“一懂”，指的是要懂得相关的商品流通或服务各个环节的具体业务工作。

所谓“四会”，指的是对自己所经营的商品或服务要会使用、会调试、会组装、会维修。

所谓“八知道”，则是指要知道商品的产地、知道商品的价格、知道商品的质量、知道商品的性能、知道商品的特点、知道商品的用途、知道商品的使用方法、知道商品的保管措施。对于接待人员为接待对象所提供的服务而言，同样也需要对类似的问题掌握得一清二楚。

尤其重要的是，接待人员在介绍推荐商品、服务时，必须讲究职业道德，务必维护消费者的利益，一切都要实事求是。应当明确的是，在介绍推荐时，既不要夸大其词，也不要隐瞒缺点；不要存心张冠李戴，指鹿为马。例如，有意识地将甲地的产品、服务说成是乙地的，将国产或国营的商品、服务说成是进口的或外资的，将杂牌的商品、服务说成是名牌的。不要以次充好、以劣抵优。例如，不可将积压、滞销或残次的商品，硬是说成畅销、紧俏、优质的。

（二）熟悉接待对象心理

在对商品、服务进行介绍时，接待人员一般应当着重做好下述四件事：一是引起接待对象的关注；二是培养接待对象的兴趣；三是增强接待对象的欲望；四是要与接待对象达成交易。要做好这四点，完全有赖于接待人员对接待对象心理状态及其具体变化的了解程度。

不同性别、不同年龄、不同职业、不同阅历、不同个性、不同习惯、不同地域、不同民族、不同受教育程度的接待对象的具体表现，往往有所不同。一般情况下，接待人员在为接待对象进行介绍推荐时，既要注意对对方进行角色定位，又要争取实现真正的双向沟通。此时，其重要之点大致有三：

1. 与接待对象建立和谐的关系

在进行介绍推荐时，首先要争取给对方以宾至如归之感。此外，还要力争缩短双方之间的距离。做到了这一点，就有助于增强对方对自己的信任。

2. 与接待对象建立起彼此信赖的关系

介绍推荐时，应当质朴诚实、老幼无欺，设身处地地多为接待对象着想，认认真真地为其出主意、想办法、真帮忙，切记“买卖不成仁义在”。只有对接待对象诚实无欺，才能使双方彼此信赖。

3. 促使接待对象自然而然地自行决断

介绍推荐商品、服务，一定要抓好时机。该介绍时一定介绍，不该介绍时千万不要介绍。关键是要自己有眼色，能够明白对方有无兴趣、有无能力。千万不要强拉硬卖，不看对方脸色而一味“自吹自擂”。

（三）掌握科学的方法

掌握介绍的科学方法，也是做好介绍必不可少的条件。要做到这一点，不仅要根据商品、服务的不同特点去做，而且还要尊重接待对象的不同兴趣、偏好；不仅要尽可能地全面，而且也要努力抓住重点。除此之外，还可辅以其他手段。例如，一边进行介绍推荐，一边进行展示操作；一边进行介绍推荐，一边回答接待对象的疑问。具体而言，接待人员所应掌握的介绍推荐商品、服务方法大致上有如下三种：

1. 根据特点进行介绍

任何商品、服务均有各自的特点。它们分别表现在成分、性能、造型、花色、样式、质量、价格、连带服务、售后服务等方面。接待人员在对其具体进行介绍时，可就最为突出的优点、长处等方面予以侧重介绍。比如，或者介绍其成分、性能，或者介绍其造型、花色、样式，或者介绍其质量长处、优点，或者介绍其独特风格与历史地位，或者介绍其连带服务、售后服务。

2. 根据用途进行介绍

接待对象不论购买商品还是购买服务，主要是为了使用与享受。因此，在介绍推荐商品、服务时，应着重围绕其用途展开。主要方法有五种：其一，介绍其多种用途。其二，介绍其特殊用途。其三，介绍其附带用途。其四，介绍其新增用途。其五，介绍其独特用途。

3. 对新近上市的商品、服务的介绍

新上市的商品、服务，往往会面临接待对象对其不甚了解或举棋观望的局面。接待人员在积极进行宣传、推荐时，通常应当采取一些独特的方法：其一，介绍全新型商品、服务时，应着重介绍其优点、性能、用途及保养方法。其二，介绍改进型商品、服务时，应着重介绍其改进之后的优点。其三，介绍引进型商品、服务时，宜在将其与国内商品、服务进行对比的基础上，介绍其独具特色之处。其四，介绍未定型商品、服务时，宜在说明其尚处于试销的同时，介绍其与定型的同类商品

在质量、价格、后续方面的差别，以供接待对象自行比较。

第五节　交谈之道

语言是人们用以交流的主要工具之一，而口头交谈则是人们彼此之间进行沟通的重要渠道之一。

在绝大多数情况下，接待人员与接待对象面对面的直接沟通以口头交谈为主。在这一方面，仅凭自己的常规经验是远远不够的，还需要熟练掌握在谈话的态度、语言、内容、方式等方面的礼仪规范。接待人员在口头交谈时的表现，不仅是其工作能力、行政水平以及待人接物的态度的体现，同时也是展示个人魅力与风采的具体途径之一。

接待人员应该掌握的口头交谈礼仪，主要涉及谈话的语言、谈话的态度、谈话的方式、谈话的内容、谈话的忌讳五个方面，它们具体规范了接待人员应当“如何说”和“说什么”。

一、语言文明

语言是交谈的载体，整个交谈过程无非就是语言的具体运用过程。语言运用是否准确恰当，直接影响着交谈能否顺利进行。所以，接待人员在交谈中一定要特别注意语言的具体使用问题。

（一）正确选择

在接待活动中，接待人员应该自觉采用普通话，不能对接待对象说对方根本听不懂的地方方言，更不能使用低级、庸俗、不文明的语言。特别要注意的是，即使不在接待场合，也不允许几个人在工作期间聚集在一起讲家乡话。因为那样既不正式，又有搞“小圈子”之嫌，容易让人产生“有着不可告人的秘密”的错觉。我方接待人员在外事活动中，一般可以使用英语，或是直接采用交往对象所在国的国语。而在正式的官方活动中，则必须使用汉语，以此来体现一个主权国家的尊严。

（二）通俗易懂

接待人员在与接待对象进行口头交谈时，务必要以务实为本。一方面，接待人员所使用的语言应通俗易懂，而不可满口之乎者也，滥用书面语言、专业术语或成语典故；另一方面，接待人员应充分考虑到接待对象的职业和受教育程度等因素，努力使自己的语言生动、形象、具体、鲜明，以利于沟通交流。如果“官话”、“套话”连篇，或是所使用的语言过于雕琢，甚至咬文嚼字、卖弄学识，那么不仅有碍信息的传达，而且还会让人觉得十分可笑。

（三）简洁明确

进行口头交谈时最基本的一点，就是要让他人准确无误地听懂自己的发言。因此，接待人员所使用的语言应当力求简单明了，言简意赅地表达自己的观点和看法。要使对方能听懂，并且能准确无误地理解自己的本意，主要要求接待人员发音标准、吐字清晰；同时，所说的话含义明确，不能模棱两可，以免产生不必要的误会。届时，切忌使用方言、土语或是说话啰唆。

（四）文明礼貌

无论在日常交谈还是正式发言中，接待人员必须讲究文明礼貌，尽量使用尊称，并善于使用一些约定俗成的礼貌用语，如“您”、“谢谢”、“对不起”等。此外，在交谈时不可意气用事，以尖酸刻薄的话对他人冷嘲热讽，也不可夜郎自大，处处教训指正别人，务必要谦虚大度、文雅用语、礼貌交谈。同时，交谈中应当尽量避免一些不太文雅的语句和说法，对于不宜明言的一些事情可以尽量使用委婉的词句来表达，多用一些约定俗成的隐语。

二、态度友善

口头交谈的态度，此处是指一个人在与别人交谈的整个过程中的举止表情及对接待对象的基本看法。从某种程度上讲，交谈的态度有时甚至比交谈的内容更为重要。在接待活动中，交谈的态度通常更受接待对象的关注。

对于训练有素的接待人员来讲，要想使自己口头交谈的态度符合要求，就必须注意如下四个方面：

（一）注意语态

语态，在此特指交谈时的神态，即表情和动作。一方面，与别人交谈时，在神态上既要亲切友善，又要舒展自如。当自己讲话时，要注意不卑不亢、恭敬有礼；在别人讲话时，则要专心致志、认真倾听。在与对方谈话时左顾右盼，或是双手抱在脑后，往往给人心不在焉或者目空一切的感觉。

另一方面，应当尽量以动作表达自己的尊敬之心。例如，在与别人谈话时，应当表情认真，目光直视对方。若要表示自己对对方观点的支持、赞同或理解，则可以点头微笑。此外，还要认真而专注地倾听他人的讲话，并且谨慎发言。

（二）注意语音

在现代社会中，语音被视为一个接待人员教养素质的直接体现，并与对接待对象尊重与否直接挂钩。在语音方面的基本礼仪规范是：与人进行交谈时，应力求发音纯正，尽量不带乡音土语，同时注意控制自己说话时的音量。最佳的音量标准是，只要接待对象可以听清楚即可。在口头交谈时，特别是在公共场所里与别人交谈时，如果粗声大气，不仅有碍于他人，而且也说明自己缺乏教养。

（三）注意语速

所谓语速，即一个人说话时速度的快慢。在交谈中，自己的语速是否合乎常规，往往同自己交谈的效果直接联系在一起。在接待工作中，不论使用自己的母语，还是使用某种外语，接待人员的语速都应当保持相对的稳定，也就是快慢适宜、舒张有度，同时在一定的时间内保持匀速。这样做，不仅可以使自己的语言清晰易懂，而且还可以显示出自己胸有成竹、有条有理。语速过快、过慢，或者忽快、忽慢，会给人一种慌慌张张、吞吞吐吐、没有条理的感觉，都是接待人员应当努力避免的。

(四) 注意语气

所谓语气，一般是指人们在讲话时的口气。与别人交谈时，接待人员的语气应当和蔼可亲，一定要注意平等待人、谦恭礼貌。在交谈中，应当注意讲话的速度稍微舒缓一些，讲话的音量低一些，谈话的语调抑扬顿挫一些，并尽量多使用一些谦辞、敬语和礼貌用语。既不要在交谈时表现得居高临下、无所不知，也不宜在语气上阿谀奉承、随声附和。故意讨好对方，往往会令对方厌恶反感。正确的表现应该是：不卑不亢、落落大方、充满善意。

三、方式恰当

口头交谈的方式，通常是指人们在谈话时所采用的具体形式。根据不同的情况，接待人员应采取不同的谈话方式。下面，简要介绍一下接待人员在谈话时所采用的六种方式：

(一) 静听式谈话

所谓静听式谈话，是指与接待对象进行谈话时，少谈多听，以听为主。在倾听时，表情要认真，要目视对方、全神贯注，切不可用心不专。此外，可以在语言、动作上予以必要的配合，例如，微笑、点头等。学会倾听，应该是接待人员最基本的素质。

(二) 扩展式谈话

所谓扩展式谈话，是指交谈双方就某些共同关心的问题各抒己见，进行由此及彼、由表及里、由浅入深的讨论。其目的是，充分交换意见，以求集思广益。这种谈话，不但要求人们在交谈中要注意双向交流，而且还要求谈话要就事论事、以理服人，通过谈话统一双方的思想，达成共识。

(三) 倾泻式谈话

所谓倾泻式谈话，是指在口头交谈时对对方毫无保留，将自己的全部想法和盘托出。这种谈话方式要以对对方的信任为前提，谈话时以我为主、畅所欲言。但要注意在采取这种谈话方式时，一定要掌握好恰当的分寸，切不可泄露本单位或国家的秘密，也要防止自己这种“过分亲热”之举引起对方的误会，让对方认为自己不成熟，以为自己想和对方“套近乎”。

（四）跳跃式谈话

所谓跳跃式谈话，是指在口头交谈过程中，某一话题在接待对象没有呼应时，为避免谈话者感到尴尬，或者是谈话出现冷场，接待人员主动跳出原先谈论的范围，转而挑选出令大家都感兴趣的话题。但同时也应注意，切不可单凭自己的兴趣将话题改来改去，使之变化得过于频繁。

（五）启发式谈话

所谓启发式谈话，是指交谈中的一方主动帮助不善表达的一方，在话题的选择或谈话的走向上予以引导、支持、鼓励，以帮助对方在谈话中得以采用恰当的方法来阐述自己的见解和主张。接待人员在采取这种谈话方式时，切不可居高临下，企图以此来控制对方，也不可存心误导对方、愚弄对方。

（六）评判式谈话

所谓评判式谈话，是指在谈话过程中要在听取了对方的观点以后，在适当的时刻，以适当的方法，恰如其分地进行插话。接待人员在涉及根本性、方向性、原则性问题的谈话中，一般适宜采用评判式谈话方式来阐述自己的观点、立场。同时，必须注意适时和适度，也要重视与谈话对象彼此尊重、相互理解。

四、内容得体

进行口头交谈时，最重要的当然是内容的选择。一般认为，交谈内容是关系到口头交谈成败的决定性因素。正所谓“言为心声”，接待人员所选择的交谈内容，往往被视为其个人品位、志趣、修养和阅历的集中体现，故此必须对其斟酌再三。交谈内容的选择，通常应当遵守一定的原则和要求。

（一）切合语境

语境，即说话时的语言环境，在此具体指的是说话时的客观现场环境，包括时间、地点、目的，以及交谈双方的身份等内容。接待人员的交谈内容务必要与交谈的时间、地点、场合相对应，同时也应符合身份。例如，接待人员应该站在本单位、本部门的立场上进行谈话，谈话的具体内容要符合中国的法律法规，并应与党的路线、方针、政策保持一致。

（二）因人而异

所谓因人而异，是指接待人员在交谈时要根据接待对象的不同而选择不同的交谈内容，多为谈话对象着想，并根据对方的年龄、性格、性别、民族、职业、阅历、地位而选择适宜的话题。同时，接待人员应当本着求同存异的原则，选择大家都感兴趣的话题作为谈话内容。如果交谈各方在交谈中对某一问题产生了意见或观点的分歧，则不妨进行适度的调整。但届时一定要克制自己的情绪。

（三）具体要求

除上述原则外，接待人员在选择交谈内容时还应遵循如下四点具体要求：

1. 有助于接待对象进一步了解有关本单位的内容

有交流才有了解，有了解才有信任。为了便于接待对象进一步了解接待人员所在单位的情况，接待人员应该在交谈中主动介绍本单位的实际情况，但在介绍时，要注意客观性与公正性兼顾。

2. 对接待对象所属的单位或其本人表示善意的内容

在任何情况下，接待人员都应该把对接待对象的尊重与友善放在首位。因此，对接待对象所属的国家、民族、单位或对其本人的历史和成就表达直接的敬意或者由衷的称赞，既体现了自己对接待对象的重视，又是对其尊重有加的一种表现。

3. 高雅而轻松的内容

接待人员作为主人，理当自觉地选择高尚、优雅的谈话内容，例如，有关哲学、历史、文学、艺术，以及政策、国情、社会发展等话题。在交谈时，还要有意识地选择那些能给接待对象带去开心与欢乐的轻松的话题，而不宜选择那些让对方感到沉闷、压抑、悲哀、难过的内容。

4. 一方或双方所擅长的内容

交谈的内容，应当是自己或者对方所熟知甚至擅长的内容。这样双方在交谈中就会左右逢源、得心应手，并令对方感到自己谈吐不俗，对自己刮目相看；同时，也可以给对方发挥长处的机会，调动其交谈的积极性。应当注意的是，不论选择自己擅长的内容，还是选择对方擅长的话题，都不应当涉及另一方一无所知的内容，否则便会使对方感到十分难堪，或者令自己贻笑大方。

五、回避禁忌

接待人员在与别人交谈时，必须把握好自己谈话的具体分寸，即谈话时应当把握好“度”，绝对不可以说出与自己身份不符的话，不可咄咄逼人或一言不发，不可骄傲自大或讽刺挖苦。

（一）内容上的忌讳

下述内容均应予以回避：

1. 涉及对方单位内部机密的内容

交谈时涉及这样的内容，容易被人误解为对别人的内部事务说长道短，十分令人反感。

2. 涉及对方自身弱点与短处的内容

任何一个有自尊心的人，都不会希望自身的弱点与短处被别人当众曝光。

3. 涉及他人长短的内容

一般而言，在背后对他人进行非议，是一种很没有水平的做法。

4. 庸俗、低级、无聊的话题

交谈时不宜涉及凶杀、色情、暴力、惨案、灾祸等。谈论这类话题，会让人觉得自己的素质十分低下。

（二）态度上的忌讳

与人交谈时，接待人员在态度上亦应注意有加，以下情况必须予以避免：

1. 一言不发

交谈时采取这种态度，会给接待对象留下自己对谈话毫无兴趣的印象，或令对方感到自己城府很深。

2. 没完没了

接待人员在谈话时，务必注意对自己有意识地进行“限时”和“限量”，不能不顾别人的兴趣与反响，而表现出过分的表现欲。

3. 讽刺挖苦

绝不允许在谈话中意气用事、尖酸刻薄，否则就会使自己显得目光短浅、气量狭窄。即使批评对方，也千万不能忽略对对方人格的尊重。

4. 骄傲自大

接待人员一定要以谦虚为本、虚怀若谷。不能目空一切、骄傲自大，更不能在谈话中妄自以权威自居。

第三章 宴会安排

接待来宾时，通常免不了以宴待客。宴请客人，不仅出自主方人员的地主之谊，而且也是宾主双方以及其他人员开展更加广泛、更加深入的交际的一个绝佳的机会。

安排宴会时，一般需要坚持所谓“三适原则”，即应当适度、适量、适人。不注意此点，就会弄巧成拙、自找麻烦。

第一，适度。应当强调，正式宴会宜少不宜多。在接待来宾时，要遵守有关规定，不得每客必宴，令宴会过度泛滥。

第二，适量。有必要为来宾举行宴会时，对规模要加以限制，坚持“少而精”。不允许铺张浪费，不宜搞大吃大喝。

第三，适人。具体设计、安排宴会时，在条件允许的前提下，要适当地照顾一下来宾尤其是主宾的个人口味。

第一节 安排中餐

中式餐饮，简称中餐，一般指一切具有中国特色的，依照传统方法制作而成的，为中国人日常生活所享用的餐食和饮品。其中，最主要的是具有中国传统风味和特色的饭菜。

接待人员在其接待活动中，举办或参加中餐宴会十分常见。因此，必须掌握并熟练运用一定的中餐礼仪，做到文明用餐。所谓中餐礼仪，此处主要是指以中餐待客，或者是品尝中餐时应当自觉遵守的习惯做法和传统习俗。讲究中餐礼仪，不仅是接待人员个人素质与修养的重要表现，更是改善人际关系、做好本职工作的重要渠道。

中餐礼仪的具体内容十分广泛。接待人员在学习中餐礼仪时，主要应掌握时空选择、用餐方式、菜单安排、饮料准备、餐具使用、用餐举止等几个方面的规则。

一、选择时空

接待人员在举办正式的中餐宴会时，首先应在时间和空间两方面做出妥善的安排，这是中餐礼仪中的一个重要环节。

（一）时间的选择

接待人员在安排中餐用餐的时间时，通常应注意以下三个方面：

1. 主随客便

选择时间的一个主要依据，是接待对象的具体状况。一般要避开客人最繁忙或有重要活动的日子。作为礼貌，接待人员应提前询问，并且多提供几种时间选择方案，以示诚意和周到。

2. 民俗惯例

依照具体用餐时间不同，中餐可分为早餐、午餐和晚餐三种。通常，国内外举办的正式宴会一般在晚上进行，工作餐一般在中午进行，而沿海一带朋友亲人相聚则常选择“饮早茶”的形式。

3. 适当控制

中餐礼仪在控制时间上有一定的讲究。一般来说，正式宴会的用餐时间为1.5～2个小时，非正式宴会与家宴约为1个小时，而便餐的用餐时间则通常在半小时以内。

（二）空间的选择

享用中餐，除了“吃东西”，更重要的是“吃环境”、“吃文化”。环境选择的好坏，往往体现出主人对客人的重视程度。因此，中餐用餐地点的恰当选择也是宴请成功的重要因素。

选择用餐地点时，主要应选择环境幽雅、卫生良好、设施完备、交通方便的地方。此四者缺一不可，接待人员在筹划时应将这四个方面都考虑在内。

二、讲究方式

中餐的用餐方式，主要是关于用餐的具体形式的问题。一般情况下，中餐的用餐方式可按用餐的规模和餐具的使用两种标准划分。

（一）按用餐规模划分

按中餐的用餐规模划分，用餐方式可分为宴会、家宴、便餐等具体形式。

1. 宴会

所谓宴会，是指出于一定目的，由机关、团体、组织或个人出面组织的，以用餐为形式的社交性聚会，可分为正式宴会和非正式宴会。正式宴会较为隆重和正规，对到场人数、穿着打扮、席位排列、宾主致辞都有严格的要求和讲究。而非正式宴会则形式从简，在这些方面均不作过高要求。

2. 家宴

所谓家宴，即在家中所举行的宴会。家宴气氛较为轻松自然，接待人员参加这类宴会时，可表现得随意一些。

3. 便餐

所谓便餐，是指供自己在日常生活中所吃的家常便饭。享用便餐时，礼仪上讲究最少，接待人员只需讲究公德、注意卫生即可。

（二）按餐具的使用划分

按餐具的使用划分，用餐方式可分为混餐式、公筷式、自助式、分餐式等形式。

1. 混餐式

混餐式是中餐最传统的用餐方式，即用餐者使用自己的餐具直接从公用的碗盘中取食饭菜。这种方式可使人产生和睦、亲近的感觉，但不够卫生，因此仅适用于个人用餐或家庭聚餐，尤其不宜用于宴请外国友人。

2. 公筷式

公筷式用餐是混餐式的一种特殊形式，指用餐者借助带有特殊标记的、公用的餐具从共享的主食及菜肴中适量取拿，再以自己餐具享用之。这种用餐方式既维护了和睦气氛，又兼顾了个人卫生，适用于家宴。

3. 自助式

自助式用餐方式，是指不排席位，将所提供的主食、菜肴、酒水陈列在一起，由用餐者自行选择。这种用餐方式礼仪讲究不多，适用于大型活动的就餐，可以节省开支、节省人力。

4. 分餐式

分餐式用餐，是指在用餐过程中，对主食、菜肴、酒水及餐具，一律每人一样一份，分别使用，也叫“中餐西吃”。这种用餐方式讲究卫生、体现公平，适用于各种宴会，尤其被视为正式宴会的最佳选择。

三、斟酌菜单

中式菜肴，是中餐的主要内容。一般说来，标准的中餐，上菜次序依次为冷盘、热炒、主菜、点心和汤，水果拼盘则放在最后。其中咸点心和咸汤相匹配，甜点心则与甜汤相匹配。

接待人员在准备菜单时，一定要心怀敬人之意，精心设计，既要突出特色，又要避免触犯他人的禁忌。

（一）宜选的菜肴

具体安排菜肴时，讲究甚多。

1. 具有中餐特色的菜肴

在宴请外国人士时，这些菜应为首选。

2. 具有地方特色的菜肴

各地菜肴，往往具有不同的风味，而且有着各自颇负盛名的“代表作”，易于给客人留下深刻印象。

3. 所在餐馆的看家菜

高档餐厅一般都有自己的特色菜，通常应当以此作为宴请的优先考虑。

4. 主人的拿手菜

举办家宴时，主人亲自下厨烧几个自己较为满意的菜，既可以体现出敬人之意，也更有助于和谐气氛的形成。

（二）忌选的菜肴

无论请客，还是个人便餐，在点菜时都应该注意量入为出。空讲排场、铺张浪费是有悖于中华民族勤俭美德的，因此点菜时最可行的办法是量力而行、荤素搭配，避免点价格昂贵的高档菜。同时，要考虑到来宾中可能因为宗教、地域、职业及生活习惯的不同而有不同的饮食禁忌。

1. 宗教禁忌

准备菜单时，宗教禁忌是尤其需要注意的。

2. 地方禁忌

各地均有其饮食上的禁忌，如英美人通常不吃鱼翅、宠物和动物内脏，我国南方人通常不吃葱、蒜等。

3. 职业禁忌

某些行业的饮食禁忌也不可被忽视，如驾驶员在工作期间不可饮酒。

4. 个人禁忌

它主要指的是由于个人长期饮食习惯而形成的禁忌，如有人不吃甜食，有人不喜辣味等。

四、配备饮料

在我国，接待尊贵来宾时，“上饮料”与“请上座”一样，是必不可少的两大要点。在接待活动中，饮料的配备永远不可粗心大意。

按照中国人的传统，要为来宾准备饮料，也就是备茶。但在准备中餐时，除了必不可少的好茶以外，还要准备其他口味的饮料，以满足客人的不同需求。一般情况下，为来宾准备饮料，不妨多备几个品种，以便客人有所选择。

(一) 茶水

以热茶待客，是中国人传统的待客习惯。一般来说，从客人一上座到宴会结束，茶水是不能间断的。

(二) 酒

中国是酒的故乡，在用餐时通常是“无酒不成席”的。酒可分为白酒、啤酒、红酒、黄酒等，白酒又可分为浓香型、清香型和酱香型等，一般选用时均依据客人的爱好而定。但要注意，啤酒容易胀肚，黄酒则后劲很大。目前，按惯例，涉外宴请不上烈性酒；官方宴请则通常禁酒。无论选择什么酒，最好都要注意度数适当、饮量适当，千万不能强行劝酒或灌酒。尤其在正式场合，应以客人的意愿为主。片面强调“喝好”，不论出于什么原因，都是十分失礼的。

(三) 汽水

在一些非正式场合，以可乐、雪碧之类的汽水待客，通常是可行的。汽水既解渴又消暑，所以比较受欢迎。不过，因其需要冷藏，而且饮后容易使人打嗝儿，故不适用于肠胃不好的宾客或正规场合。

(四) 果汁

新鲜的果汁一向是很受欢迎的饮料，其中的常规品种，诸如橙汁、苹果汁、菠萝汁等，更是待客的必备饮料。但其大多适用于非正式场合。

（五）矿泉水

在现代交际场合中，矿泉水越来越受到人们的青睐。在用餐时，矿泉水或与之类似的纯净水，都是应当常备的。

五、巧用餐具

中餐餐具，即食用中餐时所使用的具体工具，分为主餐具和辅餐具两大类，对于餐具的正确使用，是中餐礼仪的重要组成部分。中餐的主餐具，是指进餐时主要使用的，往往必不可少的餐具，主要包括筷、匙、碗、盘等；中餐的辅餐具，则指的是进餐时可有可无、时有时无的餐具，包括水杯、湿巾、水盂、牙签等。

下面，简单介绍一些有关筷、匙使用时的注意事项：

（一）筷

筷子，是中餐中必不可少的最主要的餐具。它具有标志用餐起止的功能。一般，用餐开始之前，主人在致辞后，要请客人“起筷”，即拿起筷子表示宴席正式开始。以后，每道菜上来时，主人仍要请客人“起筷”，自由享用，以示周到和客气。主人要等客人放下筷子之后才可放筷，这时，在主人的示意下，宴席结束，众人离席。此外，在筷子的具体使用上，接待人员要特别注意以下五点：

1. 不“品尝”筷子

不要去舔筷子上的残留食物，也不要长时间把筷子含在嘴里。

2. 不“跨放”筷子

暂时不用筷子时，应将其放在筷子架上，或放在自己碗、碟边缘上，切不可将其横放在碗、盘，尤其是公用碗、盘上。一般认为，将筷子平放于碗口，是对客人失礼。客人用餐后将筷子平放于碗口，则是对主人的不满。

3. 不“插放”筷子

“插放”筷子，即将筷子插放在食物、菜肴上。这被有些人认为是不吉利的象征。

4. 不"舞动"筷子

当别人伸手夹菜时，应暂时放下筷子，不可持之与人交谈或敲击碗、盘等。

5. 不"滥用"筷子

让筷子代劳剔牙、挠痒实在不雅，也不可以之夹取食物之外的东西，或敲打碗、碟、桌子。

（二）匙

匙，即勺子，主要作舀取流质的羹、汤之用。除非以筷子难以夹取，一般不用勺子取菜。暂时不用勺子时，应置于自己食碟上，不要将其直接放在餐桌上。以之取用食物时，尽量不要将勺子整个塞入口中，以避吃相不雅之嫌。

六、检点举止

用餐时的举止表现，是个人礼仪修养程度的重要体现之一。检点个人举止，可分餐前表现与餐时表现两个部分。

（一）餐前表现

餐前表现，是指用餐之前准备、等候用餐时的行为举止。要做到餐前表现优雅得体，通常应注意如下几点：

1. 适度修饰

外出用餐时，个人的打扮一定要做到整洁、优雅、个性化。一般而言，男士可穿套装，并剃须；女士可穿时装，并化淡妆。作为主人宴请宾客时，更应精心打扮，以示对客人尊重。

2. 准时到场

应邀赴宴时，一定要准时到场。既不要过早到达让主人措手不及，也不要迟到让众人等候。

3. 认真交际

宴请或聚餐，都是扩大交际面、改善人际关系的重要途径。因此就餐前与他人交流信息，并进行适当的交际十分必要。

（二）餐时表现

餐时表现，即在用餐期间的所作所为。若要符合礼仪规范，餐时表现就应该做到如下“十不”：

1. 不违习俗

通常用餐者往往因职业、地域不同而各有其习俗。赴宴或聚餐时，应尽量避免触犯他人习俗的事情发生。如与海员一起吃鱼时，切忌把鱼翻身，以避其“翻船”之讳。

2. 不坏吃相

用餐时，应神情自然、动作文雅，千万不能急不可待、摇头晃脑、狼吞虎咽，这些行为都会给人留下粗鲁不雅的印象。

3. 不乱布菜

共同用餐时，劝他人品尝或多用饭菜是礼貌之举，但应适度。不要不由分说地主动为他人夹菜、鲁莽行事。

4. 不去争抢

与他人共同用餐时，要彼此照顾、取用适量，不要只吃好菜，或过分挑剔。

5. 不乱挑菜

取食饭菜时，要稳、准、快，一次性夹回。不要翻翻拣拣、挑肥拣瘦，更不能将夹起的菜扔回盘中。

6. 不玩餐具

用餐时，不要把杯勺、筷子等餐具弄得叮当作响，以免给人不稳重之感。

7. 不去吸烟

与他人一同用餐期间，千万不要抽烟，以免污染空气，影响他人健康。

8. 不清嗓子

就餐时，清嗓子、擤鼻涕、吐痰等都应极力避免，以免影响他人食欲。

9. 不乱剔牙

使用牙签时，应以一手掩口进行。剔出之物，不要当众观赏或再次入口。总之，最好做到不当众剔牙。

10. 不乱走动

就餐时，不应随意离座，尤其不要离座绕行去夹菜。必要的话，可请人帮忙代夹。如有急事必须离开时，要向同桌者道歉后方可离开。

第二节 安排西餐

西餐，是西式饭菜的统称，主要指源自西方国家，以刀叉取食的食物和饮品。在中外联系日益密切的今天，接待人员时常面临参加西餐宴请的问题。但由于西餐与中餐在口味及用具上存在显著差异，因此，掌握西餐的基本知识，学习西餐礼仪十分必要。

所谓西餐礼仪，主要指进食西餐时所依据的基本规则。要吃好西餐，并且不失风度，就要对西餐的餐具、西餐的菜序、西餐的品尝、酒水的饮用及西餐的要求等几方面的规则有一定程度的了解。

一、熟悉餐具

西餐的餐具因不同国家、不同地域、不同习惯而有所差异，但刀叉为其中最基本、最常见的两样。使用刀叉进餐，是西餐的重要特征之一。此外，餐匙、餐巾也是进食西餐必不可少的餐具。

正确使用西餐餐具十分重要，因为餐具的使用是对西餐礼仪了解程度以及个人见识多少的直观反映。

（一）运用刀叉

刀叉，即指餐刀和餐叉。一般情况下，刀叉宜同时配合使用，但也可单独使用其中的任何一种。

1. 刀叉的摆放

在西餐正餐中，每道菜都有其专门使用的刀叉。吃黄油用的餐刀，一般横放在用餐者左手的正前方；吃主菜所用的刀叉，一般餐刀在右、餐叉在左，被纵向放于餐盘两侧；吃甜品所用的刀叉，则一般横向放置于餐盘正前方。从两边由外侧向内侧依次进行使用，是区分刀叉的关键所在。

2. 刀叉的使用

用刀叉切割食物时，右手持刀、左手持叉，可边切割、边用叉食之；也可先全部割好，再慢慢以叉食之。使用刀叉切割食物时，特别需要注意：不可弄出声响；双肘要下沉；切割食物宜大小合适，叉起一次入口；临时放下餐刀，刀口不可向外；右手持叉进食时，叉齿宜向上；双手同时使用刀叉，则应叉齿向下。

暂时放下刀叉时，应刀口向内，叉齿向下，呈“八”字形摆在外盘之上。用餐完毕，则应刀口向内，叉齿向上，刀右、叉左并排纵放，或刀上、叉下并排横放在餐盘中。

（二）运用餐匙

餐匙也叫调羹，是西餐中不可或缺的餐具，一般可分汤匙、甜品匙和茶匙等。在具体用途上，三者不可相互替代，也不可用来舀取其他主食、菜肴。

汤匙个头比较大，通常纵放于用餐者右侧最外端。甜品匙个头较小，一般横放于吃甜品用的刀叉正上方。若不上甜品，则此位置被同样较小的茶匙代替。茶匙只起搅拌作用，不能以之舀取红茶饮用。

使用餐匙时，勿在所取食物中乱搅一气。每次取食应数量适中，餐匙不宜全部入口，并应尽量保持餐匙干净清洁。使用过的餐匙，不要再放回原处，不要让其直立于汤盘或红茶杯中，更不能插入主食和菜肴中。

（三）运用餐巾

使用餐巾，必须牢记以下几点规则：

1. 餐巾的铺放

通常，餐巾应平铺于自己并拢的大腿上。正方形餐巾应被折成等腰三角形，直角朝向膝盖方向；长方形餐巾则要对折，折口向外铺于腿上。

2. 餐巾的用途

正餐中，餐巾发挥着重要作用。

其一，进行暗示。女主人铺开餐巾以及将餐巾置于桌上，分别标志用餐的开始和结束。客人将餐巾置于本人座位的椅面上然后离开，则表明还要再回来继续用餐。

其二，揩拭口部。即揩去嘴上油渍、食物残渣等。女士进餐前，也可以其揩去唇膏，但不能用来擦汗、擦脸。

其三，掩口遮羞。剔牙或吐出口中之物，均要以餐巾遮掩，以免失态。

二、明确菜序

西餐的菜序，指西餐用餐时具体的先后顺序。由于东西方饮食习惯的不同，西餐的菜序与中餐的菜序差异较大。因此，要吃饱吃好，做到合理搭配，就必须对西餐菜序有所了解。

西餐按照规模大小和正式程度分为正餐和便餐两种，两者在菜序上差异很大。

（一）正餐的菜序

西餐正餐，尤其是在正式场合所享用的正餐，其菜序复杂多样，一般由八道菜肴构成。一顿内容完整的正餐，往往需耗时1～2个小时。

1. 开胃菜

开胃菜，又称西餐的头盘。有时它不被列入正式的菜序，而仅作为正餐的“前奏曲”。一般情况下，开胃菜由蔬菜、水果、海鲜、肉食等组成的拼盘构成。它一般色彩美观，容易引起食欲。

2. 面包

西餐正餐中的面包以切片面包为主，个人根据自己口味可在面包上涂果酱、奶油或奶酪等。

3. 汤

汤是西餐的“开路先锋”，其口感芬芳浓郁，具有较好的开胃作用。开始喝汤，一般标志着西餐正餐的正式开始。西餐中常见的汤，有白汤、红汤、清汤等。

4. 主菜

作为西餐的“主旋律”，西餐的主菜分为冷菜和热菜。正规的西餐中，一般上一个冷菜，包括各类泥子、冻子；热菜则一般有两道：一道为鱼菜，另一道为肉菜。肉菜可谓重中之重，它标志着本次用餐的档次与水平。

5. 点心

点心放在主菜之后，意在使没有吃饱的人填饱肚子，一般包括蛋糕、饼干、馅饼、三明治等。

6. 甜品

常见的甜品，有布丁、冰淇淋等，它是正餐中不可缺少的一道菜肴。

7. 果品

西餐中所上的果品，有干果、鲜果之分。常用的干果，有核桃、榛子、腰果、开心果等；常用的鲜果，则包括草莓、菠萝、苹果、橙子、葡萄等。

8. 热饮

西餐通常将热饮置于最后，以帮助消化。最正规的热饮，是红茶或黑咖啡。西餐热饮的享用地点灵活，可以是餐桌、客厅或休息厅等。

（二）便餐的菜序

在一般场合中，出于节约时间方面的考虑，人们往往习惯于采用西餐便餐。一般来说，接待人员接触西餐便餐的机会相对多一些，因此对便餐的菜序要有所了解。西餐便餐的菜序从简，但每一道菜都是有代表性的，一般由五道菜肴构成：开胃菜、汤、主菜、甜品、咖啡。

三、正确品尝

西餐的菜式多种多样，并且各有各的吃法。以下分别介绍其每一道菜式的具体吃法。

（一）开胃菜

开胃菜以色拉为主，有时也采用海鲜或果盘。吃开胃菜时，主要应注意以下两点：

其一，吃色拉时不必刀切。只宜使用餐叉，并叉起食之。

其二，食用海鲜时宜用专门器具。一般吃牡蛎用专门的餐叉，吃带壳的蜗牛要使用专门的夹子，小虾可以以叉取食，而大虾则应用手剥壳后再送入口中。

（二）面包

西餐中的面包，可分为烤面包和鲜面包。两者吃法上不尽相同，应注意区分。

1. 烤面包

吃烤面包时不能撕食，而应慢慢咬着吃，并可以配上黄油、鱼子酱等。

2. 鲜面包

食用鲜面包时，应以左手拿取可以一次入口的一小块，涂上黄油或果酱后送入口中。

（三）汤

在西餐中，喝汤是很讲究的。正确方法是：以右手持汤匙，由近而远，向外侧将汤舀起，随后送入口中。若盘中汤所剩不多，可以左手由内侧托起汤盘，使其外倾，随后以汤匙舀取食用。

（四）主菜

西餐中主菜样式较多，冷菜常见的有泥子、冻子，热菜最常见的则有鱼、鸡、肉。以下对这几种主菜分别介绍：

1. 泥子

泥子一般是以虾、蟹或动物的肝脑为主料，配以鸡蛋、芹菜，加入佐料，搅拌而成的一种菜肴。食用泥子时，主要使用餐叉。

2. 冻子

冻子是用煮熟的食物和汤汁冷却凝结而成的一种菜肴，食用冻子时，应以刀切割，以叉食之。

3. 鱼

食用西餐中的鱼，一般先用餐刀将骨、刺剥出，再切成小块，并以叉食之。

4. 鸡

吃鸡时，应先去除其骨骼，再用刀切割，以叉食之。

5. 肉

在西餐里，肉菜主要包括牛排、羊排、猪排等。进食时，一般从左往右切割，叉取一次入口的食量后再将其送入口中。

（五）点心

西餐中的点心，主要有饼干、三明治、土豆片、通心粉等。

1. 饼干

吃饼干时，一般应以右手拿着吃。

2. 三明治

吃三明治时，可用双手捧着吃。

3. 土豆片

土豆片应直接以手取食，但不要先捏碎再吃。

4. 通心粉

通心粉不能吸食，应以右手握叉将其缠绕在叉上，左手则可持汤匙予以辅助，然后将其送入口中。

（六）甜品

西餐中最常见的甜品，为布丁和冰淇淋。

1. 布丁

布丁属于流质，应以专用的餐匙取食。

2. 冰淇淋

在西餐中，冰淇淋是必备的甜品。通常被放于高脚玻璃杯中，可以餐匙食之。

（七）果品

在西餐的果品中，水果较为常见，尤以草莓、香蕉、菠萝、橙子最为普遍。在食用西餐时，进食水果的方法与其日常生活中的吃法往往不大一样。

1. 草莓

普通的草莓，一般可用手取食。而吃带调味汁的草莓，则必须使用餐匙。

2. 香蕉

食用整只的香蕉，应先剥皮，用刀切成小段，然后逐段食用。

3. 菠萝

吃菠萝时，首先将其切成小块，然后以餐叉进食。

4. 橙子

正规宴会上食用橙子，一般先以刀去皮，再用刀叉剥离内皮，然后用刀叉分瓣食之。在非正式场合，可以以刀去皮后，将其切成小块，然后用手取食。

四、饮用酒水

在西餐宴会中，酒水是重中之重。它的价格昂贵，而且饮用的讲究也颇多。在参加西式宴请时，一定要对酒水的饮用规则有清楚的把握。各道菜式都有固定的酒水搭配规则，每种酒饮用时也应盛放在特定的杯子中，两者构成了饮酒时的重要原则。

（一）杯的使用

西餐中使用的酒杯多种多样，共计 20 多种。一般在餐桌上，用餐者面前餐刀的上方，会横排放置三四只酒水杯，其中香槟杯、红葡萄酒杯、白葡萄酒杯必不可少。根据惯例，按由外侧向内侧的顺序依次取用，通常便不会出错。

（二）酒的饮用

在西餐宴会上，通常只配洋酒，并忌饮啤酒、白酒。由于洋酒在西餐中饮用的时机不同，可将西式的西餐宴会上的酒水分为餐前酒、佐餐酒和餐后酒三种。

1. 餐前酒

所谓餐前酒，又称开胃酒，即一般在正式用餐前饮用，或吃开胃菜时为打开胃口而饮用的酒。较为普遍的餐前酒有鸡尾酒、味美思和香槟酒等。在一般的社交场合中，男士多习惯于饮用威士忌苏打、威士忌调味酒、马提尼等，女士则以饮雪利酒为主。不习惯饮用含酒精饮料的客人，则可以果汁、可乐等代替。

2. 佐餐酒

所谓佐餐酒，又称餐酒，是指在正式用餐期间所饮用的各种酒水。在西餐中，佐餐酒只限于葡萄酒，而且以干葡萄酒或半干葡萄酒为主。白葡萄酒因味酸，可去鱼腥，故用以在进食鱼肉、海鲜、鸡肉等“白肉”时饮用；而红葡萄酒味苦，去油腻，则在进食牛肉、猪肉、羊肉等“红肉”时搭配饮用。

3. 餐后酒

所谓餐后酒，是指在用餐之后饮用的酒水，一般具有解油腻、助消化的作用。常见的餐后酒为香甜酒，一般以糖液与白兰地混合而成，配以薄荷、可可、香蕉等各类水果制成的香料，如薄荷甜酒、香蕉甜酒等。白兰地也是餐后酒中所常见的一种，它具有浓、香、烈的特点。

五、基本要求

西餐礼仪源自古代宫廷，对人们进食西餐时的要求极为严格。接待人员在参加西餐宴请时要想做到礼仪周到、不失风度，就要对西餐礼仪有一定的了解。一般来说，参加西餐宴请主要应注意下列四个问题：

（一）衣着考究

赴西餐宴请之前，应对个人穿着打扮精心设计，以示对他人的尊重和友善。根据用餐规模、档次不同，参加西餐宴请的着装分礼服、正装、便装三种。

1. 礼服

按惯例，在隆重的宴会上一般应选择礼服。男士可穿黑色燕尾服，扎领结；女士则穿拖地长裙，并配以长筒薄纱手套。本民族的盛装，有时也可起到礼服的作用，如我国的中山装、旗袍等。

2. 正装

在普通的宴会上，宜穿正装，特别是黑色、藏蓝色等深色的套装或套裙。

3. 便装

参与一般性的聚餐，可穿便装前往。浅色西装、休闲西装，以及女士的时装等都在便装之列。

（二）举止文雅

一个人在西餐宴会上举止文雅、行为得体，是个人素养的体现。要给别人留下良好的印象，则在进食西餐时必须注意如下几个方面：

1. 进食无声

进食无声，此处主要指进食过程中不要发出声响，尤其是不要咀嚼出声或饮酒出声。

2. 防止异响

在用餐时，所谓异响既包括体内发出的声音，如咳嗽、打嗝儿、打喷嚏，也包括因扭动身体或站立不稳而导致的桌椅声响。用餐时，应尽量避免发出这些声响。

3. 讲究吃相

用餐时，应尽量避免汤、汁液溅到自己身上，同时也要注意餐桌、餐盘、杯勺的干净整洁，并要及时用餐巾揩嘴。

（三）尊重女士

尊重女士，是西餐礼仪的一大特点，主要体现在两个方面：

1. 礼待女主人

在西餐宴请中，女主人是全场的主角。客人宜主动向女主人问候，并按女主人的示意来开始进餐或结束进餐。

2. 照顾女宾客

在吃西餐时，男士有义务主动照顾女宾客，如为其存外套、取水果等。

(四) 积极交际

开展社交活动、扩大其参与者的交际面，是举办西餐宴会的主要目的之一。因而其参与者不能本末倒置，只顾享有美味而忽视了交际。接待人员赴西餐宴请时，一般要注意宾主交际和来宾交际。

1. 宾主交际

赴宴时，客人一定要向主人致意，并对其宴请表示感谢。最好能找一个时机与其聊上几句，以利于联络感情。

2. 来宾交际

参加西餐宴会，是会见老朋友、结交新朋友的有利时机。与身边之人融洽的交谈，也能显示出自身的随和近人，并有利于树立自身形象和扩大交际范围。

第三节 安排酒会

酒会，是目前所流行的一种经济简便、轻松活泼的招待形式。它起源于欧美，在社交活动中占有重要地位，常为社会团体或个人举行纪念活动、庆祝生日、联络感情等而举办。

具体而言，酒会是便宴的一种形式，它不设正餐，只是略备酒水、点心、菜肴等，而且多以冷味为主。

接待人员要掌握基本的酒会礼仪，学会利用酒会的形式来达到扩大交际、广交朋友的目的。就酒会礼仪而言，接待人员主要应掌握酒会的类型、酒会的特点、酒会的筹备、用餐的形式、交际的方式五个方面的知识。

一、常见类型

酒会按举行时间的不同，可分为两种类别：正餐之前的酒会和正餐之后的酒会。一般习惯于将正餐之前的酒会称为鸡尾酒会，而正餐之后的酒会往往在请帖中则常以聚会或家庭招待会代替其称呼。

（一）鸡尾酒会

鸡尾酒会往往始于下午 6 时或 6 时半，持续约 2 个小时。其间一般不备正餐，只备有酒水和点心。这类酒会有明确的时间限制，一般应在请帖中写明。

1. 酒水

鸡尾酒会上的酒品分为两类，即含有酒精的饮料和不含酒精的饮料。

其一，含酒精的饮料。一般说来，鸡尾酒会上所提供的酒精饮料，可以是雪利酒、香槟酒、红葡萄酒和白葡萄酒等，也可提供一种混合葡萄酒，以及各种烈性酒和开胃酒。

所谓鸡尾酒，主要由酒底（一般以蒸馏酒为主）和辅助材料（鸡蛋、冰块、糖）等两种或两种以上材料调制而成。鸡尾酒具有口味独特、色泽鲜明的特点，能够增进食欲、提神解暑。鸡尾酒调配的方式以及调配的效果如何，一是要看客人的口味偏好；二是要依赖主人及调酒师的手艺。

鸡尾酒的饮用方法，通常会因时令变化而有所不同。在冬季，马提尼、掺入水和苏打的威士忌备受人们欢迎。而在夏天，饮用掺入汽水、伏特加和杜松子酒的大杯酒则是时尚饮品之一。

其二，不含酒精的饮料。在鸡尾酒会上，还应准备至少一种不含酒精的饮料，如番茄汁、果汁、可乐、矿泉水、姜汁、牛奶等。这些不含酒精的饮料，一般可以起替代含酒精饮料和调制酒品的作用。

2. 点心

鸡尾酒会以酒水为主，食品从简，往往只有一些点心和开胃菜等。这些食品一般制作精美，味道上乘。常见的食品有蛋糕、三明治、小红肠、面包等。

如果自己是酒会的主人，则应注意使点心或开胃品一定要适合于用手拿着吃，避免给宾客用餐时造成不便。

（二）餐后酒会

正餐之后的酒会，通常在晚上 9 时左右开始。一般不严格限定时间的长短，客人可以根据自身情况确定告辞时间。

正餐之后的酒会一般规模较大，常常播放音乐，并准备了场地供来宾跳舞，但这些都需要在请帖中说明。因为宾客是在用完正餐后参加酒会，所以餐后酒会通常可以不供应食品。但其若为大型或正式的酒会，则亦可安排夜餐。

二、基本特点

酒会深受欢迎，并得以广为推广，主要是因其具有以下诸多特点：

（一）不必准时

尽管邀请方会在鸡尾酒会和正餐后酒会的请帖上标明固定的时间，但实际上，何时到场一般可由宾客自己具体掌握，并不一定非要准时到场。

（二）不限穿着

参加酒会时，不必像出席正式宴请那样穿着正式，只要打扮得端庄大方、干净整洁即可。

（三）自选菜肴

酒会上的就餐一般均采用自选方式，宾客可根据自己口味偏好去餐台上选择自己需要的点心、菜肴和酒水。

（四）不排席次

在酒会上，用餐者一般均需站立，并没有固定的席位和座次。但主人最好设置一些座位，以供年长者或疲惫者稍作休息之用。

（五）自由交际

由于不设座位，酒会上的人员具有较强的流动性，宾客之间可自由组合、随意交谈。

三、先期筹备

接待人员在筹备酒会时，应仔细谨慎，尽量考虑周全，做到不失礼节，让来宾感觉轻松自如、方便自在。这样的酒会才是一个高质量的酒会，才能收到良好的社交效果。

使客人方便舒适，是酒会举办成功的一个主要标准。因此在筹备酒会时，接待人员要着重考虑以下几个方面：

（一）发出请帖

凡小型酒会，一般不必非要印制请帖，口头发出邀请即可。邀请可在两周之前发出，也可再迟一些，但一定要给客人留出可供选择的时间。

凡大型或正式的酒会，则最好印制专用请帖，并以“聚会”或“家庭招待会”为名义。一般而言，邀请应在两周之前发出。

在通常情况下，主人发出的请帖或口头邀请要多于实际筹划的人数，以免出现现场出席者空缺过多的现象。

（二）人员密度

成功的酒会，一般应使人员密度适中。过于嘈杂和拥挤，是酒会的大忌。筹备酒会时，必须充分考虑场所的容量和通风情况，并做出明智的安排。

一般情况下，可将举办酒会的主厅周围的房间、阳台、花园等利用起来，以供客人自行调节密度，置身于自己感觉舒适的场所。

（三）了解客人

筹备酒会前，要对主要客人的各方面特点都有一个清晰而全面的了解。如果来宾中老年人居多，那么要尽量考虑到中老年人的身体状况和特殊需求。因此，餐桌旁多放些椅子十分必要。若是来宾以年轻人为主，则这种考虑不必过多。

（四）取菜方便

让客人取菜方便，十分容易地找到自己所想要的菜肴，也是成功酒会的重要因素。因此要注意以下三点：

其一，香烟可置于适当的容器中。烟灰缸应该既大又深，并四处放置。

其二，果仁、点心之类的食品应方便持拿。最好把它们放于合适的碗或盘中，置于房间各处，以方便取用。

其三，酒水要准备充足，并供应及时。尤其要注意，要为不饮酒的客人准备无酒精饮料。

四、用餐讲究

接待人员在参加酒会时，既要了解酒会形式松散的特点，又要认真了解酒会的餐序、取食规则和各种禁忌。

（一）掌握餐序

就内容而言，酒会一般以酒水为主，食品从简，餐序不像正式宴会那么烦琐。但在用餐时，一定要依照合理顺序进行。唯有如此，才能够既保证自己吃饱吃好，又使自己不失风度，免出洋相。

标准的酒会餐序依次为：开胃菜、汤、热菜、点心、甜品、水果，也有很多酒会不备热菜。一般的习惯是鸡尾酒可以在餐前或吃毕甜品后饮用。

在酒会上用餐，切忌大吃大喝，最好做到合理搭配、取食有度。

（二）排队取食

在酒会上用餐时，无论去餐台取菜，去酒吧添酒，还是从侍者的托盘中取用，都应做到礼貌谦让、遵守秩序，排队按顺时针方向进行拿取。

取食时，切忌显得急不可待、吆五喝六，或者加队、哄抢。否则既影响了他人进餐，又使自己的形象大打折扣。

（三）多次少取

“多次少取”，是参加酒会就餐时的一条重要原则。由于酒会采用自助形式，要由宾客自己取食，因此宾客取食时的表现成为其礼仪素养的重要写照。“多次少取”是取食时的关键所在，意即选取菜肴时，对自己喜爱的食品或其他尚未品尝的食品，都要每次只取一点，不够的话则可以下次再取。取回的食品，必须全部吃完。切忌过分贪婪、大取特取、铺张浪费，给人留下不好的印象。

（四）禁止外带

酒会上酒水和食品一般供应充足，宾客可按自己需要享用，但这些只限于在酒会之上，绝对不可“吃不了兜着走”或“顺手牵羊”，将食物和酒水等带走是非常失礼的。

五、交际之道

从某种意义上说，酒会的交际意义远远大于酒会的饮食意义。展示个人魅力，促进社交成功，是酒会的主要目的之一。因此，酒会上的交际必须要讲究适当的礼仪原则，以免事与愿违，因自身失礼而造成孤立。酒会上交际时应注意的问题，主要有如下几个方面：

（一）主动攀谈

酒会是人们交流信息的重要场合，因此参加酒会时不可矜持不谈、“故作深沉”，而要抓住时机，主动选择自己感兴趣的对象进行交谈。这样做，才能起到获得信息、联络感情、结交新知的目的。

对于旧友，首先主动打一声招呼，往往使自己显得亲切、友善，有利于双方关系的深化。对于想要结识的新朋友，则要主动进行自我介绍，以迅速打开交际局面。

（二）善待他人

同他人攀谈，若话不投机，千万不要显出不耐烦的神色，或急于脱身而造成他人的不愉快。谈话时，不要心不在焉、左顾右盼。那样很容易让人理解为敷衍了事，是一种对对方不重视的明显表现。

（三）照顾女宾

虽然酒会上宾客应“独善其身”、自酬自助，但男士主动照顾女士的原则依然适用，这也是男士体现其自身修养的重要方面。

如果女士酒杯空了，男士应主动上前斟满，或为其叫来侍者斟满酒水；如果女士形单影只，男士则应主动上前，与其谈话，或邀请其加入别的交谈人群。

（四）饮酒有度

酒会上虽然备有各种美味酒水，但切记参加酒会要饮酒有度，不要开怀畅饮，也不应猜拳行令、大呼小叫，或对别人劝酒。那样做，往往会给人以缺乏教养之感。

参加酒会时一定要控制好自己的酒量，适度取酒，切不可贪杯，引起醉酒，甚至导致行为失态、语言失禁，以至于事后追悔莫及。

（五）适时告辞

尽管酒会并不严格限定时间，但宾客也应体贴主人，适时离开。此举一来使得主人有充足的时间休息；二来不妨碍主人的其他社交安排，如晚宴、约会等。

一般的鸡尾酒会持续两个小时左右，在晚 8 时左右结束；而正餐之后的酒会则在晚 9 时或 10 时结束，周末也可以更晚些。如果有事提前离开，告辞时不应引人注意，以免破坏酒会气氛。离开前，最好向女主人当面致谢。

（六）不忘致谢

虽然离开酒会时，宾客已向主人表示谢意，但如果能在参加酒会的第二天给主人打个电话，再次表达自己的谢意，则是有教养和礼貌的表现，这样既可以表达出对主人操劳的感激，又可以使主人了解宾客对酒会效果的评价。

第四章 座次排列

在正式的接待活动中，主人循例应当恭迎各方来宾："坐，请坐，请上坐。"因此，座次的排列问题为接待人员所不可不知、不可不察。

具体安排座次，既要坚持接待方的惯例，又要酌情地尊重和兼顾接待对象的习惯。下面，主要介绍的是引导陪同、正式活动、交通工具等具体的座次排列规则。

第一节 引导陪同

人们在步行时，往往会置身于不同的处所、面临着不同的情况，因此需要具体情况具体对待。

一、日常散步

散步，是指以随意行走为表现形式的一种休息方式。它一般不受时间、地点、速度等方面的限制。

（一）独自散步

个人散步时，无须顾忌太多，只要注意安全，不"误入歧途"即可。

（二）多人散步

多人一起散步，尤其是与尊长、客人、异性一起在较为正式的场合散步时，重要的是注意在位置的具体排列上符合礼仪。多人并排行走时，一般以右为尊，以内侧为尊；以左为卑，以外侧为卑。若并行者多于三人时，则以居中者为尊。多人单行行走时，则大都以前为尊，以后为卑。

二、路面行进

在道路上步行，尤其在街头巷尾步行，讲究要比散步时多得多。

（一）走人行道

步行在道路上时，一定要自觉地选走人行道，不要走行车道，并应自觉让出专用的盲道。无人行道时，则应尽量选走路边。

（二）靠右行走

在道路上行走时，按惯例应自觉走在右侧，而不可为图省力，逆行于左侧。偶遇无路之时，仍应靠右行走。

（三）单行行进

在道路上行走时，宜单行行进，而不宜并排行进，更不允许多人携手并肩而行，否则将人为地制造路障。

（四）保持步速

在道路上行走时，应保持一定的速度。不要行动过于迟缓，阻挡身后之人。尽量不要在道路上停留、休息，或是与亲朋好友在此长时间闲聊。

三、上下楼梯

上下楼梯时的引导陪同工作，应以“安全第一，尊卑有序”为总体要求。具体来讲，主要要求则有单行行走、靠右行走、居前引导、不宜交谈、保持距离、防患于未然等。

（一）单行行走

上下楼梯时，均应单行行走，不宜多人并排行走。

（二）靠右行走

在内地，不论上楼还是下楼，都应身靠右侧而行，即应当右上、右下。将自己左侧留出来，是为了方便有紧急事务者快速通过。

（三）居前引导

上下楼梯时，若为人带路，应走在前头，而不应位居被引导者之后。

与尊长、客人、异性一起下楼梯时，若其过陡，应主动行走在前，以防身后之人或有闪失。

（四）不宜交谈

在上下楼梯时，因为大家都需要脚下留心，故不宜进行交谈。

站在楼梯上或楼梯转角处进行深谈，因有碍他人通过，亦不允许。

（五）保持距离

上下楼梯时，既要多注意楼梯，又要注意与身前、身后之人保持一定距离，以防彼此碰撞。

（六）防患于未然

上下楼梯时，一定要注意姿势、速度。不论自己的事情多么紧急，都不应在上下楼梯时推挤他人，或是坐在楼梯扶手上快速下滑。

上下楼梯时快速奔跑，亦不甚适当。

四、出入电梯

负责引导陪同工作时，常常会出入电梯。出入电梯时，应努力使自己的行为在细节上符合礼仪，不可疏忽大意。

（一）注意安全

当电梯关门时，不要扒门，或是强行挤入。在电梯人数超载时，不要心存侥幸，非进去不可。当电梯在升降途中因故暂停时，要耐心等候，不要冒险攀缘而出。

（二）讲究顺序

搭乘电梯的基本要求是：先下后上。具体而言，与不相识者同乘电梯，进入时要讲先来后到，出来时则应由外而里依次而出，不可争先恐后。与熟人同乘电梯，尤其是与尊长、女士、客人同乘电梯时，则应视电梯类别而定：进入有人驾驶的电梯时，应主动后进、后出；进入无人驾驶的电梯时，则应当首先进入、最后出来。

五、进出房间

进出房间，是引导陪同工作的重要组成部分。在进出房间时，负责引导陪同工作的接待人员应注意以礼仪规范自己的具体行为，以免冒犯他人。

（一）开关房门

出入房间时，应以手轻推、轻拉、轻关房门，绝不可以身体的其他部位“代劳”。例如，不能以肘推门、以脚踢门、以臀拱门、以膝顶门。也不能听任房门自由开关。

（二）注意面向

进门时，如已有人在房内，则始终应面向对方，尤其是切勿反身关门，背向对方。出门时，若房内依旧有人，则行至房门、关门这一系列的过程中，都应尽量面向房内之人，而不要以背示之。

（三）关注顺序

一般情况下，应请尊长、女士、来宾率先进入房间，率先走出房间，必要时应主动为之效劳，替对方开门或关门。若出入房间时恰逢他人与自己方向相反，也要出入房间，则应对其礼让。一般的讲究是：房内之人先出，房外之人后入。倘若对方为尊长、女士、来宾，亦可不遵此例，而优先对方让对方通过。

六、通过走廊

许多房间往往由长度、宽窄不等的走廊连接在一起。通常，走廊有室内走廊与露天走廊之分，但其所讲究的步行礼仪却基本相近。

（一）单排行进

在走廊里，至多允许两人并排行走在一起。若多人并行，对大多数相对而言不大宽敞的走廊来说显然不适宜，因为那样很有可能阻挡别人。

（二）主动右行

通过走廊时，宜主动右行。那样做的话，即使有人从对面走来，也会两不相扰。不过若在通过仅容一人通过的走廊时遇上了这种情况，则应面向墙壁，侧身相让，请对方先通过。若对方先这样做了，则勿忘道谢。

（三）缓步而行

通过走廊时，宜步伐和缓，并悄然无声。因为走廊多连接房间，若快步奔走、大声喧哗、制造噪声，难免会干扰别人。

（四）循序而行

通过走廊时，必须依次而行。不要为了走捷径、图省事、找刺激，而去跨越某些室外走廊的栏杆，或是在上面行走。

七、拥挤之处

在商厦、机场、车站、码头、邮局、农贸市场、通衢大道等处步行，难免会碰上行人如织、摩肩接踵的情况。在这类相对较为拥挤之处行走时，应对以下几点予以关注：

（一）勿逗留过久

在此类地方，将事情处理之后，即应马上离开。千万不要没事找事干，留在这里聊天、休息、看热闹，从而使拥挤更甚。

（二）勿阻挡他人

没有万分必要，最好不要在这种场合与人拉手、挽臂、勾肩、搂抱而行。携带东西时，最好抱在身前，或以一只手提拎。

（三）勿手舞足蹈

由于这类地方行人太多，因此最好不要做出毫无必要的动作，如猛然挥手、踢腿蹬脚等，以免生出事端。

（四）勿高声谈笑

在此处与人交谈，切记调低音量。能让对方听清楚就行了，不要大喊大叫、大吵大笑。此种令人瞠目的表现，不但会制造噪声，而且还会严重影响个人形象，有存心吸引异性之嫌。

第二节　正式活动

越是正式的活动，往往越是讲究座次的具体排列。在参与正式活动时，接待人员对此不可不慎。

一、会见来宾

中国民间在接待来宾时，有一条古老的规矩，叫作“坐，请坐，请上坐”，由此可见让座问题在接待工作中的重要性。处理这一问题时，一方面要注意把“上座”让给来宾就座；另一方面，在就座之时，为了表示对客人的敬意，通常主人应请客人先行就座。千万不要不让座，或是让错座。

所谓“上座”，在待客时通常是指：宾主并排就座时的右侧；距离房门较远的位置；宾主对面就座时的面对正门的位置；以进门者行进方向为准，位于其右侧的位置。此外，较高的座位与较为舒适的座位，往往也被视为“上座”看待。

在正常情况下，适用于会晤场所的座次排列主要有以下五种情况：

（一）相对式

相对式就座，一般指的是宾主双方面对面就座。此种方式显得主次分明，往往易于使宾主双方公事公办，保持适当距离。它多用于公务性会晤，具体又分为下列两种情况：

其一，双方就座后，一方面对正门，另一方则背对正门。此时讲究“面门为上”，即面对正门之座为上座，应请来宾就座；背对正门之座为下座，宜由主人就座（见图4—1）。

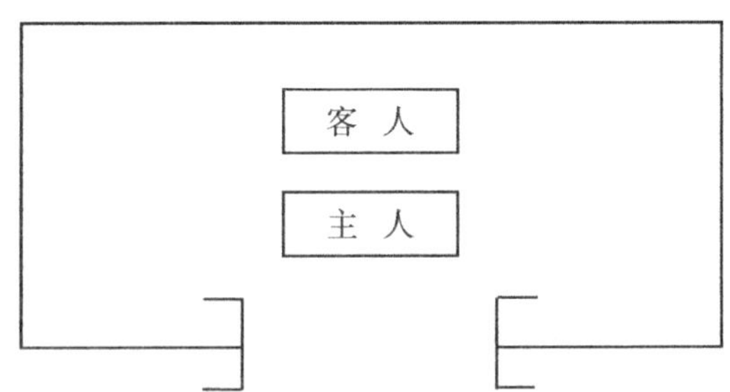

图4—1　相对式会客的座次排列之一

其二，双方就座于室内两侧，并且面对面地就座。此时讲究进门后动态地“以右为尊”，即进门时以右侧之座位为上座，应请来宾就座；左侧之座则为下座，宜由主人就座（见图4—2）。若宾主双方不止一人，情形也大体如此（见图 4—3）。

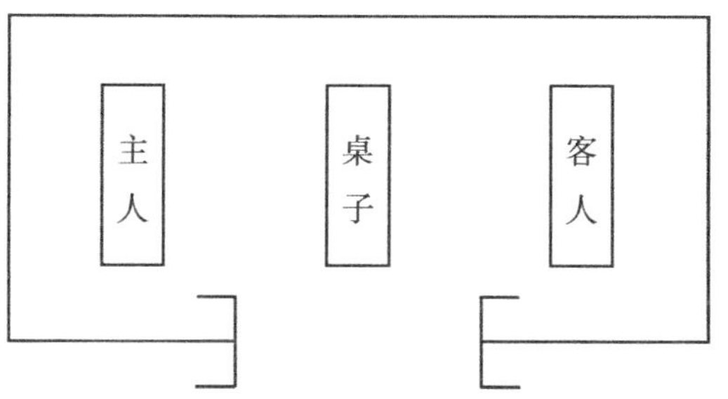

图 4—2　相对式会客的座次排列之二

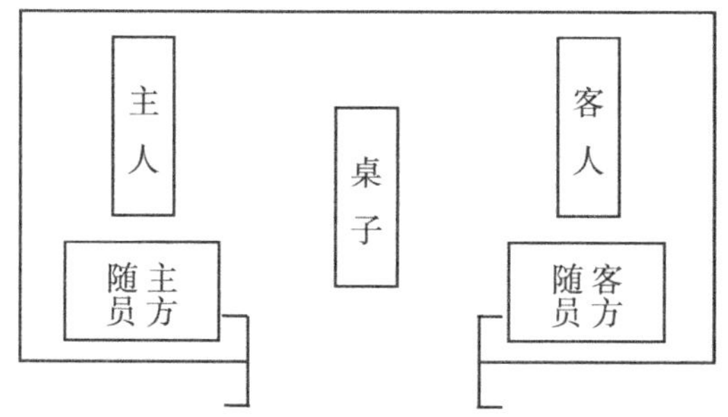

图 4—3　相对式会客的座次排列之三

（二）并列式

并列式排座，通常指的是宾主双方并排就座，以暗示彼此双方“平起平坐”，地位相仿，关系密切。它多适用于礼节性会晤，一般也分为以下两种情况：

其一，双方一同面门而坐。此时讲究就座后静态地“以右为上”，即主人宜请来宾就座于自己的右侧（见图 4—4）。若双方人员不只一名时，其他人员可分别在主人或主宾一侧按其地位、身份的高低，依次就座（见图 4—5）。

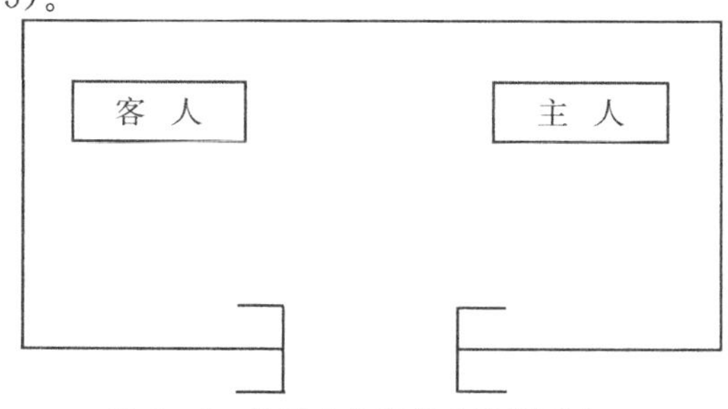

图 4—4　并列式会客的座次排列之一

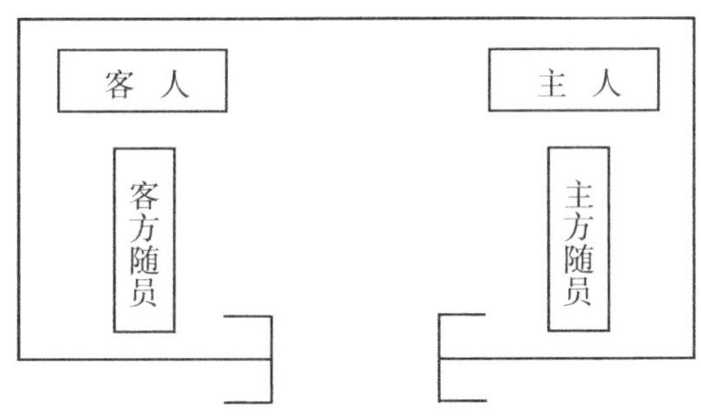

图 4—5　并列式会客的座次排列之二

其二，双方一同在室内的右侧或左侧就座。此时讲究“以远为上”或“内侧高于外侧”，即应以距门较远之座为上座，将其留给来宾；以距门较远之座为下座，而将其留给主人（见图 4—6、图 4—7）。

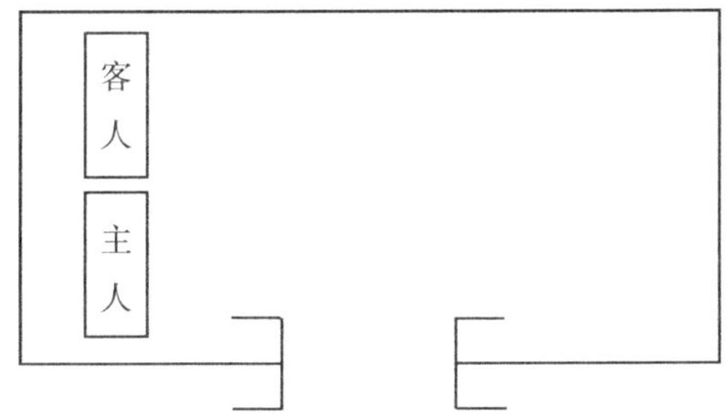

图 4—6　并列式会客的座次排列之三

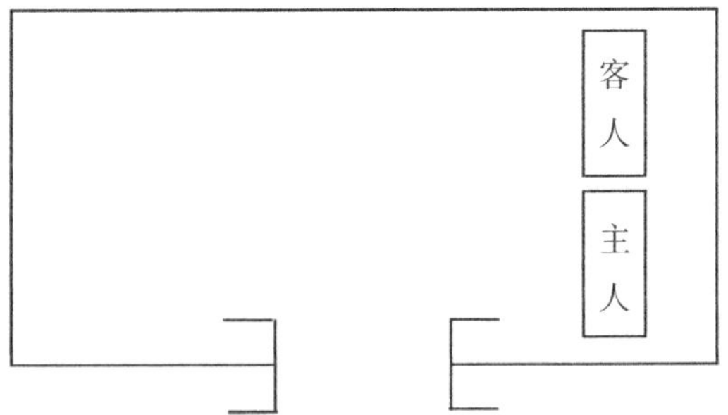

图 4—7　并列式会客的座次排列之四

（三）居中式

所谓居中式排座，实际上属于并列式排座的一种特例。它在此指的是当多人一起并排就座时，讲究“居中为上”，即应以中央的位置为上座，而由来宾就座（见图4—8、图4—9、图4—10）。

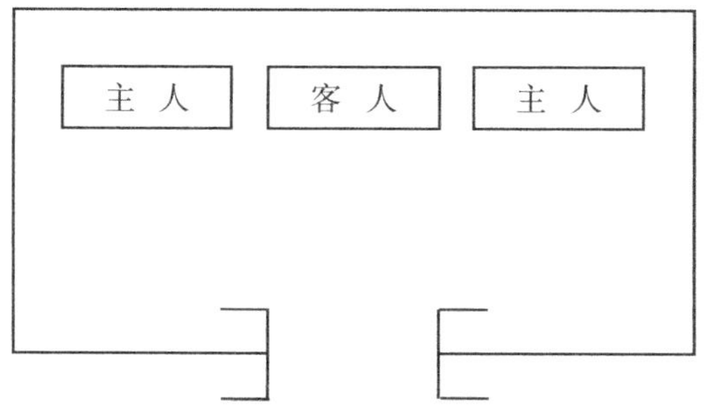

图4—8 居中式会客的座次排列之一

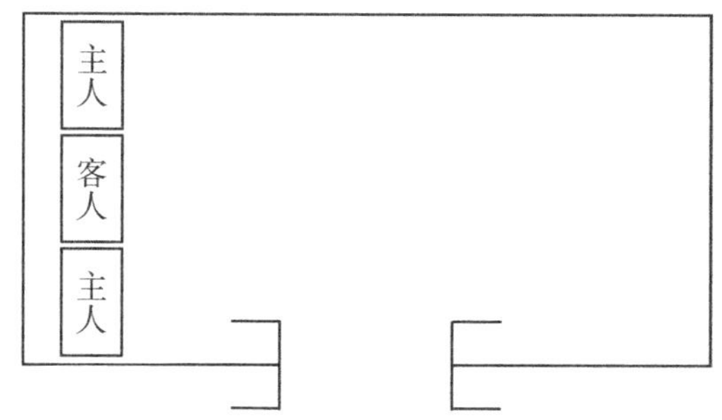

图4—9 居中式会客的座次排列之二

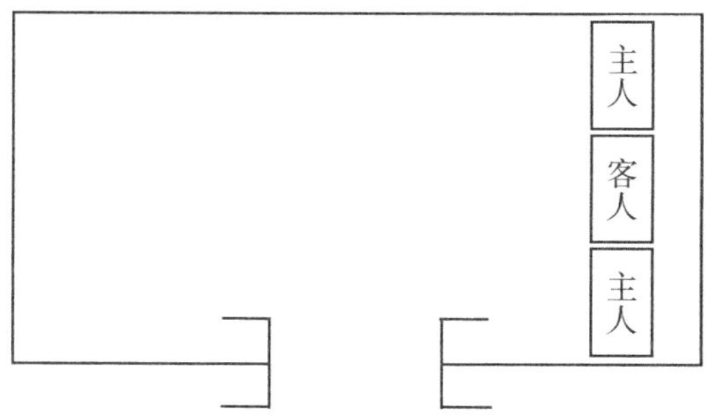

图4—10 居中式会客的座次排列之三

（四）主席式

主席式排座，通常是指主人在同一时间，同一地点正式会见两方或两方以上的来宾。此时一般应由主人面对正门而坐，其他各方来宾则应在其对面背门而坐。此种排座方式犹如主人正在以主席的身份主持会议，故此称之为主席式（见图4—11）。有时，主人亦可坐在长桌或椭圆桌的尽头，而请其他来宾就座于其两侧（见图 4—12）。

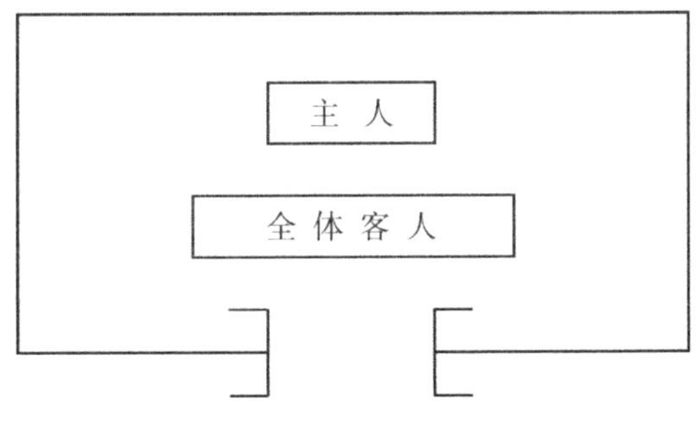

图 4—11 主席式会客的座次排列之一

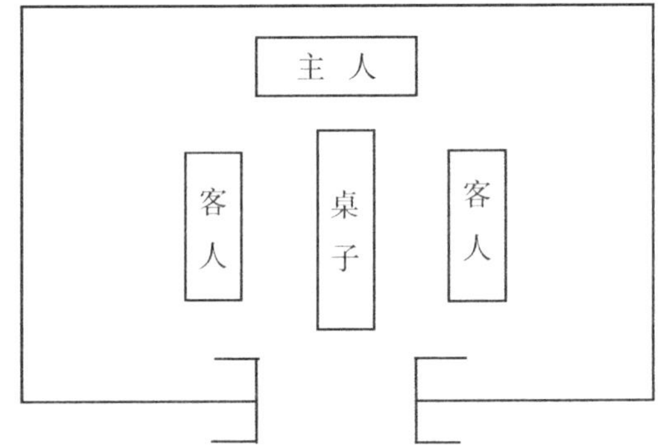

图 4—12 主席式会客的座次排列之二

（五）自由式

自由式就座，在此是指进行具体会晤之时不进行正式的座次排位，而由主宾各方的全体人员一律自由选座。多适用于各类非正式会晤或者非正式举行的多边会晤。

二、进行谈判

所谓谈判，又叫作会谈，是指有关各方为了各自的利益，进行有组织、有准备的正式协商及讨论，以便互谅互让，求同存异，以求最终达成某种协议的整个过程。

从实践上看，谈判并非人与人之间的一般性交谈，而是有备而至，方针既定，目标明确，志在必得，技巧性与策略性极强。虽然谈判讲究的是理智、利益、技巧和策略，但这并不意味着它绝对排斥人的思想、情感在其中所起的作用。在任何形式的谈判中，礼仪实际上都一向被重视。其根本原因在于，在谈判中以礼待人，不仅体现着自身的教养与素质，而且还会对谈判对手的思想、情感产生一定程度的影响。

举行正式谈判时，有关各方在谈判现场具体就座位次的要求非常严格，礼仪性很强。从总体上讲，排列正式谈判的座次可分为下列两种基本情况：

（一）双边谈判

双边谈判，在此是指由两个方面的人士所举行的谈判。在一般性的谈判中，双边谈判最为多见。双边谈判的座次排列，主要有以下两种形式可供酌情选择：

1. 横桌式

横桌式座次排列，此处是指谈判桌在谈判室内横放，客方人员面门而坐，主方人员背门而坐。除双方主谈者居中就座外，各方的其他人士则应依其具体身份的高低，各自按先右后左、自高而低的顺序分别在己方一侧就座。双方主谈者的右侧之位，在国内谈判中可坐副手，而在涉外谈判中则应由译员就座（见图 4—13）。

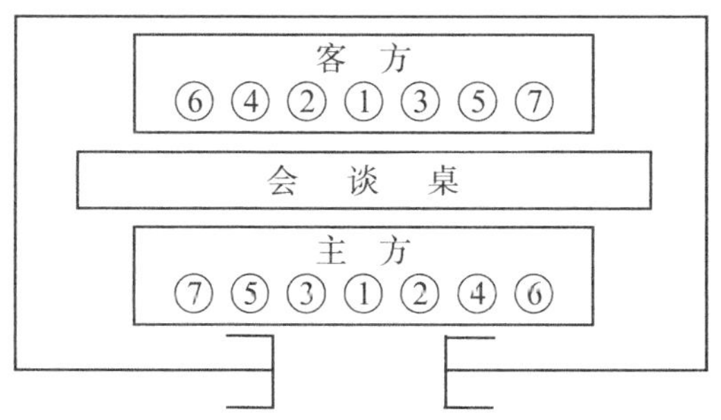

图 4—13　横桌式会谈的座次排列

2. 竖桌式

竖桌式座次排列，在此是指谈判桌在谈判室内竖放。具体排位时以进门时的方向为准，右侧由客方人士就座，左侧由主方人士就座。在其他方面，则与横桌式排座相仿（见图 4—14）。

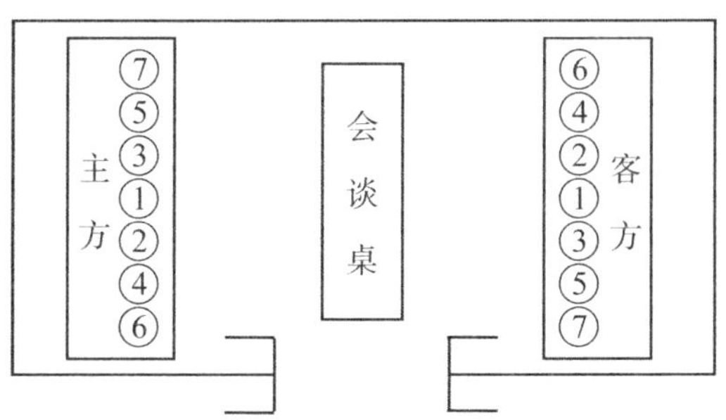

图 4—14　竖桌式会谈的座次排列

（二）多边谈判

多边谈判，在此是指由三方或三方以上人士所举行的谈判。多边谈判的座次排列，主要也可分为两种形式：

1. 自由式

自由式的座次排列，即各方人士在谈判时自由就座，而无须事先正式安排座次。

2. 主席式

主席式的座次排列，是指在谈判室内面向正门设置一个主席之位，由各方代表发言时使用。其他各方人士，则一律背对正门、面对主席之位分别就座。各方代表发言结束之后，亦须下台就座（见图 4—15）。

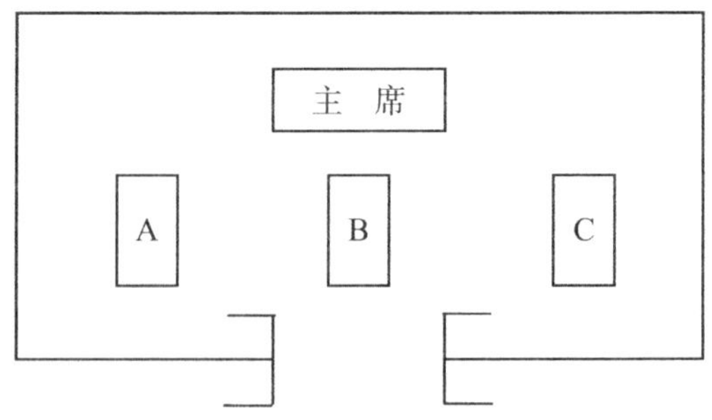

图 4—15　主席式会谈的座次排列

按照惯例，在双边谈判中，应设置姓名签。而在多边谈判中，则大多不需要设置姓名签。在需要设置姓名签时，应保证在座的每一个人均没有被遗漏。姓名签通常应以印刷体打印，如果是涉外场合，则应同时采用本国与外国两种文字。通常，姓名签应当一面一种文字：应以本国文字面对自己，而以外方文字面对对方。

三、签字仪式

签字仪式，简称签字，通常是指订立合同、协议、条约的各方在合同、协议、条约正式签署时所举行的正规签署仪式。举行签字仪式，不仅是对谈判成果的一种公开化、固定化、系统化、文字化，而且也是有关各方对自己履行合同、协议、条约所做出的一种正式承诺。它标志着有关各方的相互关系有了更大的进展，以及消除了彼此之间的误会或抵触而达成了一致性见解。因此，深受各方人士的高度重视。

对于接待人员来说，在签字仪式这种重大场合，不仅要做好自己所负责的具体工作，更要知礼、守礼。从礼仪规范上来讲，举行签字仪式时，在力所能及的条件下，一定要郑重其事、认认真真。其中最为引人注目者，当数举行签字仪式时座次的排列方式，它直接体现着签字各方的礼遇问题，不可有怠慢之嫌。

签字时各方代表的座次，通常是由主方代为先期排定的。一般而言，举行签字仪式时，座次排列共有下列三种基本形式，它们分别适用于不同的具体情况。

（一）并列式

并列式排座，往往是举行双边签字仪式时最常见的形式。它的基本做法是：签字桌在室内居中面门横放。双方出席仪式的全体人员在签字桌之后并排排列，双方签字人员居中面门而坐，客方居右，主方居左（见图 4—16）。

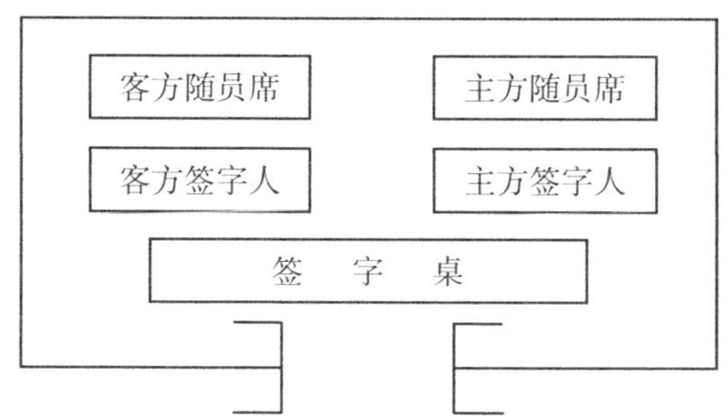

图 4—16　并列式签字的座次排列

（二）相对式

相对式签字仪式的排座，与并列式签字仪式的排座方式基本相同。两者之间的主要差别，只是相对式排座将双方的随员席移至签字人的对面（见图4—17），即签字桌在室内居中面门而放。双方签字人员居内面门而坐，客方居右，主方居左。双方出席仪式的全体人员则在签字桌之前并排排列。

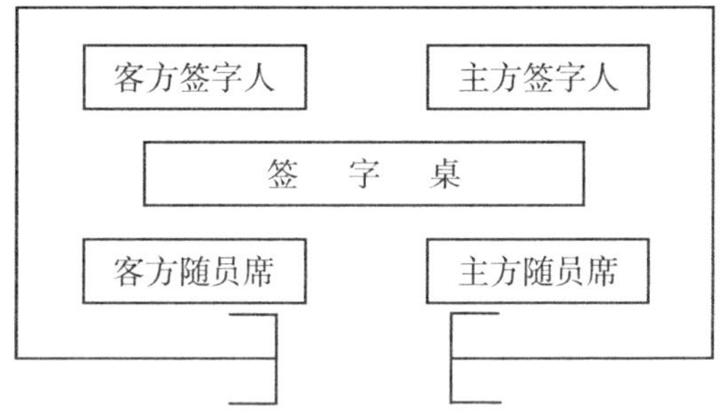

图4—17　相对式签字的座次排列

（三）主席式

主席式排座，通常主要适用于多边签字仪式。其操作特点是：签字桌仍须在室内横放，签字席仍须设在桌后面对正门的位置，但只设一个，并且不固定其就座者。举行仪式时，所有各方人员，包括签字人在内，皆应背对正门、面向签字席就座。签字时，各方签字人应以规定的先后顺序依次走上签字席就座签字，然后即应退回原处就座（见图4—18）。

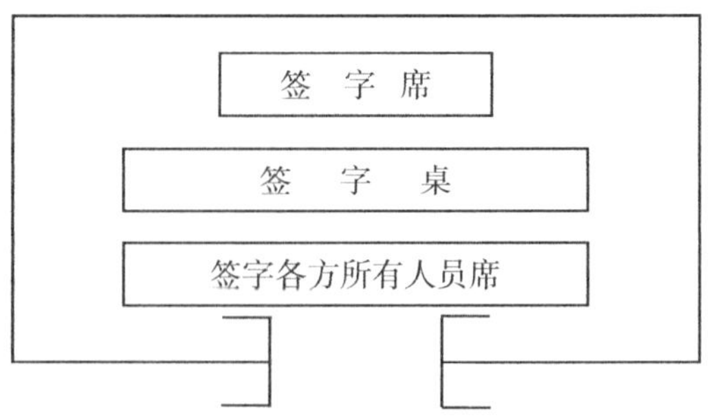

图4—18　主席式签字的座次排列

四、合影留念

在接待工作中，拍照是一项非常常见的活动形式。一次较为正式的会面，宾主双方往往需要合影留念。通过合影，双方进一步加深了感情，能够更好地记住对方，也为双方的交往留下了正式的凭据和美好的回忆。在正规的接待活动中，无论接待单位，还是被接待的来访人员，无一不对合影相当重视。正是因为合影在接待双方的交往中能够起到“催化剂”的作用，可以巩固宾主双方的友谊，所以接待人员一定要重视拍照礼仪、讲究拍照礼仪。

尽管在人们的普遍认识中，拍照是一件很简单的事情，但拍照事实上是有很多讲究和忌讳的。对于接待人员来说，要处理好合影的问题，通常就要优先关注合影时的排位。

合影时，有时需要排定具体位次，有时则大可不必。但在正式场合所拍摄的合影，一般应当进行排位。在非正式场合所拍摄的合影，则既可以排列位次，也可以不排列位次。

如果有必要排列合影参加者的具体位次时，应首先考虑到是否方便拍摄。与此同时，还应注意以下几点：场地的大小；人数的多少；背景的陈设；光线的强弱；合影参加者具体的身份，高矮和胖瘦；方便与否。

一般情况下，正式合影的总人数宜少不宜多。在合影时，所有的参与者一般均应站立。在必要时，可以安排前排人员就座，后排人员则可在其身后呈梯级状站立。但是，通常不宜要求合影的参加者以蹲姿参与拍摄。此外，如有必要，可以先期在合影现场摆设便于辨认的名签，以便参加者准确无误地各就各位。

在安排合影的具体排位问题时，关键是要坚持内外有别，并注意以下两点：

（一）国内合影的排位习惯

国内合影时的排位，一般讲究“居前为上”、“居中为上”。具体来看，它又有“人数为单”（见图 4—19）与“人数为双”（见图 4—20）的区别。在合影时，国内的具体习惯做法通常是：“人数为单”时，中央高于两侧，左则大于右侧。“人数为双”时，则右侧大于左侧。

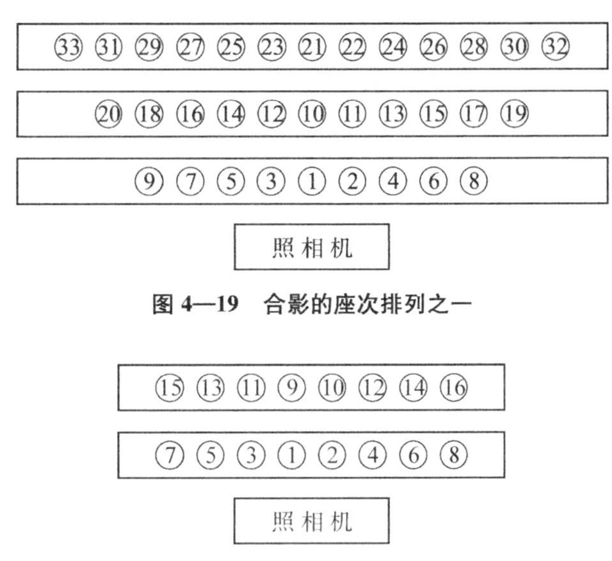

图 4—19　合影的座次排列之一

图 4—20　合影的座次排列之二

（二）涉外合影的排位惯例

在涉外场合合影时，应遵守国际惯例，讲究“以右为尊”，即宜令主人居中，主宾居左，其他双方人员分主左宾右依次排开。简而言之，就是不分单数或双数，一律地讲究“以右为上”（见图 4—21）。

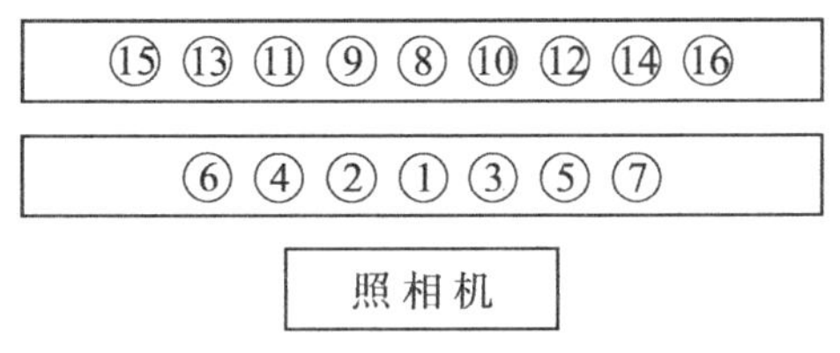

图 4—21　合影的座次排列之三

五、召开会议

会议，又称集会、开会。它通常是指将人们召集在一起，对某些问题进行研究、讨论、说明的一种社会活动的常规形式。在处理日常性行政事务时，各级党政部门往往召开各种会议，因而接待人员也要经常地面对各种各样的会议。

不论召集、组织会议，还是参加会议、为会议服务，接待人员都有一些基本规则必须遵守。

举行正式会议时，通常应事先排定与会者，尤其是其中具有重要身份者的具体座次。越是重要的会议，其座次排定往往就越受到社会各界的关注。对有关会场排座的礼仪规范，接待人员不但需要熟知一二，而且还必须认真恪守。

（一）小型会议

小型会议，一般指参加者较少、规模不大的会议。它的主要特征是，全体与会者均应排座，不设立专用的主席台。小型会议的排座，目前主要有如下三种具体形式：

1. 自由择座

它的基本做法是，不排定固定的具体座次，而由全体与会者完全自由地选择座位就座。

2. 面门设座

一般以面对会议室正门之位为会议主席之座，其他的与会者可在其两侧自左而右地依次就座（见图 4—22）。

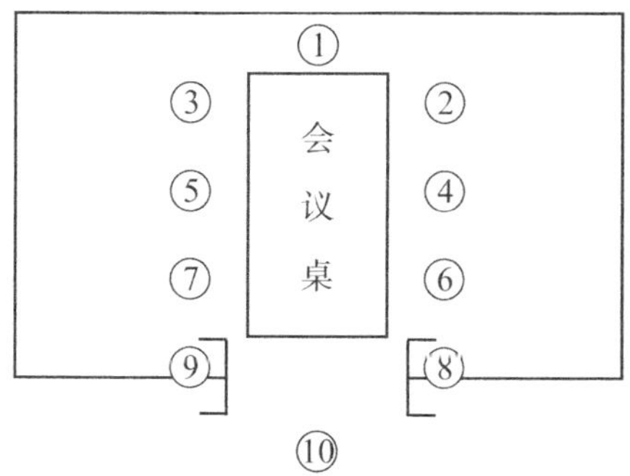

图 4—22　小型会议的座次排列

3. 依景设座

所谓依景设座，是指会议主席的具体位置不必面对会议室正门，而是应当背依会议室之内的主要景致，如字画、讲台等。其他与会者的排座，则略同于前者。

（二）大型会议

大型会议，一般是指与会者众多、规模较大的会议。它的最大特点，是会场上应设主席台与群众席。前者必须认真排座；后者的座次则可排，亦可不排。

1. 主席台的排座

大型会场的主席台，一般应面对会场主入口。在主席台上就座之人，通常应当与在群众席上就座之人呈面对面的状态。在每一名成员面前的桌上，均应放置双向的桌签。

主席台排座，具体又可分作主席团排座、主持人坐席、发言者席位三个不同方面的具体问题。

其一，主席团排座。主席团，在此是指在主席台上正式就座的全体人员。国内目前排定主席团位次的基本规则有三：第一，前排高于后排；第二，中央高于两侧；第三，左侧高于右侧。具体来讲，主席团的排座又有单数（见图 4—23）与双数（见图 4—24）的区分。一般而言，进行单数排座时遵循上述规则即可；进行双数排列时，“左大右小”的规则应改为“右大左小”。此特例也。

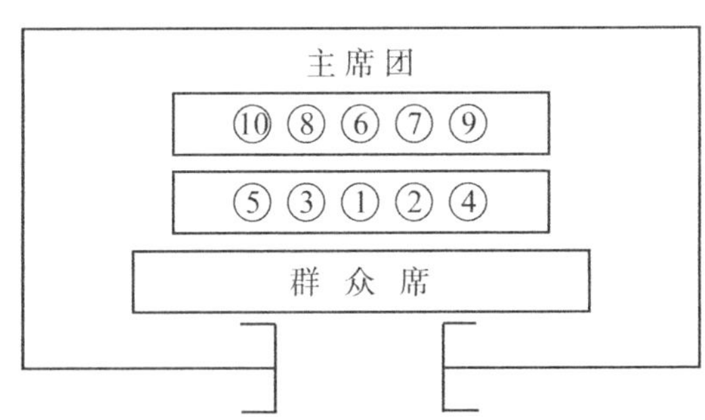

图 4—23　主席团的座次排列之一

其二，主持人坐席。会议主持人，又称大会主席。其具体位置有三种方式可供选择：第一，居于前排正中央；第二，居于前排的两侧；第三，按其具体身份排座，但不宜令其就座于后排。

其三，发言者席位。发言者席位，又叫发言席。在正式会议上，发言者发言时不宜于就座原处发言。发言席的常规位置有两种：第一，主席团的正前方（见图 4—25）；第二，主席台的右前方（见图 4—26）。

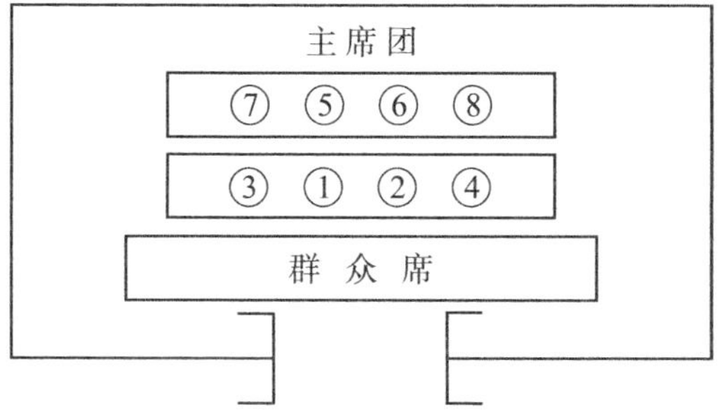

图 4—24　主席团的座次排列之二

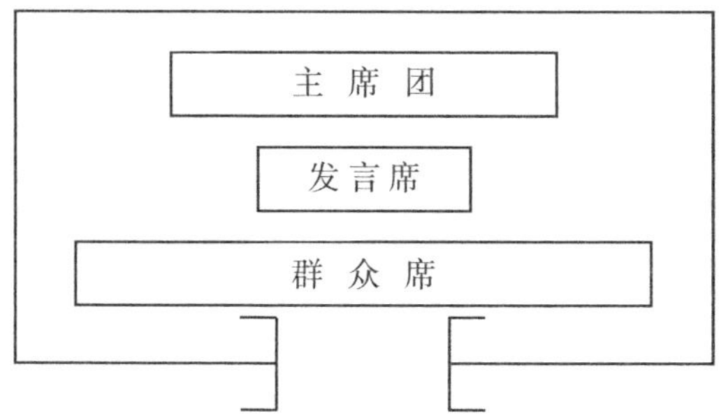

图 4—25　发言席的具体位置之一

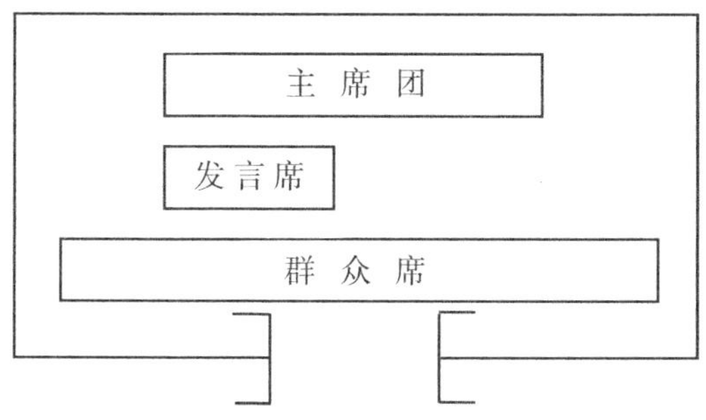

图 4—26　发言席的具体位置之二

2. 群众席的排座

在大型会议上，主席台之下的一切坐席均被称为群众席。群众席的具体排座方式有以下两种：

其一，自由式择座。它是指不进行统一安排，而由大家自由择位而坐。

其二，按单位就座。它是指与会者在群众席上按单位、部门或者地区、行业就座。它的具体依据，既可以按与会单位、部门的汉字笔画的多少、汉语拼音字母的前后为序，也可以是按其平时所约定俗成的序列。按单位就座时，若分为前排后排，一般以前排为高，以后排为低；若分为不同楼层，则楼层越高，排序便越低。

在同一楼层排座时，又有两种普遍通行的方式：第一，以面对主席台为基准，自前往后进行横排（见图4—27）。第二，以面对主席台为基准，自左而右进行竖排（见图4—28）。

图4—27　群众席的座次排列之一

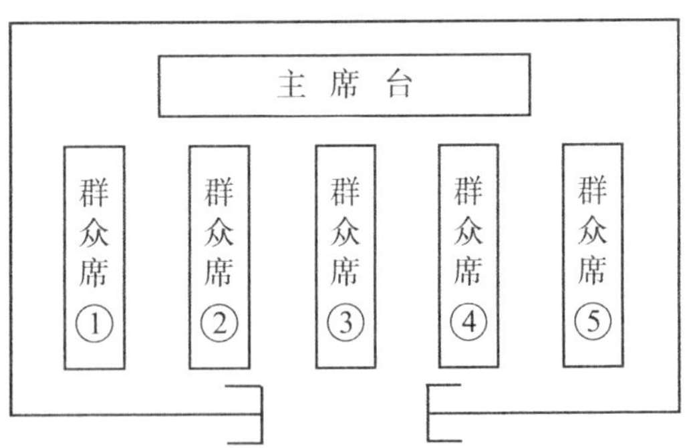

图4—28　群众席的座次排列之二

第三节　交通工具

在正式场合使用交通工具时，来宾具体的座次排列往往亦为其所重视。因此，在必要时，接待人员应按来宾的尊卑为其安排座次。

具体而言，在接待活动中，来宾在乘坐汽车、火车、轮船与飞机时的座次尊卑，往往各有其特殊之处。

一、乘坐汽车

在具体的接待过程中，接待人员使用的最普通的交通工具当推汽车。而在轿车、卡车、吉普车、旅行车、工具车等众多的汽车类型中，常被用来接待来宾的唯有轿车。以下，就对乘坐轿车时座次的尊卑进行简要介绍。

在排列乘坐轿车的座次时，首先必须明确：座位数量不同的轿车，其排列座次的方法往往有所不同。而在乘坐同一种轿车时，驾车者的具体身份往往也会对排列座次产生一定影响。下面，将综合上述两个因素来说明目前我国内地常用类型轿车的座次排列。

（一）双排四座轿车

当主人驾车时，其座次由尊而卑依次应为：副驾驶座、后排右座、后排左座。当专职司机驾车时，其座次由尊而卑依次应为：后排右座、后排左座、副驾驶座（见图4—29）。

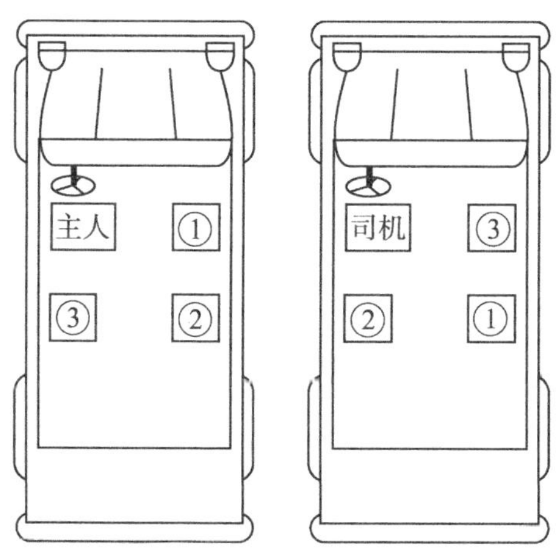

图4—29　双排四座轿车的座次排列

（二）双排五座轿车

当主人驾车时，其座次由尊而卑依次应为：副驾驶座、后排右座、后排左座、后排中座。当专职司机驾车时，则其座次由尊而卑依次应为：后排右座、后排左座、后排中座、副驾驶座（见图 4—30）。

图 4—30　双排五座轿车的座次排列

（三）双排六座轿车

当主人驾车时，其座次由尊而卑依次应为：前排右座、前排中座、后排右座、后排左座，后排中座。当专职司机驾车时，则其座次由尊而卑依次应为：后排右座、后排左座、后排中座、前排右座、前排中座（见图 4—31）。

图 4—31　双排六座轿车的座次排列

（四）三排七座轿车

当主人驾车时，其座次由尊而卑依次应为：副驾驶座、后排右座、后排左座、后排中座、中排右座、中排左座。当专职司机驾车时，则其座次由尊而卑依次应为：后排右座、后排左座、后排中座、中排右座、中排左座、副驾驶座（见图 4—32）。

图 4—32　三排七座轿车的座次排列

（五）三排九座轿车

当主人驾车时，其座次由尊而卑依次应为：前排右座、前排中座、中排右座、中排中座、中排左座、后排右座、后排中座、后排左座。当专职司机驾车时，则其座次由尊而卑依次应为：中排右座、中排中座、中排左座、后排右座、后排中座、后排左座、前排右座、前排中座（见图 4—33）。

图 4—33　三排九座轿车的座次排列

（六）多排多座轿车

多排多座轿车，在此特指四排或者四排以上座位排数的轿车。不论由何人开车，多排多座轿车的具体座次均应由前而后、自右而左，依其距轿车前门的远近而依次排列（见图 4—34）。其原因，主要是考虑乘车之人上下轿车的方便与否。

图 4—34　多排多座轿车的座次排列

需要指出的是，在越野车上，上座通常为副驾驶座。在三排座的商务车上，上座则为中间一排司机后面的位置。

二、乘坐火车

与飞机、客轮相同，火车的座次问题其实往往并非其具体位次的高低，而是指其车厢等级高低的划分。通常下列基本规则亦应予以兼顾：

（一）舒适之处为上

在火车上，较为舒适的车次、车厢与座位，理当视为上座。例如，特快较普快为佳，卧铺较坐席为佳，软席较硬席为佳，空调车厢较非空调车厢为佳，高铁商务座较普通座为佳。

（二）方便之处为上

火车上行动方便的位置，自然被视为上座。就坐席而言，内侧位置高于外侧位置；就卧铺而言，下铺高于中铺，中铺则又高于上铺。有必要时，还可为来宾安排专用车厢或专用包厢。

（三）面向前方为上

不论坐席还是卧铺，通常均以面对火车行驶方向为上位，而以背对火车行驶方向为下位。

（四）临窗之座为上

在火车上靠近车窗就座，不但视野开阔、便于饱览湖光山色，而且空气清新，还可以使人免于晕车之苦，因此这一位置通常被视为上座。

三、乘坐轮船

与选乘飞机一样，在选择客轮时，一般也应当优先考虑船型先进、吨位较大的客轮。

在国内，客轮都是对号入座的。在客轮上，其舱位通常有头等、一等、二等、三等、四等、五等之分。一般而言，等级越高，乘坐时就会感觉越舒适。

在条件允许的情况下，应尽量为来宾选择高于吃水线的舱位。因为这样既不易使人晕船，又能够观赏船外的风景。与此同时，还应当尽量考虑安排重要来宾使用专舱，以免使之与其他乘客混杂在一舱之内，从而令彼此之间均感不便。

四、乘坐飞机

目前，世界各国所使用的客机多为喷气式飞机。通常认为，喷气式飞机体积越大，就越为安全舒适。

在喷气式飞机上，一般都是舱位越靠前，乘坐者的舒适度相对就会越高。目前，在一架客机上，通常档次最高的头等舱设在前端，档次最低的经济舱设在后端，档次居中的公务舱则设在中部。一般认为，座位越靠前，乘机者越不易晕机。

在同一档次的舱位安排上，应该因人而异。喜欢在飞行中欣赏窗外景致者，可以为其安排靠近舷窗的位置；喜欢活动者，则可为其安排通道两侧或靠近应急出口的位置。

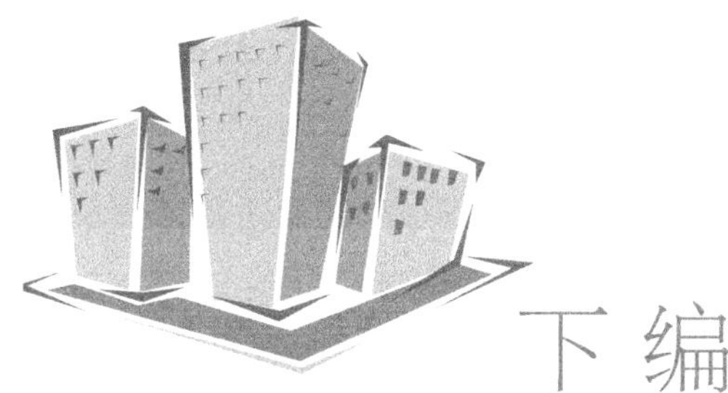

下编 外宾接待的礼仪规范

目前，中国人到外国去、外国人到中国来，均已十分普遍。在接待外宾时，既要在态度上将其与内宾一视同仁，将二者平等相待；又要在具体做法上兼顾二者的不同特点，具体情况具体对待，做到中外有别、外外有别。

在本编之中所介绍的外宾接待礼仪，即具体接待外宾时待人接物的一系列行为规范。本编所谓的外宾，主要是指的有关方面所接待的正式来访的外籍客人。

第五章 国际惯例

随着中国对外开放的进一步加深，中国人与外国人打交道的机会越来越多了。从中央到各级地方部门，目前都有经常性的外事接待任务。所谓外宾，在此特指正式来访的外籍客人。接待外宾时所需遵守的国际惯例和服务技巧，即为外宾接待礼仪。

掌握外宾接待礼仪，有如下三个方面的基本问题，必须为接待人员所高度重视。

首先，应坚持求同存异。所谓“十里不同风，百里不同俗”。在不同国家、不同民族里，风俗习惯多有不同。为外宾服务时，一定要注意了解中外双方的差异，遵守惯例，并避免对方的禁忌。

其次，应注意平等相待。与多方外宾同时进行交往时，必须对各方一律平等相待。对于任何来自国外的客人，不论其来自大国小国、富国穷国、强国弱国，均应一视同仁，不允许恃强凌弱、嫌穷爱富、以大欺小、厚此薄彼。

最后，应勿忘遵守法纪。与外方人员接触时，一方面要对对方热情相待，另一方面则应注意遵法守纪，切莫令自己的所作所为有辱国格人格，有损于国家安全或国家利益。

在具体的涉外接待过程中，每一名工作人员都应当掌握外事接待的国际惯例。所谓“礼出于俗，俗化为礼”，外事接待的国际惯例，即在外事接待过程中相沿成习、约定俗成的一系列具体准则。如对此有所忽略，往往便失礼于人。

第一节 忠于祖国

对于接待人员来说，忠于自己伟大的祖国，在任何时间、任何地点、任何情况下都是首位的、最重要的行为准则。在接待外宾时，不尊重祖国不仅表示自己修养低下，而且还会被外宾所蔑视。只有忠于祖国的人，才能赢得外宾的真正尊重。

忠于祖国，应该是不讲任何条件、毫无保留的。这是外宾接待的一项基本准则，是每一个接待人员所必须遵守的。

在外宾接待工作中，忠于祖国体现在维护祖国、热爱人民、拥护政府等基本方面。

一、维护祖国

忠于祖国，首先体现为维护祖国的利益，这主要表现在以下几个方面：

（一）捍卫祖国尊严

外宾接待人员在日常工作中维护祖国的一个重要表现，就是坚决捍卫祖国尊严。国家尊严，在此主要是指一个国家在国际社会上和国际交往中所理应表现出来的自身的尊贵与庄严。通常，在跨国交往中，每个国家都十分重视本国的国家尊严。捍卫祖国尊严，就要求接待人员自觉地约束自己的言行，维护国家的声誉和形象。

在接待外宾时，接待人员必须确保自己的所作所为不损害别国的国家尊严，同时也绝对不容许外宾的所作所为损害本国的国家尊严。

平时，接待人员必须确保自己的所作所为不损害祖国的尊严。在国旗、国徽、国歌等国家象征性标志的使用中，必须慎之又慎。

总之，在外宾接待工作中，接待人员对于哪些话该讲、哪些话不该讲；哪些事该做、哪些事不该做，都应当心中有数，并且在实际工作中一丝不苟、谨言慎行。

（二）维护国家利益

维护国家利益，是接待人员的天职。“祖国的利益高于一切”，是接待人员在任何情况下都必须铭记在心的。

维护国家利益，就必须防止国家利益被外方伤害。在涉外交往中，接待人员必须勇于同一切有损于自己国家利益的行为进行坚决的斗争。

维护国家利益，还必须坚决反对个人主义。在外宾接待工作中，不容许有个人打算。当个人利益与国家利益发生冲突时，切莫为保全个人利益而损害国家利益。

（三）坚持爱国主义

列宁指出，爱国主义就是千百年来固定下来的对自己的祖国的一种最深厚的感情。接待人员坚持爱国主义的具体表现，就是时刻胸怀祖国，为自己的祖国感到骄傲与自豪；“威武不能屈，富贵不能淫，贫贱不能移”；要能够奋不顾身地为维护祖国的利益，维护祖国的独立、统一、完整、繁荣、富强、民主而努力奋斗；甘愿为祖国奉献自己的一切，甚至包括自己的生命。

坚持爱国主义，就必须坚持反对霸权主义。霸权主义的主旨，是要争夺、维持世界性或区域性霸权。为此目的，霸权主义者不惜对别国事务横加干涉。中国一贯主张：国家不分大小、强弱、贫富，理当一律平等，互相尊重。因此，接待人员必须坚持反对霸权主义。

坚持爱国主义，还必须放眼世界，坚持国际主义。坚持爱国主义，并非推崇狭隘的民族主义和极端自私自利。世界各国人民的正义事业，从来都是相互支持的。任何一国的爱国主义，都不应该对其他国家的主权、其他民族的独立构成任何形式的妨碍。中国有责任促进世界的和平与发展，帮助世界上一切有待帮助的国家。中国人民一向主张：在办好自己事情的同时，中国还应当对人类作出更大贡献。

二、热爱人民

在某种意义上，无论维护祖国，还是忠于祖国，都要以热爱人民为其落脚点。接待人员必须牢记热爱人民的要求，并在涉外接待中将其贯彻于自己的实际工作中。

具体来说，接待人员应特别对以下两点予以重视：

（一）以人为本

接待工作，首先是有关人的工作。因此，一切工作都应当把人置于核心，将人作为世间万事之本。接待礼仪的本质，就是尊重人、理解人、体谅人、爱护人。

坚持以人为本，首先要尊重人。在外宾接待工作中，接待人员应坚持将外宾置于首位。从根本上讲，礼仪即尊重他人的具体表现形式。轻视或忽视了外宾，是不能顺利完成接待工作的。

坚持以人为本，其次要理解人与体谅人。不能理解、体谅交往对象，不能真正理解、体谅对方的喜怒哀乐以及个人偏好与忌讳，谈何尊重对方？人各有别，不可一概而论。在从事跨文化背景的接待工作时，接待人员必须高度重视对外宾的理解与体谅。

坚持以人为本，还要爱护人。不论理解人、体谅人，还是尊重人，其最终目的都是爱护人。孔子曾要求：仁者，爱人。在接待工作中，接待人员必须爱护自己的接待对象，不容许任何伤害接待对象的现象发生。

（二）服务于人

接待工作，就其本质而言，属于一种服务性工作。中国各行各业的接待工作，历来都是为祖国服务、为人民服务、为社会主义现代化事业服务的。在外事接待中，外宾则是我方的服务对象。任何服务工作，并无高低贵贱之分，而只有做好与做不好之分。

接待人员要恪尽职守，做好自己的工作，必须做到如下两点：

1. 强化服务意识

接待工作，自然是为人民服务的。接待人员，不论面对本国公民，还是直接接触外宾，同样都应该自觉自愿地提供最好的服务。

尽管接待人员与外宾在人格上是完全平等的，但由于外宾接待工作自身的性质所决定，接待人员在接待工作中所扮演的往往是服务于人的角色。因此，接待人员必须自觉地在其“服务角色”上“到位”，而绝不可以“错位”。

2. 做好服务工作

不论具体分工如何，在接待工作中，每一名接待人员都必须认识到自己的责任，对工作不能有丝毫懈怠。正如常言所说的：“外事无小事，事事是大事，事事要重视。”

同时，接待人员还应当认识到：在涉外接待工作中，自己实际上被视为国家、民族、单位的代表；人人都是城市形象，处处都是投资环境；因而自己从事这一工作是无上光荣的。接待人员必须苦练基本功，热爱自己的岗位，兢兢业业为接待对象服务。

三、拥护政府

接待人员必须无条件地拥护本国政府，服从本国政府，忠于本国政府。只有本国的中央政府，才是自己国家的唯一合法代表。如果接待人员公然与本国合法政府对立，就不能为本国合法政府所接受，而且其身份也难以为外宾所接受。

从组织纪律方面出发，接待人员必须服从上级、拥护政府。如果与上级、与政府离心离德，就不具备从事外宾接待工作的资格，就不能为国家、政府和社会所接受，其做好自己的本职工作也就无从谈起。

在实际工作中，接待人员对政府的拥护，应当具体体现在下列三个方面：

（一）保守国家机密

国家机密，一般是指与国家利益、国家安全直接相关的重要信息。

其具体内容，通常由各国政府规定。为此，各国都制定了一系列的保密法规，并设立专司其职的保密机构。世界各国的接待工作人员都无一例外地被要求保守国家机密，这是接待人员所必须遵守的一项基本职业操守。接待人员只有在保守国家机密方面做到万无一失，才能真正履行好自身的重要职责。

在外宾接待工作中，接待人员要做到严守国家机密，关键是要防泄密、不泄密、反泄密。为此，必须重视以下三点：

1. 具有保密意识

接待人员必须在思想上高度重视保密工作，在任何时候，都不可以有丝毫的懈怠。

2. 养成保密习惯

接待人员必须养成良好的保密习惯，并且将这一习惯具体贯彻于各项外宾接待的具体工作中。

3. 坚持内外有别

在接待工作中，提倡接待人员多交朋友、广结善缘。与此同时，也要注意内外有别，对国家机密必须守口如瓶，不允许内事外扬、无所顾忌。

（二）时刻依靠政府

做好外宾接待工作，要求接待人员自觉地依靠政府。江泽民同志曾经强调：维护党和国家的权威，是极端重要的。习近平同志则指出，坚持党的领导，是中国外交的基本特色。党和国家的指导思想、奋斗目标、大政方针和法律制度以及重要工作部署等，必须统一，各个地方、部门和单位绝不能各行其是。

所谓依靠政府，具体要求如下：其一，外宾接待工作必须在政府领导之下。其二，外宾接待工作必须遵守有关的政纪、政令和规定。其三，临时遇到重大事件或问题，必须及时向政府报告、请示或寻求帮助。其四，平时必须自觉而积极地与政府保持联系。

（三）执行国家政策

在外宾接待工作中拥护本国政府的具体表现之一，就是要在具体工作中自觉地执行国家的各项政策，尤其是要坚决执行国家的外事、外交政策。

外事、外交政策，是各国中央政府所制定的有关本国外事、外交活动的大政方针，是实现本国外事、外交工作基本目标的有力工具。在外宾接待工作中，接待人员对其必须坚决执行。

1. 认真地学习国家的外事、外交政策

外宾接待工作，不仅事关国家与政府的声誉，而且政策性极强。因此，要求每一名接待人员全面深入系统地学习本国的外事、外交政策。在学习过程中，接待人员要注意有的放矢、抓住实质、细致入微。

2. 全面地执行国家的外事、外交政策

国家的外事、外交政策，应该在接待部门的工作中全方位地贯彻落实。因此，接待人员在接待工作中必须严格“按章办事”，不允许牵强附会，主观、片面地理解和运用国家政策，不允许厚此薄彼、有所偏废。

第二节 修饰形象

阅历丰富的接待人员都十分清楚，在接待工作中，尤其是在比较正式的外事场合，外宾自始至终都会高度关注接待人员的个人形象，接待人员的个人形象在很大程度上影响着外事活动的开展。因此，要求接待人员在接待工作中要务必重视个人形象、规范个人形象、维护个人形象。

从宏观上来看，形象可分为人的形象与物的形象两大类别。在人的形象中，个人形象无疑是最为重要的。个人形象，一般是指一个人在社会上所形成的公众印象，以及社会公众由此而对其产生的基本看法和作出的总体评价。要求接待人员维护形象，首先就要求其在接待工作中认真维护个人形象。就具体要求而论，接待人员维护个人形象主要包括两个方面：一是要重视个人形象；二是要规范个人形象。

一、重视个人形象

重视个人形象，是接待人员维护个人形象的第一步。没有对个人形象的高度重视，不仅谈不上规范个人形象，更不可能维护好个人形象。

要求接待人员重视个人形象，实质上就是要求其对个人形象问题认真予以对待。而要真正做到这一点，需要接待人员在思想上对个人形象问题端正态度、提高认识。从理论上讲，接待人员必须重视个人形象，主要基于以下五个方面的原因：

（一）个人形象客观上表现着对待外宾重视与否

按照中国人的传统习惯，一个人的穿着打扮等涉及个人形象的问题，纯粹属于个人私事，任何人都完全有权利“我行我素”，而根本不必介意别人对此的感受。这就是所谓“穿衣戴帽，各有所好”。而人们在交往应酬中，也往往被告诫“不可以以貌取人”，即不得过分地关注他人的外在形象。可是，这一习惯在涉外接待工作中却不能被沿用。在国际社会里，目前所通行的看法恰恰与中国人的传统习惯相反。人们普遍认为，在正式场合，特别是在国际交往中，每一名参与者的个人形象不仅体现了个人的教养和素质，而且还与其对外宾的重视程度直接相关。

也就是说，接待人员需要谨记：一个人在接待工作中如果形象甚佳，就会被视为对外宾极度重视；一个人在接待工作中如果形象欠佳，则会被视为对外宾缺乏应有的重视。

（二）个人形象真实地体现着个人的教养和素质

在现代社会中，教养与素质的高低，既是一个人能否立足于社会的一项基本条件，又是一个人是否具有品位，能否获得尊重的一项重要内容。正因为如此，每一个现代人都希望自己具有良好的教养与素质。

所谓教养，是指人们在为人处世、待人接物等方面的个人修养及其所达到的一定水准；所谓素质，通常是指一个人在文化、品德方面的修养。显而易见，一个人的教养与素质不仅与其个人经历、生活环境、受教育程度直接相关，同时往往也受到自我要求、社会风尚等方面的影响。

老子曾言：天下大事，必作于细。在人际交往的过程中，特别是当人与人初次相见时，人们都会对其交往对象的个人教养与素质格外关注，甚至还会对此留下难以磨灭的印象。因此可以说：一个人的素质与教养是其个人形象的核心部分之一。换句话说，一个人的个人形象往往真实地体现着其自身的素质与教养。

例如，一名合格的接待人员，在穿西装时是不可能不知道提前拆去其袖口上的商标的。若不谙此道或者明知故犯、将错就错，其个人教养与素质在外人眼里就会大打折扣，其个人形象就会严重受损。

（三）个人形象直观地反映着个人的生活态度和精神风貌

大千世界之中，人们的生活态度与精神风貌既有其个性，又存在着共性。接待人员也不例外。由于每个接待人员的个性不一样、心理素质不一样、生活条件不一样、工作岗位不一样，因此，接待人员的生活态度与精神风貌也存在着一定的差异。对于这一点，完全没有必要大惊小怪，也不值得小题大做。

但是，作为从业的基本条件之一，合格的接待人员，在其生活态度与精神风貌方面往往必然存在许多的共同之处。具体而言，作为一名合格的接待人员，对待生活的基本态度，应当是认真、负责，充满自尊、自信，对生活充满了热爱；其精神风貌，应当是热情开朗、豁达大度、朝气蓬勃、奋发进取。唯其如此，接待人员才会在接待工作中真正为人所信赖，并受人尊重。也只有这样，接待人员的公众形象才会具有一定的魅力，并能持续地保持这种魅力，这是对接待人员的生活态度与精神风貌的基本要求。

（四）个人形象直接地展示着其所在单位的整体形象

在人际交往中，当人们不能确定某个人的具体归属时，即使其在交往中存在着一些缺陷，也最多会被视为其个人的问题。然而人们如果确知其归属于某一个具体单位，甚至拥有某单位代表的实际身份时，则往往会将其个人形象与其所属单位的形象直接画上等号。也就是说，在人际交往中，当一个人的具体身份可以明确时，其个人形象实际上就是其所属单位形象的有机组成部分。

每一名接待人员均须牢记，在正式的接待活动尤其是涉外接待活动中，自己的个人形象绝不是单纯的，而是多重身份的集中展示：在本单位内部，每一名接待人员的个人形象代表着他所在的具体部门的形象；与外单位打交道时，每一名接待人员的个人形象代表着他所在的单位的形象；为人民群众服务时，每一名接待人员的个人形象代表着他所在的政府部门或所在机关的形象；与外地人进行交往时，每一名接待人员的个人形象代表着他所在地方的地方形象；而同外国人相处时，每一名接待人员的个人形象则代表着他所在国家、所属民族的国家形象与民族形象。

作为部门形象、单位形象、机关形象、政府形象、地方形象、民族形象乃至国家形象的具体代表，每一名接待人员显然要格外重视个人形象。

（五）个人形象被视为一种宝贵的无形资产

一般而言，接待人员通常都是本单位的“精英”。作为“精英”，接待人员的个人形象实际上也是其所在单位的一种极其宝贵的无形资产。

良好的接待人员个人形象对一个单位的重要价值，可以被概括为以下三个方面：

1. 形象是一种效益

如果每个接待人员都拥有良好的个人形象，那么它不仅可以宣传其所在单位的形象，而且还可以直接为本单位带来一定的经济效益和社会效益。

2. 形象是一种宣传

接待人员个人形象上乘，实际上就是一种最为直观可信、最具有说服力的宣传。其功效，往往要比“纸上谈兵”强过百倍。

3. 形象是一种服务

如果接待人员个人形象好，他所提供的个人服务往往就易于为其服务对象所接受，反之则不然。从这个意义上可以说，接待人员的个人形象实际上直接地影响着其服务效果。

二、规范个人形象

重视个人形象，是对接待人员提出的一项总体要求。接待人员必须将此项要求切实落到实处，以自己的实际行动规范个人形象。

一般而言，在人际交往中，一个人令他人印象与感触最深的地方，往往包括其个人举止、表情、仪容、服饰、谈吐、为人处世六个具体方面。它们通常被称为构成个人形象的六大要素。

与其他工作相比，外事接待工作显然具有其特殊性。外事接待工作的这种特殊性，自然也会体现在接待人员的个人形象上。要求接待人员规范个人形象，实际上就是指接待人员的个人形象应符合其职业要求。具体而言，接待人员规范个人形象的基本要求有六个方面：

（一）规范举止

与他人相处时，人的肢体动作往往会给人留下深刻的印象。一个人的肢体动作，通常被称为举止。在正式场合，特别是在接待工作中，一个人的举止，经常会被外宾视为一种充满寓意、表达一定信息的“肢体语言”。当人们在跨国交往中遇到难以逾越的语言障碍时，“肢体语言”的重要性就显得尤为重要。

就一般状况而言，接待人员个人举止的基本规范是适度与从俗。接待人员要着重注意自己手臂的动作，除此之外，还要对自己在站立、行走、就座、工作时的肢体综合动作予以重视。

1. 举止适度

所谓举止适度，主要是要求接待人员在接待工作中有意识地控制肢体动作的幅度，并适度减少肢体动作，从而使自己的举止不至于让人感到夸张或者被别人曲解，给人以教养良好、稳重成熟之感。

2. 举止从俗

所谓举止从俗，对接待人员而言主要有三项基本要求：其一，要求其举止动作合乎本国的习惯。其二，要求其举止动作合乎交往对象国的习惯。其三，要求其举止动作合乎国际社会的习惯。至于究竟要合乎其中的哪一种习惯应视具体场合而定。

（二）规范表情

在人际交往中，人们往往要对自己的交往对象察言观色，即关注其表情。所谓表情，通常是指一个人在面部所表露出来的其内在的思想、感觉与情绪。从本质上看，它是个人情感最真实、最自然、最直观的流露，往往最能够反映出一个人的内在感受。

在接待工作中，接待人员的基本表情应当是和蔼、亲切、友善。接待人员对自身表情的关注重点，应当是眼神和笑容。

1. 表情和蔼

要求接待人员表情和蔼，是指其在与人交往中态度应当温和，不粗暴、不严厉，使人感觉易于亲近。

2. 表情亲切

要求接待人员表情亲切，是指其待人要热情，令人感到一见如故，没有距离，容易与之亲近。若态度冷漠、沉重、呆板、做作，甚至充满怀疑、敌视之意，是绝对不会令人感到亲切的。

3. 表情友善

要求接待人员表情友善，通常是指其要对人友好、和善，要善于关心、体谅、照顾或帮助别人，同别人和睦相处。

（三）规范仪容

当一个人与外界交往时，其个人仪容通常都会备受关注。所谓仪容，一般是指一个人的仪表与容貌的统称。简单地讲，一个人的仪容，实际上就是指个人形体的基本外观，即其外表与外貌。

在接待工作中，对接待人员个人仪容的基本要求是干净整洁、略加修饰。其中要求修饰的重点，是接待人员的头部与手部。

1. 干净整洁

所谓干净整洁，是指接待人员要注意个人卫生，其日常仪容必须做到无异味、无异物。若浑身汗味、烟味，眼角、口角、耳孔之中的分泌物没有清理干净，其个人卫生状况岂能令人恭维？

2. 略加修饰

所谓略加修饰，则是指接待人员依照常规对个人仪容进行必要的修整、装饰，使之美观而得体。例如，接待人员不仅要经常理发，而且还应及时修剪鼻毛、耳毛、指甲、趾甲等。

(四) 规范服饰

服饰，或称穿戴，在此是指人们在日常生活与工作中所穿着的服装与所佩戴的饰物。规范个人的服饰，是现代社会文明进步的重要表现。

在接待工作中，对接待人员个人服饰的基本规范是应己、应人、应景、应时，此谓“四应”。其重点规范的，是接待人员在正式场合所穿着的正装。

1. 应己

所谓应己，主要是要求接待人员在选择个人服饰时，首先要从自身的特点出发，兼顾自己的性别、年龄、身份、性格、高矮、胖瘦、肤色等，要善于扬长避短，重在避短。

2. 应人

所谓应人，主要是要求接待人员在选择个人服饰时，必须兼顾自己与他人之间的具体关系。在正式场合，上下级之间、宾主之间、主角与配角之间，服饰理应有所区别。所以，接待人员的个人服饰不宜过分突出个性，而需要与自己的交往对象相适应。

3. 应景

所谓应景，主要是要求接待人员在选择个人服饰时，务必要考虑外事活动场合的具体地点和具体环境。应根据具体地点、具体环境的不同来选择不同的服饰，以求与周围的环境、气氛相协调。

4. 应时

所谓应时，主要是要求接待人员在选择个人服饰时，必须具有明确的时间观念。服饰要具有时代感，并根据季节和一天之中不同的时段而有所变化。

(五) 规范谈吐

任何有良好教养的人，都应对自己的谈吐有所要求，训练有素的接待人员则更应当如此。在接待工作中，一个人的谈吐不仅直接反映着其综合素质的高低，而且也反映着其待人接物的风格与态度，并往往影响着交往双方的相互理解与沟通。

在接待工作中，对接待人员个人谈吐的基本规范是：用词谨慎、应答自如、少说多听。其着重规范的，是在口头交谈时的措辞与态度。

1. 用词谨慎

所谓用词谨慎，在此是要求接待人员在与外方人员交谈中要养成字斟句酌、反复推敲、措辞严谨、表达审慎的良好习惯。切不可在交谈时词不达意、信口开河。

2. 应答自如

所谓应答自如，此处是要求接待人员在与外宾交谈时，应当有来有往、有问必答。不仅如此，接待人员的应答还应力求委婉含蓄、出口成章，并且对答如流。

3. 少说多听

所谓少说多听，在此主要是要求接待人员在与外宾交谈时，一定要有所控制，勿忘“智者善听，愚者善说”之古训。宁肯多听，也不宜多说。切忌只说不听，甚至滔滔不绝，不给他人发言的机会。要避免言多语失、喧宾夺主，从而给外宾造成不够稳重、不够谦逊等不良印象。

（六）规范为人处世

一个人的为人处世，通常直接体现着其做人的基本原则。

所谓为人处世，通常指人们做人的基本态度。其具体包括两个方面：一是待人的态度；二是律己的态度。任何一位有教养的人士都懂得为人处世之道的奥妙是：待人以宽，律己要严。

在接待工作中，接待人员为人处世的基本规范是正直、谦恭、宽厚。

1. 为人正直

所谓为人正直，是指一个人公正而坦率。处理问题时，应当一视同仁，不偏不倚；表明立场时，则应当诚实直率，坦坦荡荡。

2. 为人谦恭

所谓为人谦恭，通常是指一个人在与任何人打交道时，应当态度谦虚，处处不失敬于人。在接待工作中，接待人员要真正做到为人谦恭，一要坚持一视同仁；二要力戒形式主义。

3. 为人宽厚

所谓为人宽厚，是指待人宽容而厚道。有道是“上德必宽”，对待别人，讲究胸怀宽广、富有气量、态度诚恳，绝不能小肚鸡肠、心胸狭窄、一味苛求。

第三节　遵时守约

在中国古代，就有“君子一言，驷马难追”之说。时至今日，“言必信，行必果”，依旧被中国人视为做人所应具备的美德之一。中国人的这一传统美德，在国际社会中也是被公认的现代人为人处世的基本准则之一。

这主要体现为“遵时守约”，其主旨是，要求人们在人际交往中必须认真地信守约定。它的基本含义是：在国际交往中，每一个人都必须义无反顾地遵守自己对他人所作出的各项正式承诺。在与他人打交道时，说话务必要算数，许诺一定要兑现，约会时则必须如约而至。对一切与时间相关的正式约定，接待人员必须严格加以遵守。

众所周知，在各种人际交往，特别是在跨国家、跨地区、跨民族的国际交往中，取信于人早已被公认为是建立良好的人际关系的基本条件之一，同时也是生活在文明社会的现代人所应具备的一种优良品德。要求接待人员在涉外接待工作中“遵时守约”，实际上就是为了使之更好地取信于人。在涉外接待工作中，具体贯彻落实“遵时守约”的基本要求主要有以下两点：遵守时间、信守承诺。

一、遵守时间

遵守时间，通常是信守承诺的具体体现。一个不懂得遵守时间的人，在其人际交往中往往是难以信守个人承诺的。

遵守时间作为外事接待的基本准则之一，主要是要求接待人员应具有严格的时间观念。在人际交往中，尤其是在国际交往中，对于一切与时间相关的约定，一定要一丝不苟，严格按照约定执行。

目前，遵守时间在国际社会上已成为衡量、评价一个人文明程度的重要标准之一。因此，接待人员对此绝对不可疏忽大意或不以为然。

具体而言，接待人员在接待工作中应当重点注意下列三个问题：

（一）有约在先

在现代社会里，时间就是生命，时间就是机遇，时间就是金钱，早已成为世人所认可的时间观。因此，接待人员在与外宾进行人际交往时，一定要珍惜彼此的时间，尤其是切切不可对外宾的宝贵时间造成任何形式的浪费。

对接待人员而言，要做到珍惜外宾的时间、不浪费外宾的时间，最为切实可行的做法，就是要对双方进行交往的具体时间有约在先。

有约在先，不仅适用于正式交往，而且也适用于非正式交往。其基本要求，就是提倡人们在进行人际交往时，必须事先约定具体时间。在人际交往中，不论不邀而至、充当不速之客，还是任意顺访、率性而为，都是不尊重交往对象的表现。要做到有约在先，关键是要提前约定交往的具体时间。它主要包括双方交往的起始时间与延续时间两个方面，而且其约定应尽可能具体、详尽。约定得越具体、越详尽越好。

在约定具体时间时，要考虑外宾的习惯和方便。应尽量不占用外宾的休息时间或工作过于繁忙的时间。一般而言，凌晨、深夜、午休时间、就餐时间以及节假日，外宾大都忌讳被外人打扰。总之，对此应当坚持两相情愿。

（二）如约而行

要求接待人员遵守时间，既要求其在具体的交往时间上有约在先，更要求其根据既定的时间如约而行。如约而行，往往比有约在先更加重要。

所谓如约而行，在此特指接待人员应按照与外宾事先所约定的双方交往时间，准确地加以执行。参加正式会议、会见或其他类型的社交聚会时，接待人员一定要养成正点抵达现场的良好习惯。在此类活动中，姗姗来迟或提前到场，都会显得不合时宜。

其他不论有关工作还是有关生活的具体时间约定，例如，承诺给予外宾答复的时间，约好双方一同出行的时间，许愿给外宾写信、打电话、发邮件的时间等，接待人员同样需要言出必践。

对于双方有约在先的交往时间，接待人员轻易不要予以改动。如果因特殊原因，需要变更时间或取消约定，应尽快向外宾进行通报，切忌让外宾对此一无所知，空候良久。

（三）适可而止

在接待工作中，接待人员还须谨记“适可而止”这四个字。也就是说，在双方具体进行交往时，不要拖延时间，而应当适时结束。

对于某些事先约定了交往时间长短的活动，如限时发言、限时会晤、限时会议以及其他限时活动等，到场的接待人员一定要心中有数，绝不能超过规定的时间。

对于一些并未约定交往时间长短的活动，如私人拜访、出席家宴、接打电话等，则要讲究宜短不宜长。宁肯“提前告退”，也不应当无节制地拖延时间。

二、信守承诺

“遵时守约”的核心之点，在于信守承诺。所谓承诺，一般是指对别人许下的某种诺言，或者对别人的某一要求答应予以照办。信守承诺，简而言之，就是要求人们在人际交往中说话一定要算数，诺言一定要兑现。

在涉外接待工作中，接待人员倘若言而无信，不仅有可能失去所有的朋友，而且还有可能因此而使自己一事无成。

接待人员在实际工作中处理有关承诺的具体问题时，应当重视下列两个方面：

（一）重视承诺

在人际交往中，特别是在国际交往中，一个人是否信守自己的承诺，通常直接关系到他个人的信誉。一个人如果信守承诺、言而有信，就等于以实际行动证明自己言行一致，尊重交往对象，同时也是对自己的尊重。只有这样的人，才会在社会上有良好的口碑，才能真正地立足于社会，赢得人们的尊重。

与此相反，在人际交往中特别是在国际交往中，如果视个人承诺为儿戏，出尔反尔、言而无信、有约不守、守约不严，不仅仅是失信于人、不尊重人际交往的基本准则、不尊重自己的交往对象，而且也是不重视个人信誉、不尊重自己的表现。对此，接待人员一定要有清醒的认识。

每一名接待人员都必须充分认识到：在接待工作中能否做到言而有信、遵守约定，直接与自己是否重视个人承诺密切相关。而重视个人承诺与否，又直接涉及自己对于个人信誉的重视程度。

在现代社会里，尤其是在国际交往中，信誉无比重要。从某种意义上来讲，信誉就是口碑，信誉就是生命，信誉就是形象，信誉就是社会关系，信誉就是工作效率。对于一个人、一个组织、一个单位、一个民族乃至一个国家而言，都是如此。个人不讲信誉，在社会上就会难以立足；组织或单位不讲信誉，在工作中就会难以有所进展；一个国家不讲信誉，在国际上就会失去尊严。

（二）慎于承诺

既然承诺在人际交往中，尤其是在国际交往中事关个人乃至国家信誉，那么接待人员不论在实际工作中还是在日常生活中，都必须极其慎重地对待承诺问题。只有慎于承诺，才能确保承诺的兑现。

接待人员在接待工作中要做到慎于承诺，就应当对以下三个方面予以注意：

1. 三思而行

与外宾打交道时，不论双方关系如何，接待人员在需要许诺于外宾时，都要三思而行，慎之又慎。不论答应外宾所提出的要求，还是自己主动向外宾提出建议，或者自己诚心诚意地许诺于外宾，都一定要经过事先的深思熟虑、反复斟酌。

在有必要向外宾承诺时，一定要有自知之明，务必要量力而行，一切从自己的实际能力以及客观可能性出发。切忌好大喜功、草率行事，致使承诺“满天飞”。须知如果滥用承诺，个人信誉便会迅速贬值。

接待人员在向外宾承诺具体事项时，一定要认真思考、瞻前顾后，务必要字斟句酌、力图周全。既不能模棱两可、含糊不清、难以解释或可有可无，又不能信口开河、大而无当、言过其实，使承诺难以兑现。

2. 认真遵守

在人际交往中，往往许诺容易、兑现困难。所谓“言而无信”，就是人们对于不遵守自己承诺的人所给予的谴责。在接待工作中，对于我方向外方所作出的各项正式承诺，接待人员一定要身体力行，认真地、一丝不苟地予以遵守。

在具体的涉外接待工作中，我方一旦作出承诺，就必须予以兑现。只有这样，我方才能够以实际行动证明自己“言行一致”，才会赢得外宾的好感与信任，才有可能与外宾“后会有期”、常来常往。我方接待人员在工作中经常讲：“我们中国人说话历来都是算数的。”只有认真遵守有关承诺，才能令外宾确信这一点。

为了兑现已有的承诺，接待人员还必须尽可能地避免对既往的正式承诺任意修改、变动，随心所欲地加以曲解，擅自予以否认、取消，或者在其执行中“偷工减料”。

3. 说明原委

正所谓“世事难料”，尽管我方在兑现承诺方面一向不遗余力，然而在某些极个别的情况下，我方一时难以兑现承诺的情况仍可能会出现。此时，一定要采取必要的补救性措施，以求挽回我方的信誉。

如果由于难以抗拒的因素，致使我方单方面失约，或者部分承诺难以继续兑现，则我方一定要通过正式的渠道，尽早向相关的一方说明具体原委。除了要向外宾作出如实的、合理的、可信的解释之外，还应当为此郑重其事地向外宾进行道歉，主动承担按照惯例或约定应给予外宾的物质赔偿，并且在力所能及的前提下，采取一切可行的补救性措施。

在造成失约时，绝对不允许接待人员一味推诿、避而不谈、得过且过，或者对失约之事加以否认，拒绝为此而向外宾表达歉意等。

第四节　尊重隐私

对中外习俗的差异有一定了解的人都知道：在对待个人隐私的具体问题上，许多中国人的传统做法与外宾的习惯往往是大相径庭的。

按照一般中国人的思路，人与人相处，特别是亲朋好友之间，并不存在“不可告人”之事。正人君子应当“明人不做暗事”。而在世界上许多国家里，人们却对保护个人隐私问题非常重视。保护公民个人隐私，往往是法律赋予公民的基本权利之一。不打探个人隐私，则被视作一个现代人文明的重要标志之一。

目前，尊重个人隐私已经逐渐成为一项国际交往的惯例。在涉外接待工作中，接待人员有必要对其予以高度的重视。

所谓个人隐私，又称个人私隐，在一般意义上是指某个人出于个人尊严或者其他方面的特殊考虑，而不愿意对外公开、不希望外人所了解的私人事宜或个人秘密。尊重个人隐私，在此主要是指接待人员在与外宾进行各种接触时，一定要注意对外宾的个人隐私权予以尊重，绝对不得无故涉及外宾的任何个人隐私问题。

在接待工作中贯彻尊重外宾隐私的原则，主要是要求接待人员养成莫问隐私、保护隐私的习惯。

一、莫问隐私

与外宾进行交际应酬时，不允许接待人员任意打听外宾的任何个人隐私。

按照常规，如下九个方面的私人问题，均被外宾看作“不可告人”的“绝对隐私”。在接待工作中，接待人员切切不可就此向外宾主动打探。

（一）年龄大小

在许多国家与地区，人们都将本人的实际年龄视为自己的“核心机密”之一，绝对不会主动将其告知于人。究其主要原因，在于外国人普遍忌讳“老”。他们的愿望是：自己应当永远年轻。在他们眼里，“老”就失去了机会，“老”了就会告别社会舞台；而年轻则意味着自己充满了活力与希望。特别需要指出的是，有两种外国人尤其忌讳被人问及年龄或被别人尊为“长者”：其一，是“白领丽人”。对她们来说，最好永远年轻。一旦上了年纪，就等于宣告自己“人老珠黄”，并且应该“告老还乡”了。其二，是老年人。如果问其年龄，就意味着暗示他们“不行了”。若称其为“长者”，则如同讥讽他们“不自量力”一样。

（二）收入支出

在国外，个人的收入与支出问题是最不宜直接打探的个人隐私问题。人们的普遍看法是：每个人的实际收入与支出，通常都与其个人能力、社会地位存在着一定的因果关系。因此，个人收入与支出的多少，直接关系到自己的脸面问题，十分忌讳别人的关注。不仅如此，除直接的收入与支出外，那些可以间接反映出个人经济状况的私人问题，诸如银行存款、股票收益、纳税数额、住宅面积、私车型号、服饰品牌、度假地点、娱乐方式、个人收藏等，因与个人的收入与支出密切相关，所以也是不欢迎外人所打探的。

（三）健康状态

在国外，由于市场经济的影响，人们普遍将个人的健康状态看作自己最为重要的“资本”。身体健康，意味着自己前程远大、建功立业的机会很多，并且可以在社会上赢得广泛的支持；如果身体状态欠佳，则意味着自己“日薄西山”、前途渺茫，不仅失去了个人发展的许多机会，而且也难以在个人事业上取得各方的支持。正因为如此，当与外国人交谈时，不宜涉及其个人的具体身体状况，更要“讳疾忌医”，不可与之交流有关“求医问药”的心得体会。

（四）恋爱婚姻

一名有责任感的中国人，对其家人、亲友、同事的恋爱、婚姻、家庭问题，都会时常牵挂在心。当中国人相聚之时，彼此了解一下对方“有没有对象”、“结婚与否”、“是否生儿育女”、“夫妻关系怎样”、“婆媳关系如何”等，都是司空见惯的。然而在国外，此类与恋爱、婚姻、家庭直接相关的问题，都是人们在交谈之中所讳莫如深的。对此，随意向外国人打探此类家庭问题，极有可能触动对方的伤心之处，伤害其自尊、自信之心，令人感到难堪。在有的国家，向异性打探此类问题，不仅会被对方视为无聊之至，而且还有可能会被对方控告为“性骚扰”，甚至因此而吃上官司。

（五）政见信仰

在当代世界上，国家之间的合作，讲究的是求同存异、“和而不同”。必须客观地承认，各国的社会制度、司法体系、政治主张、意识形态均存在着明显的差异。因此，各国的事情应由各国自己负责，各国人民都拥有自行选择本国发展道路的决定权。在对外交往中，如欲真正求得交往的顺利、合作的成功、双方的友好，交往双方就必须不以社会制度画线，不强调司法体系、政治主张的不同，并应超越双方在意识形态方面所存在的具体差异，处处以大局为重、以友谊为重、以信任为重、以国家利益为重。有鉴于此，我方接待人员在与外宾交谈时，通常不宜对外宾的政治见解、宗教信仰表现出过多的兴趣，更不宜对其政治见解、宗教信仰等评头论足。与此同时，也不宜“唯我独尊”，蛮横无理地将本人的立场、观点或一知半解强加于人。需要明确的是，在国外，对于与个人政治见解密切相关的从属于何种党派或政治性团体的问题，也属于隐私。我方接待人员通常也不宜就此与外宾进行探讨。

（六）个人经历

“英雄莫问出处”一说，在国外普遍流行。它是指与他人进行交往时，忌讳打听其个人经历。若不跟外宾“见外”，一而再、再而三地刨根问底，细查其“户口”，往往会给人以居心叵测之感。一般而言，接待人员与外宾进行交谈时，至少有下列四个最关键的个人经历问题不宜直接向外宾打听：对方的籍贯；对方具有何种学历；对方拥有何种学术学位、技术职称或行政职务；对方以往有何职业经历。

（七）生活习惯

中国人聊天时，个人的生活习惯常常成为其中心话题。然而在跨国家、跨文化的具有交往中，却必须要放弃这一话题。在外国人眼里，个人习惯与别人毫不相干，所以完全没有为外人所了解的必要。他们认为，倘若对他人的个人生活习惯过分地感兴趣，不是别有用心，就是看上人家了，因而都是很不正常的。有关个人饮食、起居、运动、娱乐、阅读、交友等方面的生活习惯，都在其“秘不示人”之列。

（八）家庭住址

中国人的社交习惯之一，是喜欢随时或经常性地到亲朋好友家里去串门，并且乐于邀请对方上门做客。然而在国际社会里，通行的方法却恰好与此相反。绝大多数外国人都将私人居所看作自己神圣不可侵犯的“个人领地”，非常讨厌别人无端进行打扰。加之他们为事业而辛苦奔忙，平时的居家度日就十分忌讳被人破坏了自己的休息与宁静。一般情况下，若非亲属、至交、知己，外国人不大可能会邀请外人到自己家中做客。有此必要时，他们宁肯花钱去饭店、餐馆请客吃饭。在人际交往中，大多数外国人不仅对自己的家庭住址绝对保密，而且还不会把自己的私宅电话号码轻易告知于人，因为这与前者直接相关。碰到不知趣者对此贸然打听时，他们往往会“顾左右而言他”，绝不正面作答。

（九）所忙何事

在国内，“忙什么呢”与“身体好吗”、“吃过饭没有”等，是人们相逢之时互致问候的“老三样”。每一名中国人，一定都会经常地问候自己的同胞：“最近在干什么”，“现在上哪里去”，“为什么好久都没有见到你”。可是，一般的外国人却绝对不乐于回答此类问题。他们的看法是：自己“所忙何事”仅与自己有关，与别人并无干系，所以“不足为外人道也”。有时，他们还担心此类问题一旦被人深究，还有可能会泄露个人的最新动向乃至行业秘密，使自己的工作与事业受损。因此，绝对不愿此类问题在外人面前公开“曝光”。

如上九个在外事交往中不宜直接向外宾打听的私人问题，通常被称为“个人隐私九不问”。接待人员应将其铭记在心，在接待工作中一般就不容易犯规了。

二、保护隐私

在参与外事接待活动时，接待人员除了要做到莫问他人隐私之外，还应当努力做到保护隐私。只有在这两个方面都做好了，才可以说是真正地懂得了尊重隐私。

所谓保护隐私，在此特指接待人员在接待工作中应尽量不传播、不泄露隐私问题。换言之，就是要主动采取必要的措施去维护个人隐私。

就具体内容而论，要做到保护隐私，需要兼顾保护个人的隐私、保护我方人员的隐私、保护外宾的隐私与保护其他人士的隐私四个具体方面。

（一）保护个人的隐私

在接待工作中，接待人员必须具有必要的自我保护意识，并在实际工作中采取相应的措施。保护个人的隐私，乃是接待人员自我保护的一个重要方面。

接待人员必须牢记，与外宾进行交际应酬时，千万不要对自己的个人隐私问题直言不讳，甚至有意无意地“广而告之”。即便间接地那样做，也是不允许的。

如果在接待工作中，接待人员动辄就对别人大谈特谈自己的个人隐私，并不会被外人视为坦率，而是要么会被人看作鄙俗浅薄、没有教养，要么则会被理解为别有用心、声东击西。

（二）保护我方人员的隐私

在保护个人隐私的同时，接待人员还必须注意保护我方其他人员的个人隐私。只有同时兼顾到这两方面，我方人员在接待工作中才不至于失去自尊。

保护我方其他人员个人隐私的具体措施，就是不允许向外宾主动传播、主动泄露、主动扩散其个人隐私问题。与外宾进行交谈时，一方面，我方不宜以此类问题作为交谈的话题；另一方面，当外宾涉及此类问题时，我方则应予以回避。

（三）保护外宾的隐私

由于种种原因，接待人员往往会对一些外宾的个人隐私问题有所了解，此乃接待人员的工作性质使然。但接待人员必须清楚，自己的这种“特权”绝对不可滥用。

不论是我方所了解到的外宾的个人隐私，还是外宾主动告知于我方的其个人隐私；不论在公开场合，还是在私下，接待人员都切切不可将这些外宾的隐私向外界披露。否则就会有悖于自己的职业道德，更会失去外宾的信任，甚至因此而惹出麻烦。

（四）保护其他人士的隐私

“其他人士”，在这里是指在接待工作中除交往双方之外的第三方人士。在接待工作中，对其他人士的个人隐私，接待人员也有保护的义务。

对接待人员而言，若对其他人士的个人隐私“畅所欲言”，甚至无中生有，或道听途说、以讹传讹，不仅有失身份、有损人格，而且还会因此给外宾留下不佳的印象。

第五节　热情有度

在人际交往中，待人热情之人通常最受欢迎。法国大文豪伏尔泰认为：“没有一点热情，终将一事无成。”美国总统威尔逊则说过：“冷漠无情，就是最大的残忍。”

在国际社会中，中国人一向以待人热情而著称。中国人认为，待人热情不仅意味着自己对待外宾具有诚意，而且还意味着自己对对方充满了友好、关怀和热诚。

参与外事接待活动时，接待人员亦须对外宾热情相待，这与国内人际交往并无多少差别。但是，接待人员对外宾的热情相待，必须有一个“度”的限制，即一定要切记“热情有度”。

作为外事接待的一项基本准则，“热情有度”就是要求接待人员与外宾接触时，既要注意为人热情，更要充分把握好为人热情的具体分寸，否则就有可能事与愿违。这一“具体分寸”，指的就是所谓“热情有度”之中的“度”。

如果要对“热情有度”进行更准确的描述，就是要求接待人员在待人热情的同时，一定要铭记：自己的所作所为，均应以不影响对方、不妨碍对方、不给对方增添麻烦、不令对方感到不快或不便、不干涉对方的私生活、不损害对方的个人尊严为限。与外宾打交道时，接待人员若掌握不好这个限度，而对对方过“度”热情，就有可能使自己不适当地“越位”，导致好心办坏事。

具体来讲，接待人员在接待工作中要真正做到“热情有度”，关键是要掌握好下述四个具体的限度：

一、交往有度

与外宾相处之时，接待人员必须坚持交往有度。所谓交往有度，具体是指接待人员与任何外宾进行接触时，不论双方的具体关系如何，均应与对方保持一定的距离。唯有这种距离保持得适当，接待人员与外宾的关系才能保持正常。具体而言，交往有度的主要要求是：不妨碍对方的工作，不妨碍对方的生活，不妨碍对方的休息。

（一）不妨碍对方的工作

与外宾进行交往，一定要以不妨碍对方的工作为前提。此处所说的“不妨碍对方的工作”，主要具有如下三重具体含义：

1. 不影响外宾正常地执行公务

与外宾的任何交往，都可能有碍其执行公务。否则，与对方的交往就会名副其实地变成对方的负担。

2. 不给外宾的工作增加麻烦

宁可与外宾的交往无助于其具体工作，也不能给对方“帮倒忙”。

3. 不妨碍外宾工作的正常开展

在任何情况下，与外宾的交往，都不应成为其工作的“绊脚石”。

（二）不妨碍对方的生活

在国外，人们往往将工作与生活分得一清二楚。在工作时，讲究的是规章制度；而在生活里，强调的则是个性与自由。与外宾相处时，要尽量将工作与生活、公事与私事区分开来。一般情况下，切忌在工作中处理私人生活问题。同样的道理，也不宜在工作中打扰了外宾的私人生活。

（三）不妨碍对方的休息

在实际生活中，每个人都需要休息，需要在仅仅属于自己的私人空间里松弛身心、调整状态。因此，即便至交密友，也要尊重他人的休息权，尽量不要影响对方的休息，不要打扰对方的安宁。

与外宾交往时，没有必要与对方形影不离。当对方需要休息，特别是表现出疲倦困乏时，一定要主动为其创造休息的条件。

二、关心有度

人与人之间，自然要提倡互相关心、互相爱护、互相帮助。在社会生活中，人与人之间的关系往往是“一人为大家，大家为一人”。离开了互相关心、互相爱护、互相帮助，人人只求利己、不讲利人，人际关系就将变得冷漠无情。

在接待工作中，对待外宾理应表示出必要的关心。但考虑到“热情有度”的因素，接待人员对外宾所表示的关心没有必要“无微不至”，而是应当有意识地加以限制。此所谓“关心有度”，它应当主要体现在如下三个具体方面：

（一）不令外宾感觉不便

对外宾表示关心时，不论如何都不应使对方产生“多此一举”的感觉。因此，在对外宾表示关心之前，接待人员务必要明确：“应当关心什么”，“不应当关心什么”。

就客观效果而论，接待人员对外宾所表示的关心，理应在某些方面有利于外宾，而不应令外宾感觉不便，更不应在一定程度上为之平添一些毫无必要的麻烦。

（二）不使外宾勉为其难

对别人所表示的关心，在任何情况下都应恰到好处，令外宾愉快接受，甚至感到幸福、快乐。只有恰当地给予外宾当时最为迫切需要的关心，才会有如此功效。外宾所不需要的关心，往往提供得再多也没有任何益处。接待人员对此一定要加以注意。万一发现自己给予外宾的关心不受欢迎，最好适可而止，千万不要“再接再厉”，更不宜硬是强加于外宾。

（三）不影响外宾的个人自由

在一些国家，人们对个性独立十分推崇。在很多外国人眼里，没有任何东西可以与个人的自由相提并论。没有个性独立，没有个人自由，对他们而言，实际上就等于没有任何个人尊严。因此，接待人员对外宾所表示的关心，在任何时候都应以不影响个人自由为前提。

三、距离有度

一般情况下，中国人在进行交际应酬时，彼此之间对于空间的距离并不十分介意。有些时候，关系越是密切的人，越是讲究“亲密无间”。除成年异性之外，人们大抵都是如此。

在国际交往中，接待人员却绝对不宜照此行事。一般而言，许多外国人对于人际交往中的彼此距离非常重视。在他们看来，关系不同的人，有着各不相同的“交际圈”。也就是说，外国人普遍认为，人与人之间不同的空间距离，实际上与彼此之间的心理距离直接相关。

因此，“距离有度”，已成为外事接待的基本准则之一。它的具体含义是：接待人员在正式场合与外宾共处时，应视此时此刻彼此具体关系的不同，而同外宾保持与双方关系相适应的空间距离。若与外宾相距过近，会令外宾产生其私人空间被“侵犯”之感；若与外宾相距过远，则又会令外宾感到被有意冷落。

在涉外接待的正式场合，接待人员与外宾彼此之间的空间距离，大体上可以划分为下列四种：

（一）私人距离

所谓私人距离，是指交往双方彼此之间的空间距离在 0.5 米之内。一般而言，此种距离仅仅适用于家人、恋人和至交之间，或是对老、弱、病、残、孕进行必要的照顾之时。因此，它又被人们称为“亲密距离”。

（二）交际距离

所谓交际距离，在此是指交往双方彼此之间的空间距离保持在 0.5～1.5 米。这种距离，主要适用于一般性的各种人际交往。因此，它在许多时候又被称为“常规距离”。在绝大多数情况下，接待人员与外宾打交道时，均应自觉地与对方保持此种距离。

（三）礼仪距离

所谓礼仪距离，一般是指交往双方彼此之间的空间距离应当大于 1.5 米，小于 3 米。这一距离，主要适用于某些较为隆重的场合，如庆典、仪式、会见、会议等，意在向交往对象表示特殊的敬意。正因为如此，这一距离又被称为“敬人距离”。

（四）公共距离

所谓公共距离，通常是指大于 3 米的空间距离。该距离主要适用于接待人员在公共场所中与素不相识者共处之时。按照外国人的习惯，在公共场所中，陌生人之间绝对不宜相距过近，否则就会令彼此都感觉不快。此种距离，有时亦被称作“有距离的距离”。

四、批评有度

“批评与自我批评”，一直为国人所倡导，并且逐渐形成为国人的优良传统之一。不过，在涉外接待工作中，接待人员对此应另当别论。

在国内，亲朋好友之间讲究以诚相见、推心置腹。对他人要开诚布公，直言不讳，大胆批评，不讲情面，勇作诤友。往往这样做了，才算是“真君子”，才“够朋友”。可是在接待工作中，此种做法是行不通的。

与外宾打交道时，接待人员必须注意做到“批评有度”，即对外宾何处可以批评，何处不可以批评，一定要心中有数。如果对外宾的批评不加以限制，甚至滥用，对双边关系是极其有害的。具体来说，在接待工作中讲究“批评有度”，关键是批评要讲究方式、讲究内容、讲究场合。

（一）讲究方式

如果接待人员有必要对外宾进行批评，仍须注意方式、方法。对任何人而言，简单粗暴的批评都不受欢迎，批评也应当力求令人如沐春风、如饮甘露，使对方可以欣然接受。

根据经验，对外宾应当力戒“命令式”、“训斥式”、“讽刺式”与“侮辱式”的批评，同时也不应给人居高临下之感。采用“平等式”、“讨论式”、“寓言式”或“设问式”进行批评，往往更易于为外宾所接受。

（二）讲究内容

一般而言，在大是大非的问题上，诸如关系到国格人格、道德法律、人身安全、正常工作等问题时，接待人员对外宾的错误、缺点，完全有必要给予批评指正。在事关国家利益与国家安全的重大原则问题上，则更是有此必要。所谓“俗事无是非”，在涉及因民族风俗不同、文化背景不同、生活习惯不同、个人选择不同而导致的某些个人的不同做法时，接待人员则没有必要对外宾的所作所为小题大做、上纲上线，动辄判断其是非曲直。

（三）讲究场合

除非情况极为特殊，接待人员对外宾所进行的批评则通常不宜当众进行。当众对其进行批评，往往容易伤害外宾的自尊心。倘若有可能，对外宾的批评最好私下单独进行，不宜有意搞“公开化”，不宜将外宾的缺点与错误“公开示众”。

第六节　不宜过谦

平时，中国人对在他人面前妄自尊大、自我张扬、不懂谦虚等表现颇为反感。中国人一向讲究含蓄、委婉、自我保护，强调的是“喜怒不形于色”，主张的是自谦、自抑甚至自贬，反对的则是自我肯定、自我表现。在中国人的为人处世之道中，“满招损，谦受益”一直受到提倡，“光而不耀”则往往令人欣赏。待人不够谦虚、喜欢自我表现的人，在人们眼里不是嚣张放肆，就是不会做人。

客观地讲，古今中外都是主张为人谦虚的。法国思想家卢梭曾道：“最有学问的和最有见识的人，总是很谦虚的。”法国散文家蒙田认为：“缄默和谦虚，是社交的美德。”毛泽东则有句名言：“虚心使人进步，骄傲使人落后。”然而，凡事过犹不及。某些中国人在强调为人谦虚之时，往往不幸地走到了另外一个极端，将谦虚片面地理解为自我否定、自我贬低。诚如歌德所言：“妄自尊大和妄自菲薄，都是严重的错误。”如果在接待工作中过分谦虚，往往反倒可能产生问题。

在绝大多数外国人看来，为人谦虚固然重要，但绝对不宜矫枉过正，将其发展为自我否定、自我贬低。“过分的谦虚，是对于自然的一种忘恩负义，相反的，一种诚挚的自负却象征着一个美好伟大的心灵。”法国启蒙思想家拉美特利的这种说法，早已被许多外国人所认同。

因此，在涉外接待工作中需要进行自我评价时，接待人员既不要自吹自擂、自我标榜、骄傲自大，也没有必要妄自菲薄、自轻自贱、自我贬低、自我否定，过分地谦虚、客套，以至于给人以缺乏自信、虚情假意之感。如有必要，在坚持客观、公正、实事求是的前提下，接待人员要善于从正面对自己进行评价和肯定。用德国哲学家叔本华的话来说，就是："伟大就是伟大，不凡就是不凡，实在无须谦逊。"上述要求，就是外事接待的基本准则之一——不宜过谦。与外宾进行交往时，接待人员务必要将此项准则牢牢记住。

一、展示实力

在外宾面前，接待人员要将自身的实力尽可能地展现出来。不懂得这一点，自我肯定往往就会变成一句空话。所谓实力，在此是指一个人所具有的自身素质、自我条件及其所拥有的工作能力、生活能力与交际能力。所谓展示实力，实际上就是要求接待人员在外宾面前要善于肯定自己客观上具备的自身素质、自我条件以及各种实际能力。

在展示个人实力时，接待人员一方面要坚持"正面宣传"，另一方面则要注意"言之有物"。一般而言，接待人员对自己所具备的下述"实力"在外宾面前可以坦率地进行展示：

（一）自身相貌

每一个人的相貌都具有自身特征，都有与众不同的特点。从这一意义上看，每个人的相貌都具有一种独一无二的美感。

（二）服饰品位

由于每个人的审美习惯不同，决定了其对于日常服饰的不同选择。其实，每个人所选择的自身服饰，都具有一定的相对合理性。因此，就一般意义而言，没有必要在外人面前否定自己的服饰品位。

（三）文化素养

一个人所具有的文化素养，有的来自其所受到的正规教育，有的则来自其个人的独特经历。在人际交往中，尽管提倡我方人员"学人之长，补己之短"，但也没有必要全盘否定自身的文化素养。若将中国传统文化或个人所受过的教育说得一无是处，则绝对是不应该的。

(四) 生活情趣

热爱生活是一种美德，对于自己的生活习惯、生活情趣、个人爱好等，只要其无损于人，就可以坚持下去，并且可以不断地充实、提高。其实，生活情趣并无高雅与庸俗之别，关键在于自己有没有生活情趣。

(五) 社会地位

虽然人与人实际存在着性别、年龄、职业、民族、国籍以及职位等方面的差异，但是大家的社会地位理当完全平等。在外宾面前，接待人员务必要做到平等待人、不卑不亢，既不能盛气凌人，也不必自惭形秽。

(六) 工作能力

在任何时候、任何地方，爱岗敬业、训练有素、具有较强工作能力的人，通常都会令人刮目相看。对此必须实事求是。

二、肯定自我

坚持“不宜过谦”的准则，一定要重点做到善于肯定自我，并且尽力在展示实力、突出业绩、表达敬意等方面多下工夫。坚持“不宜过谦”准则的主旨，就是要求接待人员在外宾面前要善于进行自我肯定。也就是说，对自己的评价务必要客观、公正、实事求是，绝对不能对自己一概否定。在实事求是的前提下，要善于发现自己的长处，并且还要善于在外宾面前将其恰到好处地表现出来。

从总体上看，接待人员在接待工作中善于肯定自己，至少具有如下四个作用：

(一) 显现个人自信

在人际交往中，个人的自信是非常重要的。只有充满自信的人，才会获得别人的信任；而缺乏自信的人，往往难以获得别人的信任。一般而言，也只有充满自信的人，才敢于进行自我肯定。

(二) 表明具备实力

只有具备一定实力的人，才拥有进行自我肯定的资本。从某种意义上说，自我肯定，实际上就是公开承认自己具有一定的实力；肯定自我，就等于确认了自身的实力。对现代人而言，在激烈的竞争中，自身拥有一定的实力，是应当为之自豪的，而没有必要自我否定。

（三）彰显光明磊落

与外宾相处，理当坦诚相见、为人光明磊落。需要涉及自我评价时，只要不违反有关禁忌，即应直言不讳，实事求是。在外宾看来，敢于正面肯定自己，意味着为人诚实无欺。反之，则会给人以虚伪、做作之感。

（四）维护个人自尊

从根本上说，肯定自我，是对个人自尊的必要维护。英国人歇尔斯密说过："人皆有错，过分谦虚即是一错。"过分谦虚的最大过错，就是对个人自尊造成了伤害。其负面作用，在人际交往中，尤其在与外宾的交往中不可忽视。

三、表达敬意

"不宜过谦"的另外一项重要要求，就是接待人员应当敢于并善于表达对外宾所应有的敬意。

（一）没有必要贬低给予外宾的礼遇

在涉外接待中，没有必要贬低给予外宾的礼遇。在国际交往中，一方所给予另一方的礼遇，既事关外宾的实际地位，也涉及双边关系的现状以及对外宾的重视程度。所以，在接待工作中，接待人员有必要向外宾具体说明我方给予外宾的礼遇，尤其是当这种礼遇较为特殊或属于"破格"之时。否则，外宾就有可能因为不知情而出现误解。

（二）没有必要隐瞒对外宾的敬意

在接待工作中，对外宾表达敬意，乃是一种国际惯例。因此，在接待工作中，接待人员不仅要注意对外宾充满敬意，而且还要善于将自己的敬意表达出来。

（三）没有必要否认为外宾做过的工作

做好本职工作，是接待人员的天职。但是，在接待工作中，一旦有必要介绍自己为外宾所做过的具体工作时，接待人员则应当善于替自己“评功摆好”，将自己付出的努力一一道来。若甘当“无名英雄”，甚至贬低、否认自己所努力做好的本职工作，外宾就很可能对自己受重视的程度产生疑问。

四、突出业绩

对外宾进行接待时，不论双方共事与否，接待人员均应对自己取得的有关业绩进行必要的肯定。因为按照大多数外宾的理解，只有真正的成功人士，才不会否定自己在个人事业上所取得的成绩。在个人业绩上，完全应当一是一、二是二，有什么、说什么。

外宾在介绍自己的个人业绩时，一般非常关注下述两个具体方面：一是他们十分讲究突出重点、扬长避短；二是他们非常喜欢以大量的实例来具体说明问题。在需要介绍个人业绩时，我方接待人员不妨予以借鉴，并且应当注意突出以下三点：

（一）学习成绩

人的一生，应当在学习上永不停步，正所谓“活到老，学到老”。对于学而不厌者，外宾会十分钦佩。因此，接待人员在介绍个人的学习情况时，不妨直截了当地道明自己读过什么书，出版过什么论著，掌握了哪些外语，以具体“成果”说话。

（二）工作成绩

对于自己的专业技术水平、实际工作能力、爱岗敬业态度以及因此而获得的荣誉嘉奖，接待人员要敢于在外宾面前展示，并且引以为荣。这样做才会使对方了解自己的实际能力，并为此而受到对方的尊敬。

（三）生活成绩

在国外，人们对自己的家庭生活都十分重视。在他人面前，外宾不仅喜欢对自己美满婚姻、妻贤子孝、全家幸福等生活情节津津乐道，而且也非常希望其交往对象也是如此。他们认为：美满的家庭生活，显然属于十分重要的个人业绩。

第七节　女士优先

自从中华人民共和国成立后，中国妇女的地位便日益提高，“妇女解放”、“保护妇女的合法权益”早已成为国内社会各界的共识。“男女平等”，已成为今日中国的一种现实。

然而在国际交往中，人们在与妇女打交道时强调最多的却是“女士优先”。不仅如此，“女士优先”在人们的交往应酬中还逐渐演化为一系列具体的、具有可操作性的方法。在社会舆论的监督下，男士们唯有奉行“女士优先”，才会被人们看作有教养的绅士；反之，就会被看是没有修养之人，甚至会被视为莽夫粗汉。

作为外事接待的准要则之一，“女士优先”的主旨是：每一名成年男子都有义务主动而自觉地以自己的实际行动去尊重妇女、照顾妇女、体谅妇女、保护妇女，并应想方设法、尽心尽力地为妇女排忧解难。倘若因为男士的不慎而使妇女陷于尴尬、困难的处境，则意味着男士的失职。

在国际交往中，涉外接待人员有必要了解并遵守“女士优先”准则。应予明确的是：讲究“女士优先”，并不意味着妇女属于弱者，值得怜悯、同情；也不是为了讨好妇女，别有用心。从根本上来说，之所以提出“女士优先”的要求，是因为妇女乃是“人类的母亲”。在人际交往中给予女士适当的、必要的优待，实际上就是要表达对“人类的母亲”所特有的感恩之意。

在涉外接待的具体实践中，遵守“女士优先”准则主要应当从适用范围与操作方式两个方面加以关注。

一、适用范围

在国际交往中，虽然“女士优先”准则早已是家喻户晓、人人皆知，但是它仍然存在其特定的适用范围。只有在其适用范围之内，“女士优先”准则才会生效。一旦超出其特定范围，“女士优先”准则便不起任何作用。

涉外接待人员在确定“女士优先”准则的具体适用范围时，关键是要掌握其地域差别、场合差别与个人差异。

（一）地域差别

在全球范围之内，“女士优先”准则的运用存在着明显的地域性差别。在世界上，虽说对于“女士优先”准则人人皆知，但它却并非普遍适用于各国。

就当今世界而言，“女士优先”准则主要通行于西方发达国家、中东欧地区、拉丁美洲地区以及非洲的部分地区。在这些国家与地区范围内，一名对“女士优先”准则一无所知的成年男士在其交际应酬中势必四处碰壁。

但是，在有些国家与地区，尤其是在以崇尚自身传统文化而著称的一些中东及东方国家里，“男尊女卑”的传统观念还相当流行。在绝大多数情况下，人们对“女士优先”准则并不认同。

（二）场合差别

即使在讲究“女士优先”准则的国家，人们也并非不区分具体场合而时时处处讲究“女士优先”。根据惯例，只有在社交场合中讲究“女士优先”准则，才是最为得体的。

在公务场合中，人们普遍强调的是“男女平等”。此时此地，性别差异并不为人们所看重，因此也就没有必要煞有介事地讲究“女士优先”。

至于在休闲场合中，“女士优先”准则讲究亦可，不讲究亦可，完全可以悉听尊便。

（三）个人差异

“女士优先”准则提醒每一名成年男士，在需要讲究“女士优先”时，应对当时在场的所有妇女一视同仁：不仅对同一种族的妇女应当如此，对待其他种族的妇女也应当如此；不仅对自己熟悉的妇女应当如此，对待陌路相逢的妇女也应当如此；不仅对年轻貌美的妇女应当如此，对待上了年纪的妇女也应当如此；不仅对有权有势的妇女应当如此，对待无权无势的妇女也应当如此。

从总体上讲，“女士优先”准则的适用对象应当包括所有成年妇女在内。但在实践中，接待人员则必须切记：即使在传统上讲究“女士优先”准则的欧美国家里，仍有一些人并无此种讲究，甚至对此颇为反感。其中最具典型意义的，当推所谓“女权主义者”。她们提倡“女权”，要求“男女绝对平等”，认为“女士优先”准则是歧视妇女的另一种极端表现。对“女权主义者”的此种要求，在必要时也应予以尊重。

二、操作方式

在日常实践中，“女士优先”准则是非常讲究其具体操作方式的。离开了种种具体的操作方式，“女士优先”准则就会成为一句空话。在社交场合贯彻“女士优先”准则时，需要兼顾以下四个方面：

（一）尊重妇女

在正式的社交场合里，男士必须对每一名成年妇女无一例外地给予应有的尊重。尊重妇女，乃是“女士优先”准则的第一要旨。

一般而言，尊重妇女应当通过男士的下述具体行动得以体现：

其一，发表讲话、演说时，若需要对当时在场的来宾加以称呼，应以“女士们、先生们”，或“玛丽小姐、威廉先生”为顺序，即应将女士的称呼排列在前面。

其二，在聚会上同时与男女主人相遇，应首先问候女主人，然后再问候男主人。

其三，由室外进入室内后，应主动问候先行抵达的女士。若此刻女士已落座，则她不必起身回礼；而当女士由室外进入室内后，在场的男士均应先行问候对方，已经就座的男士此时则必须起身相迎。

其四，在需要为初次谋面的男女双方进行相互介绍时，标准的方式是：首先介绍男士，然后再介绍女士。即令女士“优先了解情况”，以便其决定如何对待男士。

其五，在男女双方有必要握手为礼时，正规的做法是：由女士首先伸出手来与男士相握，男士率先伸出手来则属于失礼之举。此种做法，实际上是将是否握手的决定权交给女士来掌握。

其六，在室外活动时，戴着帽子的男士在向妇女打招呼之前，一般应首先向女士脱帽致意。

其七，在正式宴会上，出于对妇女的尊重，通常不宜雇用女性充当侍者。在家宴中，亦不得只由女主人忙前忙后。

其八，在就餐时，女主人往往是“法定”的第一顺序。按照惯例，在正式宴会上，女主人打开餐巾，等于宣布宴会开始；女主人拿起餐具，意味着可以开始用餐；女主人把餐巾放回到餐桌上，则表示宴会到此结束。

（二）照顾妇女

在必要时，男士应给予女士必要的照顾。但在照顾女士时需要注意两点：一要注意具体时机是否适当；二要讲究两相情愿。无论在什么时候，男士所给予女士的照顾都不应当强加于人。

在正常情况下，男士对女士的照顾主要应当在下列方面具体表现出来：

其一，在公共场合内稍事休息时，男士有义务为女士寻找座位。

其二，当座位不够使用时，男士应当请女士首先就座。已经就座的男士若发觉尚有女士无处可坐，则不论双方相识与否，男士均应起身让座给对方。

其三，在外出之际，男士应当责无旁贷地负责搬运行李。有必要时，男士还应替同行的女士携带大件或沉重的行李。发现在场的其他女士携带较大、较重的物品时，在征得对方同意后，男士亦应挺身相助。

其四，在行进中，男士通常应当请与自己同行的女士先行一步，以便由对方“选择前进的方向”。在上下车辆或者上下飞机时，男士亦应请同行的女士先上、先下。

其五，在需要通过大门时，男士一般应当主动替与自己同行的女士开门或关门。在上下轿车时，为同车的女士开关车门，通常也是男士义不容辞的责任。

（三）体谅妇女

在正式的社交场合中，任何一名具有良好个人教养的男士都应给予妇女必要的体谅。体谅妇女，在此特指男士应当善解人意，应当善于设身处地地替妇女着想，并且应当善于谅解妇女。

在运用“女士优先”准则的具体过程中，要求男士体谅女士，主要是督促男士善于觉察女士的难处、善于主动地为之排忧解难。其具体要求主要如下：

其一，当女士在大庭广众之前面临某种困境时，如不了解某种商品的用法、不知道如何点菜、不通晓某种外语或方言时，男士应“知难而上”地主动为其解围，而不是落井下石或幸灾乐祸。

其二，考虑到绝大多数女士的空间感、方位感往往不及男士，所以在外出之际理当由男士充当向导。在为女士指点方向时，宜告知对方易于判断的“前后左右”，而不是对方所难以确定的“东西南北”。

其三，男女并排就座时，若彼此之间不属于夫妻、情侣或亲属关系，一般则不应当安排一名女士在两位男士之间就座。

其四，单行行进时，通常要求男士随行于女士身后。其主要原因之一，在于男士一般步幅比女士大，若令其充当“开路先锋”，往往会使同行的女士难以跟进。

其五，在一些过于狭窄的路段与其他女士“狭路相逢”时，不论是否熟悉对方，男士都应当予以礼让，请对方先行通过。

其六，上楼梯时，男士一般应请身穿裙服的女士随行于其后。在走下较为陡峭的台阶或楼梯时，男士则应行进在前。前一种做法，是为了预防同行的女士“走光”；后一种做法，则是担心同行的女士患有“恐高症”。

其七，在出席宴会、舞会、音乐会或观看演出、体育比赛时，如果没有领位员提供服务，男士一般应主动为同行的女士带路或寻找座位。需要在衣帽厅存、取衣帽时，男士还有义务为同行的女士代为存取衣帽，并在必要时协助女士脱下或穿上外套。

其八，在正式的交谊舞会上，通常应当由男士邀请女士。不过由于“女士优先”，所以女士通常拥有选择舞伴、谢绝男士邀请的权利。在交谊舞会上，女士也可主动邀请男士。在此种情况下，同样是因为“女士优先”，男士不得拒绝对方的邀请。

(四) 保护妇女

在必要的情况下，男士应当挺身而出主动保护妇女。保护妇女的本意，在此是指男士应当采取主动行动，不使自己身边的妇女受到伤害。

在一般性的活动中，保护妇女主要应当在如下几个具体方面得到体现：

其一，与妇女交谈时，男士的谈吐应高雅脱俗，并且应在具体内容上掌握好分寸。切不可当着女士的面讲脏话、粗话、黑话，不可讲黄色笑话、猜色情哑谜，不可开低级下流、令人难以启齿或难以入耳的玩笑。

其二，惯于吸烟的男士在妇女面前必须有所克制，无条件地实行“禁烟”。即使其烟瘾发作，也不允许冒昧地询问在场的女士：“我可以抽一支烟吗?”

其三，在室外同妇女一道并排行走时，男士应自觉地遵守“把墙让给妇女”的规则，即请妇女在人行道内侧行走，而自己则主动走在人行道的外侧。采取这一做法，既是出自维护交通安全方面的考虑，也是为了防止妇女被疾驶而过的车辆所惊扰，或是为了防止车辆飞驰而过时可能溅起的污泥浊水弄脏妇女的衣裙。

其四，当男女一起经过拥挤之处，或者通过存在着危险、障碍的路段时，男士应主动走在前面，以便为身后随行的妇女开道、探险。

其五，邀请妇女与自己一起外出参加活动时，男士不仅需要提前前往妇女的居所迎接，而且还需要在活动结束后将其送回居所。

其六，在交谊舞会上，当妇女无人邀请或遭逢个别男士骚扰时，在场的每一名男士都有义务前去为妇女解决难题。

其七，当妇女因为种种原因而需要救助或是需要获得支持、帮助、保护时，男士均应鼎力相助、热情支持，并为对方提供必要的保护。

第六章 礼宾总则

在接待工作中，尤其是在涉外接待工作中，以礼待客乃是基本要求。所谓礼宾，即以礼待客。离开礼宾，接待工作便无成功可言。

所谓礼宾总则，在此是指以礼待客的总体要求。它通常体现在接待计划、礼宾规格、礼宾次序等方面。

第一节　总体要求

在外事接待中，有关人员要想将自己的具体工作做得好上加好，不仅需要具有高度的政治责任感与较强的业务能力，而且还需要制订必要的、规范的接待计划，以便使接待工作的各个具体环节有规可循。实际上，只有重视接待计划的制订，才能使接待工作准备充分、考虑周到、减少疏漏、有备无患，以保证接待工作届时按部就班、井然有序地进行。正因为如此，诸如所制订的接待计划规范与否、是否可行一类的问题，均应引起接待人员的高度重视。

接待计划，又称接待预案，在此是指接待方对于外宾的接待工作所进行的具体规划与安排。在正常情况下，制订接待计划不仅应当力求周详，而且还应当强调接待计划的具体化、规范化。在具体制订接待计划时，应将接待方针与接待内容作为重点，予以高度重视。

一、接待方针

在制订接待计划时，通常需要提出总体要求与指导思想，以便使计划的制订有章可循、易于操作。所谓接待方针，在此是指接待工作的指导方针，即有关外事接待工作的总体要求与指导思想。其基本作用，一是要保证接待计划切实可行；二是要保证接待计划抓住关键；三是要保证接待计划符合规范。在正常情况下，可以将接待方针从基本内容上区分为总体要求与具体考虑。

（一）总体要求

在接待方针的基本内容中，有相当一部分对制订接待计划具有普遍的指导意义。这些内容，就是所谓总体要求。有关人员必须意识到：总体要求绝非可有可无，在制订接待计划时必须以此为纲。

一般而论，诸如礼待来宾、周详具体、节俭务实、规模适度、灵活机动、先期制订、上级批准、通报对方、以我为主、督促总结等，都是我方制订外事接待计划时所不可忽略的总体要求。

1. 礼待来宾

在制订接待计划时，一定要自始至终地贯穿以礼待客的主旨。具体而言，不仅要充分尊重来宾的特殊风俗习惯，而且还要坚持“主随客便”的规则。在我方条件允许的前提下，应尽量照顾、体谅来访的外方人士，并且努力满足对方合乎情理的正当要求，从而真正令对方产生“宾至如归”之感。

2. 周详具体

制订接待计划，一定要尽可能地周详具体。所谓周详，就是在制订接待计划时，一定要做到周到而详细，将可能遇到的情况、需要处理的问题等方方面面都充分地考虑到、照顾到。所谓具体，则是要求我方所制订的接待计划要力戒大而无当。对接待过程中所不容回避的细节之处，务必要审慎对待，并一丝不苟。

3. 节俭务实

我方在制订接待计划时，必须坚持节俭务实的方针。要充分考虑到本国国情与本单位的经济实力，并严格执行上级有关规定。在接待经费的具体预算上，要坚持少花钱、多办事的原则，发扬勤俭持家、艰苦奋斗的精神，努力节约每一分钱，不搞形式主义，反对铺张浪费，坚决压缩一切不必要的接待活动项目。

4. 规模适度

在安排接待活动的具体内容时，我方人员既要使之不失隆重、热烈、欢快、喜悦、祥和的气氛，又要在总体上控制其活动规模，认真坚持规模适度的方针。一般情况下，不允许因外事接待活动搞倾城而出的"人海战术"，不允许停产、歇业或者停课，不允许影响人民群众的正常工作、学习与生活。

5. 灵活机动

为外事接待工作而制订的具体计划，固然应当面面俱到、细致入微，但亦应事先为具体操作留下适度的空间，以便使有关人员届时可以沉着应对、灵活处理。总而言之，我方所制订的接待计划，应当详尽而不烦琐，细致而不呆板，面面俱到而又留有充分余地。

6. 先期制订

一般而言，作为外事接待工作的"前奏曲"，接待计划显然应当制订于具体接待工作开始之前，以便指导具体接待工作的进行。在接待工作的具体过程中，对接待计划进行局部调整、补充，可以使之更加符合实际、更加合理，但此举并不意味着接待计划可以在具体的接待工作开始之后才整体出台，或者出台时间越晚越好。

7. 上级批准

鉴于外事接待工作极端重要，接待计划的具体操作需要方方面面的配合，因此在计划制订后即应报请上级有关部门或主管领导批准。凡属正式的外事接待计划，都必须向上级报告。在其未经上级正式批准之前，不得擅自予以执行。

8. 通报对方

在用以接待外宾的正式计划制订出来之后，我方应尽快向被接待对象通报需要对方了解、认同或者进行合作的内容。对与外方密切相关的具体日程安排，更应当使对方一清二楚。若对方对以上种种内容一无所知，不仅难以在接待过程中取得对方的理解与配合，而且也是对对方某种程度上的不信任、不尊重。

9. 以我为主

在制订接待计划的整个过程中，一切大政方针均应由我方做主，这是维护本国国家主权的重要体现之一。如有必要，我方可就有关细节与对方进行沟通并听取外方的建议或要求，但在大是大非的问题上则一定要由我方最终定夺。

10. 督促总结

凡是正式的外事接待计划，不仅在其制订之时必须认真细致、规规矩矩，而且还须采取必要步骤或具体措施，以督导计划的执行、确保计划的落实。除此之外，在其执行完毕后，还应由专人负责收集材料、听取反映，以便总结经验，吸取教训，使今后所制订的接待计划更加完备。

（二）具体差异

除以上一系列的总体要求以外，在接待方针的基本内容里还包括一些具体差异。这些具体差异，主要规定了我方在制订接待计划时应当兼顾的某些侧重之点，其中包括如下几个方面：

1. 国家差异

在制订接待计划时，应对被接待对象所在国家的国情有所了解，对该国与我国之间重要的国情差异必须做到心中有数。

2. 民族差异

不同民族之间的风俗习惯，自然存在差异。因此在制订接待计划时，一定要对被接待者尤其是其中核心人物的民族归属有所了解。

3. 党派差异

世界各国都存在着一定的政党、派别，我方的接待对象自然也会因之而存在着有党派与无党派、执政党与在野党、某一政党的主流派与非主流派，以及该党派对我方是否友好等区别。对这些情况，均不可忽略。

4. 宗教差异

在制订接待计划时，被接待者的宗教信仰问题亦应为我方所知晓，并应对其予以适当的尊重。对此类问题，态度过激或视若无睹是不可取的。

5. 文化差异

来自不同国家、不同地区、不同民族的外方人士往往有着不同的文化背景，有时其彼此之间的差异还很大。在制订接待计划时，对此必须有所考虑。

6. 个人差异

在任何时候、任何地方，人与人之间往往也大有差异。在涉外接待中，外方人士尤其是其中重要人物的个人差异，必须为接待人员所重视。

二、接待细节

在具体制订接待计划时，必须令其内容完备而规范。不论有关接待方针的总体要求还是具体要求，都应当在相关的接待内容上有所体现。

在外事接待计划中，所谓接待内容，通常是指接待计划所应包括在内的具体项目。一般情况下，接待内容主要应当包括下述五个具体方面：

（一）接待的形式

在任何接待计划中，都必须对具体的接待形式有所规定，否则其他接待内容往往便难以确定。

所谓接待形式，一般是指接待活动的主要方式、方法。以正式与否进行区分，有正式接待与非正式接待之别；以规范与否进行区分，有常规接待与非常规接待之别；以接待方进行区分，有官方接待与非官方接待之别；以来宾在我方停留过程进行区分，有全程接待与非全程接待之别；以我方接待单位多寡进行区分，则有单方接待与多方接待之别。

在确定具体接待形式时，一定要从简务实、量力而行，并且要合乎惯例。

（二）接待的日程

在接待计划中，具体的接待日程从来都是最为重要的内容。作为接待计划的核心部分，接待日程历来都为接待者所重视。

根据常规，在接待计划中，所谓接待日程，一般是指在接待来宾的工作中按日排定的具体行事程序。在正常情况下，应将接待过程中的全部重要活动一律包括在外事接待的具体日程之内。其中较为主要的迎送活动、正式会见、业务谈判、签字仪式、会晤记者、参观企业、游览景点、观看演出以及出席宴请等，均不得缺少。

在具体安排接待日程时，有五点基本的注意事项：其一，应逐项列出，一清二楚。其二，应将时间安排得精确到分钟，以便于控制。其三，应疏密有致，有张有弛。其四，应将接待日程提交对方，以使对方心中有数。其五，应留有余地，以便调整补充。

（三）经费的预算

在制订具体的外事接待计划时，必须对所需的经费开支作出总的预算，并正式报请有关领导批准执行。有关外事接待费用的预算一旦获批，通常不宜再度进行追加。

一般而言，对于用于接待的经费预算应当重视如下四个基本要点：

其一，应按照接待工作的具体程序逐项列出所需费用开支，以求预算精确。

其二，应厉行节约，努力压缩一切可用可不用的费用。

其三，应严格遵守有关规定，不得在具体的费用使用中有意违规。

其四，应认真执行业已确定的经费预算，不得任意追加或超标。

（四）安保与宣传

在制订外事接待计划时，对于有关安保宣传方面的相关内容尤其应当高度重视。因为它既是一个十分敏感的话题，又直接制约着整个接待工作的成败。

所谓安保，是对安全保卫工作的简称。在安排外事接待活动之前，应向有关的公安、国家安全部门正式报告，以取得其指导、管理与协作。对具体接待环节的安排，亦应不忘安全至上，以确保有关各方人员的人身安全，并坚决维护我国的国家安全。

所谓宣传，此处则主要是指有关外事接待活动的新闻报道。在这一问题上必须兼顾我方条件、外方特点、礼宾规格、保密规定以及具体的新闻价值。一般而言，重要的外事接待活动的新闻报道计划，应事先向外事、外宣部门报批。必要时，可以通知新闻单位到场。报道稿可由接待方提供，亦可由接待方负责审定。

上述两项工作的具体安排，务必及时与外方进行必要的沟通，以便取得其理解与支持。

（五）人员的分工

每一次具体的接待工作的成功，首先都有赖于接待人员的出色表现。因此，在安排接待活动时，一定要重视有关人员的协调与分工。

1. 分工负责

外事接待工作在整体上应当有人专负其责，在其各个具体工作环节上亦应有专人负责。

2. “兵强马壮”

凡是重要的外事接待工作，一定要选择“精兵强将”。对那些工作负责、年轻力壮、相貌端正、善于交际、精通业务、经验丰富、政治可靠的外事人员，要大胆地择优选用。

3. 适应对方

在挑选接待人员时，还可优先考虑那些通晓外方语言、了解外方习俗、与外方民族或宗教信仰相同、与外方此前相熟或获得过对方好评的人员，以便于双方的有效沟通。

第二节　礼宾规格

在重要的接待工作中，礼宾规格通常被专业人士看作头等大事。确定接待工作的具体环节时，首先必须确定礼宾规格。若没有礼宾规格为先导，接待中的一系列工作则难以开展。

俗话说："没有规矩，不成方圆。"礼宾规格，实际上就是指礼宾工作具体过程中的各种规矩。规格，是指与某一事物相关的规定或者标准。所谓礼宾规格，即指接待人员在接待礼宾接待对象时的一系列的具体规定，亦即在公务接待的具体过程中所必须遵守的、已被先期正式规定的具体要求或衡量优劣的具体标准。

在各式各样的接待工作中，如果没有事先确定礼宾规格，或者不遵守业已确定的礼宾规格，往往就会出现这样或那样的差错。因此，从事具体接待工作的接待人员在任何情况下都不应当忽略礼宾规格的重要性。

对于礼宾规格，接待人员主要应当对掌握原则、区分来宾、了解特征、规范内容、操作方式五个具体之点加以把握。

一、掌握原则

不论确定礼宾规格，还是遵守礼宾规格，接待人员都应当对其基本原则重点加以掌握。有了这些基本原则作为指南，处理具体问题时便会游刃有余、比较顺利。一般而论，有关礼宾规格确定与操作的基本原则主要有以下三条：

（一）身份对等

依照惯例，在接待活动中，双边关系讲究的是对等。"对等"在双方交往中的含义，就是要求交往双方平等对待，礼尚往来；你方如何对待我，我方即可如何对待你。

所谓身份对等，具体是指在确定接待来访人士的礼宾规格时，应与接待对象的具体身份相称，同时还应参照对方在接待我方身份相仿者时所采用的具体的礼宾规格。也就是要求我方所给予来访人士的礼遇应恰到好处，以免我方人士在出访对方时可能会受到任何形式的怠慢。

（二）平等相待

在接待活动中，多边关系讲究的是平等。在具体确定或操作用以接待来自多方的人士的礼宾规格时，一定要坚持平等待客为先的正确理念，对有关各方真正做到一视同仁。

平等相待原则的具体要求是：在确定和操作用以接待来自多方人士的礼宾规格时，不论其国家大小、地区强弱或是单位贫富，一律不讲亲疏，而是应当严格地、无条件地平等相待，并且注意搞好有关各方的平衡。

（三）有所区别

强调身份对等与一律平等两项原则的同时，在为接待对象安排具体的礼宾规格时，还应注意充分尊重对方的风俗习惯以及其他方面的特殊做法，绝对不要搞一厢情愿，不强人所难、不强加于人、不勉强行事，否则必将事与愿违。

有所区别，即指接待人员在确定和操作用以接待来自与我方存在习俗差异及其他差异的人士的礼宾规格时，必须充分考虑双方的这些差异，具体情况具体对待，绝对不能千篇一律。

二、区分来宾

在具体运作礼宾规格时，接待人员往往需要对自己所接待的来访人士加以分类，以求不同对象不同对待。做到这一点，往往是非常关键的。

就一般状况而论，接待人员在涉外交往中所接待的对象，大体上可以被区分为 VVIP、VIP、IP、SP、CP 五类。在确定这五类不同的外方人士的礼宾规格时，有着不同的具体要求与注意事项。

（一）VVIP

VVIP，是英文“Very Very Important Person”的缩写，它的含义为“非常非常重要的客人”，或“异常重要的人士”。

在外事接待中，VVIP一般是指正式来访的各国现职的党和国家主要领导人，即各国现任的国家元首、政府首脑，以及社会主义国家执政党的领袖。有时，它还应包括由主权国家所组成的国际组织的主要负责人。此类客人通常称为“国宾”。在正常情况下，各国都会以最高档次的礼宾规格接待此类客人。与此同时，还会特别重视其荣誉性与安全性问题。

（二）VIP

VIP，是英文“Very Important Person”的缩写，它的含义为“非常重要的客人”，在接待工作中往往称其为“要客”。

具体而言，VIP一般包括正式来访的下列人士：各国政府的重要负责人，如中央政府副部长以上官员及地方政府副省长以上官员；各国合法政党主要负责人；各国王室成员；各国议会主要负责人；各国军方重要负责人，如军队统帅，三军总司令、副总司令，总参谋长、副总参谋长，将军以上军衔拥有者；各国少数民族领袖；各国宗教界领袖；各国合法的群众团体的主要负责人；各种被我国正式承认的国际组织的负责人；各国驻华使节及各国际组织驻华代表；各国商界领袖；各国知名的企事业单位的负责人；与我方存在正常合作关系的单位、部门的主要负责人等。曾拥有此类身份的非现职人员，亦应被视同现职看待。

在接待VIP时，通常采用较高档次的礼宾规格，同时还须考虑我方与对方的具体关系与礼尚往来问题。

（三）IP

IP，是英文中“Important Person”的缩写，它的含义为“重要客人”。

在接待工作中，此类“重要客人”通常是指正式来访的各界知名人士、新闻界人士、同行业人士、具有潜在的合作可能的企事业单位与部门的负责人士，以及存在合作关系的单位与部门的一般工作人员。

在接待 IP 时，具体所执行的礼宾规格应突出体现接待方对对方的重视。与此同时，在接待过程中，还应注意主动联络对方，以加强联系、促进沟通。

（四）SP

SP，是英文中“Special Person”的缩写，它的含义为“特殊的客人”。

在具体的接待工作中，SP 具体指的是：其一，身体状况特殊者，如老、幼、病、残、孕。其二，风俗习惯特殊者，如少数民族人士、宗教界人士。其三，作用发挥特殊者，如上述几类客人的助手、秘书以及其身边工作人员，上述几类客人的配偶、长辈、子女以及其他亲友。其四，关系特殊者，如以前与接待方产生过重大矛盾、冲突者或对接待方持敌视态度者。

在确定 SP 的礼宾规格时，一方面要遵守有关规定；另一方面也要在力所能及、不卑不亢的前提下，给予对方适当的照顾。

（五）CP

CP，是英文“Common Person”的缩写，它的含义为“普通客人”。

在接待工作中，此类“普通客人”一般是指来访的、除以上介绍的前四类客人之外的其他所有人士。

具体运作 CP 的礼宾规格时，关键是要对对方尊重、重视。不能因其“普通”，而对其接待不周。

三、了解特征

一般而言，礼宾规格具有简约性、规范性、差异性等主要特征。在接待活动中，接待人员必须对礼宾规格的这些具体特征有所了解。只有熟悉了这些特征，才能更好地确定、操作礼宾规格。

（一）简约性

第二次世界大战结束之后，尤其是自20世纪90年代以来，各国礼宾工作都发生了一定程度的变革。就礼宾规格而言，此种变革的主要趋势，就是不断地使之简化、再简化。从总体上来看，我国用于接待的礼宾规格同样也在不断简化。与过去相比，在我国，简约性这一特征往往表现得十分明显。

（二）规范性

作为一种专门规定、专项标准或者具体要求，礼宾规格的规范性甚强，它对于接待人员在接待工作中具体应当如何“有所为”、“有所不为”，往往都规定得一清二楚。因此，可以称其为“礼宾规范”。

（三）差异性

具体确定和操作接待工作中的礼宾规格时，在基本要求不变的大前提之下，其具体做法经常因人而异。也就是说，在接待不同的来访人士时，往往有着许多不同的规定或要求，此即所谓礼宾规格的差异性。在某些特定的情况下，当交往双方的关系发生重大变化或受到某种因素左右时，接待方用以接待对方的礼宾规格也会与以往的做法略有不同。这也是其差异性的一种表现。

四、规范内容

不论确定礼宾规格，还是具体操作礼宾规格，如果对礼宾规格的内容不了解或了解得不够全面，就不可能对其进行成功的运作。

一般而言，在接待活动中，礼宾规格的常规内容主要包括下列三项：

（一）费用的多少

费用的多少，在此是指某次接待活动的开支总额及其具体环节所需费用的支出状况。在任何情况下，接待来宾都是需要花钱的。一次接待活动的费用支出状况尤其是总开支，既应有一定标准，又须反映出接待方对对方的重视程度。

（二）规模的大小

规模的大小，一般是指在接待工作的具体过程中，尤其是在迎送、宴请、陪同等重要的环节上，接待人员所参与的具体范围以及实际到场具体人数的多少。在具体的接待工作中，所谓接待规模大，往往是指具体到场的接待人员范围广、人数多，反之则称为接待规模小。一般认为，接待规模越大，表明接待方对此次接待工作重视的程度越高。

（三）身份的高低

身份的高低，通常是指在接待活动的过程中，尤其是在一些较为重要的场合里，到场的接待方人士具体身份的高低，特别是到场的接待方主要人士的具体身份的高低。显然，到场的接待方人士身份越高，尤其是到场的接待方主要人士的身份越高，往往越说明接待方尊重并重视对方，双方关系亦较为密切。

五、操作方式

在接待工作中，大体上有如下四种常规的礼宾规格操作方式可供接待人员参考执行，有时，接待人员可以酌情选择其一；有时，接待人员则可以兼而用之：

（一）执行明文规定

在许多情况下，对于接待工作中的具体礼宾规格，有关部门通常都作出了明文规定。这些规定，有的出自本国各级政府，有的出自各类企事业单位，有的则出自外事部门。此类明文规定的礼宾规格，其规范性、重要性往往较强。因此，在具体的接待工作中，接待人员必须对其全面地、一丝不苟地贯彻执行。

（二）实施常规做法

在具体的接待工作过程中，有许多礼宾规格的细微之处是不可能一一作出规定的。故处理这些问题时，各单位、各部门往往都有一些自己的补充、变通或另行规定的做法。一般而言，只要行之有效，并且不与有关的明文规定相抵触，那么它就是可被采纳的。

（三）参照对等做法

当一时难以确定用以接待外方的礼宾规格时，接待人员还有一种方式可循，即可以参照对等的做法。此种方式具体是指，接待人员可参照被接待方在此之前接待己方同等职级者时所采用的礼宾规格执行，以示双方有来有往、礼遇相当。

（四）比照他方成例

若上述方式均难以实施时，接待人员还可参考社会上所流行的方式，或者国内其他机关、单位、部门以前接待被接待对象时所采用的成功的接待经验。这种做法，往往可以使接待方在接待工作中少走弯路。在具体学习其他机关、单位、部门成功经验的同时，还须注意吸取其不成功的教训，避免犯同样的错误。

第三节　礼宾次序

在当今社会中，多边交往日益频繁。在多边性质的接待工作中，作为东道主的接待人员，经常会面对如下情况：在同一时间、同一地点之内，需要同时接待来自不同国家、不同地区、不同单位、不同部门、不同组织，具有不同职级、不同人数的来访人士。此时此刻，对东道主而言，最为棘手的问题，莫过于如何根据有关各方来宾的职位高低，合情合理地安排接待的先后顺序或者基本位次。

在具体的接待工作中，接待人员倘若对上述问题处置失当，往往不仅会使自己的接待工作徒劳无功，而且还有可能导致接待对象的误会，甚至得罪对方，由此而损害己方与对方的关系。根据惯例，在接待工作中，处置此类问题最佳也是唯一可行的做法，就是要求接待人员必须坚决按照礼宾次序行事。

所谓礼宾次序，亦称礼宾序列、礼宾排列或位次安排。它所指的是东道主一方在同一时间或同一地点接待来自不同国家、不同地区、不同团体、不同单位、不同部门、不同身份的多方来宾时，按照约定俗成的方式，视其职位高低、位次先后的具体顺序所进行的排列。

在涉外接待的具体实践中，接待人员面对礼宾次序问题，主要应当注意宏观要求与微观运作两个基本方面。

一、宏观要求

处理有关礼宾次序的具体问题时，接待人员首先应对宏观要求有所了解，从而使自己真正在思想上对其加以重视。

（一）重要意义

在安排礼宾次序时，接待人员必须充分认识其重要意义。只有做到这一点，才能在思想上真正重视这项工作。安排好礼宾次序的重要意义主要有以下四点：

1. 可妥善地解决多方来宾的排序问题

有经验的接待人员都清楚，在多边交往中，同一时间到场的人数越多，排列其顺序、位次的必要性就越突出。在这一细节上稍有闪失，就有可能会招致某方不满或是某些人士的猜疑。如果照章办事，此类问题便可以避免。

2. 可间接地反映接待方接待的水准

接待工作犹如一个窗口，可以恰到好处地向外方展示接待方的风貌。通过它，接待方可以介绍自己，了解对方，与对方发展友好关系，促进与对方的友谊。遵守礼宾次序，不仅有助于接待方接待工作的顺利开展，而且也可使外方进一步了解接待方接待工作的实际水平。

3. 可真正地体现接待方对待来宾的公正

在多边活动中，参与活动的各方往往都会十分在意东道主对待自己和对待他方的态度是否友好、是否公正。按礼宾次序办事，其公正性有目共睹，自然会使来宾心悦诚服。

4. 可客观地促进接待方与来访方关系的发展

在多方接待过程中，遵守既定的礼宾次序而非随心所欲，显然有助于接待方做好接待工作。接待来访方的工作真正做好了，将有力地推动双边关系的发展。

（二）相关守则

对接待人员而言，从根本上讲，要真正安排好同时接待多方来宾的礼宾次序，关键是既要重视“尊卑”有序，又要兼顾平等待客。有关礼宾次序的相关守则，实际上都是出自这两点。

1. 重视“尊卑”有序

在多边接待中，有许多时候，需要对被接待的来自不同方面的各方人士进行必要的顺序、位次的排列。这一问题，在具体实践中往往不容回避。例如，在介绍对方时，必定存在着先后之分；在安排对方座次时，亦有“尊卑”之别；即使在口头交谈或书写信函时，通常也不能忽略有关对方的顺序问题。因此，在多边接待中，必须重视“尊卑”有序这一客观现实，而不能片面地否认此点。在安排礼宾次序时，要求接待人员重视“尊卑”有序，具体而言有下述三点要求：

其一，应当承认：在多边接待中，“尊卑”有序是一种常见的客观事实，不要对其产生不必要的误解。

其二，应当注意：在多边接待中，如有必要，一定要做到“尊卑”有序，而不应对此视而不见。

其三，应当明确：在多边接待中，即便有必要以“尊卑”为序安排有关各方来宾的具体顺序或位次，也不宜对此过分强调。

2. 讲究平等待客

在多边接待中操作礼宾次序时，“尊卑”有序这一事实是客观存在的。与此同时，身为东道主的接待方人员也不应忽略平等待客这一要求。应该认识到，在排定礼宾次序时，注意“尊卑”有序与讲究平等待客并不矛盾。

具体而言，在多边接待中讲究平等待客，主要应在下列几点上得以体现：

其一，遵守礼宾次序本身，就意味着接待方在多边接待的具体过程中平等待客。在多边接待中，要求接待人员必须无条件地遵守礼宾次序，而不允许自行其是，或者对其擅加变动。这一规范性做法本身，就表明接待人员在接待工作中是有规可循、平等待人的。

其二，在多边接待的具体过程中，接待人员对所有的来访人士都应该一视同仁地表示尊重、友好，并且热情相待。接待人员对接待对象尊重、友好与热情相待，从来都不会因其存在国家、民族、宗教、性别、年龄、职级、贫富之别而有所区别。

其三，在操作礼宾次序的整个过程中，接待方对于各方所提出的意见、建议或要求，只要有其合理性，都会充分予以考虑，并在力所能及的前提下予以满足，并不存在厚此薄彼之别。

（三）注意事项

在礼宾次序操作的具体过程中，作为其核心内容，有一些相关注意事项必须为有关的接待人员所高度重视：

1. 细致周到

在具体拟订或执行礼宾次序时，接待人员一定要力求细致入微、面面俱到。尤其是在拟订礼宾次序时，对有关细节以及己方所可能面临的种种突发性问题，考虑得越全面、越充分越好。

2. 认真执行

任何一位接待人员，不论其具体行政职务高低，在执行礼宾次序时，都必须不讲个人好恶，不谈个人见解，不凭个人兴趣；而是应当认认真真地令行禁止，上传下达，一切照章办事。

3. 提前通报

不论接待方在多边接待中具体确定采取何种礼宾次序，通常都应当向有关各方进行通报，以便对方对此事先心中有数。假如缺少了这一道程序，来访人士则就有可能对接待方的具体做法缺乏了解，甚至怀疑接待方不讲规矩、随意而为。

4. 轻易不变

在具体的接待过程中，用以接待多方来宾的礼宾次序一旦确定，尤其是在其已被通报给有关各方以后，通常就不宜再作重大变更，否则就会降低其稳定性与权威性，或者令来访人士感到接待方不守规矩。

二、微观运作

在多边接待的具体实践中，礼宾次序有一系列常规的排序方式。目前，在中国的日常实践中，礼宾次序的常规排序方式主要有六种。对于这六种不同的常规排序方式，有时可以仅用其中的某一种方式，有时则可以几种方式兼用。下面，逐一介绍这六种排序方式：

（一）按职务排列

在正式场合接待多方来宾时，往往会依据来宾具体的行政职务的高低进行排列。大凡进行正式的官方交往时，如进行正规的政务活动、商务活动、学术活动乃至军务活动时，均应采取此种方式进行礼宾次序排列。在这种情况下，礼宾次序排列只讲究具体人员行政职务的高低，并不需要考虑其男女、长幼之别。

在接待不再担任现职的来访人士时，一般可以其所担任的最高或最后的行政职务作为排序的依据。但若该人士与担任现职的人士同时到场的话，则应位列后者之后，以示“现任高于原任”，因为现任毕竟是在实际工作中担负主要责任的。若需要同时排列多位曾原任同一职务者时，一般应以对方任职时间的早晚为序，将任职较早者排列在前。

在接待多方团队来宾时，一般不注意其人数的多少，而是按其团长或领队者的行政职务的高低排序。

（二）按字母排列

一般而言，在国际组织进行活动，或者举行国际会议、进行体育比赛时，进行礼宾次序排列时的最佳方法就是按照各方来宾所在国家、地区、组织或者所在单位的名称拼写字母的先后顺序进行排列。在此需要进行必要的说明：

其一，按照国际惯例，此处所说的字母顺序通常是指拉丁字母顺序，而非某国法定文字的字母顺序。这样做，是为了维护国与国之间的平等。

其二，如果进行排列的两个或者两个以上的国家、地区、组织、单位名称的字母相同，则应以其第二个字母作为排列依据。若其第二个字母依旧相同，则应以其第三个字母作为排列依据，以此类推。

（三）按抵达早晚排列

对于驻外机构的负责人，或各类非正式活动的参加者，可以依照各方来宾正式抵达活动现场的具体时间的早晚顺序进行排列。此种排列方式，通常称为“以先来后到为序”。它主要适用于一些特定场合或非正式场合，以及上述两种排列方式难以运用的场合。

（四）按报名先后排列

当举办大型招商会、展示会、博览会等商贸类活动，或者是上述几种方式难以采用时，也可以依据来宾正式报名参加活动的早晚进行排列。此种排列方式，俗称“以报名早晚为序”。

（五）按地位排列

在多边的外事接待中，除主办方外，难免会有国内其他组织或单位的人士到场。此刻，亦可以依照宾主双方或宾或主的具体地位的不同顺序进行排列。来访者一方应当居前，东道主一方应当居后，此种方式亦称为“先宾后主”。具体而言，境外人士应当排在境内人士之前；国内其他单位的人士则应当排在主办单位的人士之前。

（六）不做排列

不进行任何正式的顺序排列，一般也称为“不排列”或者“不排序”。实际上，它也是一种特殊形式的排列。在多边接待中，此种排列主要适用于如下两种情况：其一，没有必要进行排列。具二，实在难以进行任何方式的排列。

第七章 常规准备

从事涉外接待工作时，往往会有一系列必要的准备工作，是相关人员必须首先做好的。正所谓：有备而来。

根据惯例，在涉外接待工作中，一些常规的准备尤其需要提前做好。

第一节 升挂国旗

国旗，是一个国家的标志和象征。它是由一个国家法律规定的、具有一定正式规格与式样的旗帜，用以在正式场所进行悬挂。目前，世界上的大多数国家都拥有自己正式颁布的国旗。

在正式活动中，人们往往通过升挂本国国旗来表达自己的民族自尊心、自豪感以及对祖国的无比热爱。在对外交往中，恰如其分地升挂本国国旗或外国国旗，不仅有助于维护本国的尊严与荣誉，而且还有助于对外国表示应有的尊重与友好。

为了维护国旗的崇高地位，各国对升挂本国或外国的国旗大都自有一套通行的做法，并且逐渐形成了一些有关国旗使用的惯例，这就是所谓的国旗礼仪。接待人员在面对或使用国旗时，必须对国旗礼仪严格地加以遵守，并重点掌握国旗的悬挂、升旗的仪式、国旗的排序。

一、国旗的悬挂

在正式场合悬挂本国国旗，不仅是一种国际惯例，而且也是人们向自己的祖国致敬的一种方式。悬挂国旗的基本礼仪，主要包括以下三个方面：

（一）基本的规定

各国对本国国旗的制作、使用以及升挂，一般都有明确的规定，有的国家还特意以立法的形式正式加以颁布。对于本国有关国旗的一切规定，接待人员必须认真遵守。

1. 国旗的标准

作为国家的标志与象征，各国国旗大都具有标准的固定样式。《中华人民共和国宪法》（简称《宪法》）规定：中华人民共和国国旗是五星红旗。依照权威部门的解释，在五星红旗上，旗面的红色象征着革命；旗上的五颗黄色的五角星及其相互关系，则象征着中国共产党领导下的革命人民大团结。

根据规定，中国国旗的形状、颜色应两面相同，旗上五星两面相对。旗面应为长方形，其长与高的比例为 3∶2。旗杆套为白色。

根据中国人民政治协商会议第一届全体会议主席团公布的《国旗制法说明》，中国国旗的通用尺寸应为以下五种：其一，长 288 厘米，高 192 厘米。其二，长 240 厘米，高 160 厘米。其三，长 192 厘米，高 128 厘米。其四，长 144 厘米，高 96 厘米。其五，长 96 厘米，高 64 厘米。

2. 国旗的维护

每一名执行公务的接待人员，在日常工作中均应自觉维护本国国旗。《中华人民共和国国旗法》（简称《国旗法》）正式规定：中华人民共和国国旗是中华人民共和国的象征和标志。每个公民和组织，都应当尊重和爱护国旗。对国旗的维护，在此主要包括以下两方面的内容：

其一，国旗及其图案至高无上。根据惯例，悬挂国旗时，应以正面面对观众，不准随便将其交叉悬挂、竖挂或反挂，更不得倒挂。有必要竖挂国旗或使用其反面时，必须按照国家的有关规定办理。

在室外升挂国旗时，通常不宜令其角触及地面，尤其不得将其直接弃置于地面之上。遇有恶劣天气时，可以不升挂国旗。夜间通常不在室外升挂国旗，倘若有此必要，则必须将其置于灯光照射之下。

在任何情况下，中国旗及其图案不得用作商标和广告，不得用于私人丧事活动。

其二，不得升挂破损、污损、退色或者不合格的国旗。在公共场合，凡故意以焚烧、毁损、涂画、玷污、践踏等方式侮辱中国国旗，均属违法行为，应被依法追究刑事责任。

（二）升挂的要求

对于升挂我国国旗的地点与时间，《国旗法》均有十分具体、详尽的要求，接待人员对升挂我国国旗的有关要求必须认真遵守。

1. 升挂国旗的时间

按常规，升挂中国国旗，一般应当早晨升起，傍晚降下。

国内举行重大庆祝、纪念活动，大型文化、体育活动，大型展览会时，可以升挂我国国旗。

凡国庆节、国际劳动节、元旦和春节，中国各级国家机关和各人民团体应当升挂国旗。企业事业组织，村民委员会、居民委员会，城镇居民院（楼）以及广场、公园等公共活动场所，有条件的可以升挂国旗。不以春节为传统节日的少数民族地区，春节是否悬挂国旗，由民族自治地区的自治机关规定。民族自治地区在其成立纪念日和主要传统民族节日，可以升挂国旗。

2. 升挂国旗的地点、机构

《国旗法》规定，下列场所或者机构所在地，应当每日升挂国旗：其一，北京天安门广场、新华门。其二，全国人民代表大会常务委员会、国务院、中央军事委员会、最高人民法院、最高人民检察院、中国人民政治协商会议全国委员会。其三，外交部。其四，出境入境的机场、港口、火车站和其他边境口岸，边防海防哨所。

《国旗法》还规定，国务院各部门，地方各级人民代表大会常务委员会、人民政府、人民法院、人民检察院，中国人民政治协商会议地方各级委员会，应当在工作日升挂国旗。中国驻外使领馆以及其他常驻外交代表机构，中国在外国的投资企业，中国旅居外国的公民，则应根据其所在国的规定或习惯升挂我国国旗。中国国家领导人和各种代表团出国访问或者参加各种国际会议时，亦应如此。

中国的各类全日制学校，除假期外，每周举行一次升旗仪式。

（三）升旗的方式

升挂国旗时，有一系列规范性的做法，是接待人员所必须认真掌握、严格遵守的。

1. 升旗的做法

在直立的旗杆上升挂国旗时，应当将其徐徐升起。升挂国旗时，一定要将其升至杆顶。在同一旗杆上，不得升挂两面国旗，亦不可将一面国旗与另外一面其他旗帜升挂于同一旗杆上。

必须同时升挂国旗和其他旗帜，或者同时升挂中国国旗与外国国旗时，通常应当首先升挂中国国旗。

2. 降旗的方式

降下国旗时，应将其缓缓降下。不允许降旗时令国旗落地。

必须同时降下国旗与其他旗帜，或者同时降下中国国旗与外国国旗时，一般应当最后降下中国国旗。

3. 下半旗惯例

按照国际惯例，下半旗，即将国旗降下一半的做法，意在向某些人士致哀。因此，平时不得随意下半旗。在有些国家，有以在国旗上方加挂黑纱代替下半旗的致哀方法，但在我国不允许在国旗上方挂任何物品。

《国旗法》规定，当中华人民共和国主席、全国人民代表大会常务委员会委员长、国务院总理、中央军事委员会主席、中国人民政治协商会议全国委员会主席、对中华人民共和国做出杰出贡献的人士、对世界和平或者人类进步事业做出杰出贡献的人逝世时，应下半旗志哀。发生伤亡特别重大的不幸事件或者严重自然灾害造成重大伤亡时，亦可下半旗志哀。

中国下半旗的日期和场所，依法应由国家成立的治丧机构或者国务院决定。

下半旗的正规方法是：首先将国旗徐徐升至旗杆杆顶，然后将其缓缓降至旗顶与杆顶之间的距离为旗杆全长的1/3处。

二、升旗的仪式

在实际工作与生活中，接待人员时常有可能参加升旗仪式。所谓升旗仪式，一般指的是在正式场合里以一系列规范化的程序郑重其事地升挂本国国旗的整个过程。

《国旗法》专门规定，升挂国旗时，可以举行升旗仪式。按照国际惯例，中国驻外使领馆及外交代表机构，在其开馆时，应举行升旗仪式。出于对国旗尊重的考虑，接待人员对升旗仪式务必要慎重对待。

（一）仪式操作

负责具体操作升旗仪式的接待人员，必须掌握有关的基本程序与主要环节，并认真遵守相应的操作规范。

1. 升旗的程序

举行正式的升旗仪式时，通常应包括以下五项基本程序：

其一，全场肃立。

其二，宣布仪式正式开始。

其三，出旗。出旗是指国旗正式出场。出旗应由专人负责，其负责操作者通常由一名旗手和双数的护旗手组成。出旗时，通常为旗手居中，护旗手在其身后分列两侧随行，大家一起齐步走向旗杆。

其四，正式升挂国旗。升旗者可以是旗手，亦可由事先正式指定的各界代表担任。

其五，奏国歌或唱国歌。升旗时，若演奏国歌，宜与升旗同步进行。一般讲究旗升乐起，旗停乐止。若演唱国歌，则也可在升旗之后进行。

2. 降旗的要求

作为升旗仪式最重要的后续环节之一，降旗必须为接待人员所重视。此处的降旗，特指降下升旗仪式中所升挂的国旗。做好此点，升旗仪式才谈得上有始有终、善始善终。正式的降旗活动，往往称为降旗仪式。

一般而言，降旗的具体形式不限，并非需要组织专门仪式，但仍须由训练有素的旗手、护旗手负责操作。届时，所有在场者均应肃立。无论有无他人在场，降旗时其具体操作者均应态度认真，对国旗毕恭毕敬。降旗完毕，旗手、护旗手应手捧国旗，列队齐步退场，然后将其交由专人保管，切不可将其乱折、乱叠、乱揉、乱拿、乱塞、乱放。

（二）临场表现

出席升旗仪式时，所有接待人员均应有意识地对自己的行为严加约束。以下三点尤应重视：

1. 肃立致敬

《国旗法》规定，举行升旗仪式时，在国旗升起的过程中，参加者应当面向国旗肃立致敬。因此，当国旗升降之时，任何在场者均应停止走动、交谈，或停下手中的一切事情，面向国旗立正，并向其行注目礼。届时，戴帽者应脱帽，唯有身着制服者可以例外。

2. 神态庄严

参加升旗仪式时，每人均应以庄重、严肃的态度与表情，来表达对国旗的敬意。此时此刻，绝对不应当态度漠然，或者嬉皮笑脸。

3. 保持安静

在升旗仪式上，接待人员应自觉保持绝对安静。不许在升旗过程中交头接耳、打打闹闹，更不许接打移动电话、收发手机短信。

三、国旗的排序

接待人员在实际工作中接触或使用国旗时，往往会面对其具体的排序。在正式场合，它通常被视为最敏感、最重要的国旗礼仪问题。

在实际操作中，国旗排序指的是中国国旗与其他旗帜或外国国旗同时升挂时顺序的排列。具体而言，它应被分为中国国旗与其他旗帜的排序以及中国国旗与外国国旗的排序这两个问题，而这两个问题一般分别体现在国内排序和涉外排序中。

（一）国内排序

国旗与其他旗帜排序，具体是指国旗与其他组织、单位的专用旗帜或彩旗同时升挂时的排列顺序。在国内活动中，此种情况很常见。《国旗法》专门规定，升挂国旗，应当将国旗置于显著的位置。一般情况下，中国国旗与其他旗帜有下列两种常见的排序：

1. 前后排列

当中国国旗与其他旗帜呈前后列队状态进行排列时，一般必须使中国国旗排于前列。

2. 并排排列

国旗与其他旗帜并排升挂，存在三种具体情况：

其一，一面国旗与另外一面其他旗帜并列。其标准做法是应使国旗位居右侧（见图 7—1）。

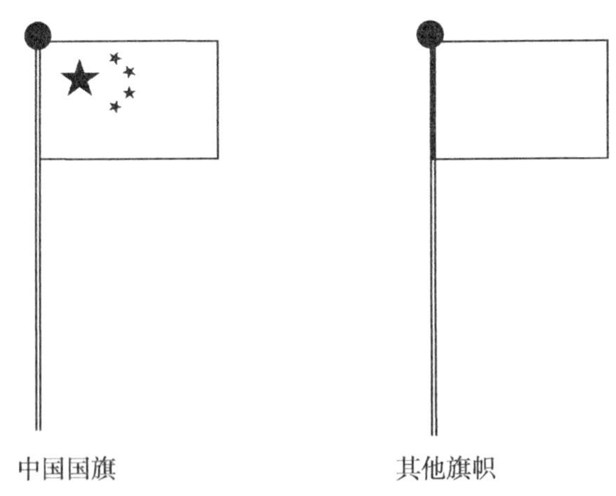

图 7—1　中国国旗与其他旗帜并排升挂时的位次

其二，一面国旗与另外多面其他旗帜并列。此种情况下，通常必须使国旗居于中心的位置（见图 7—2）。

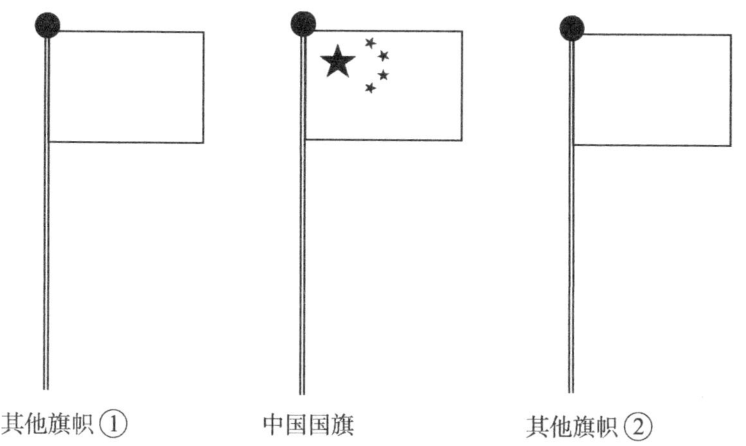

图 7—2　中国国旗与多面其他旗帜并列升挂时的位次

其三，国旗与其他旗帜呈高低不同状态排列时，按惯例应使国旗处于较高的位置（见图 7—3）。

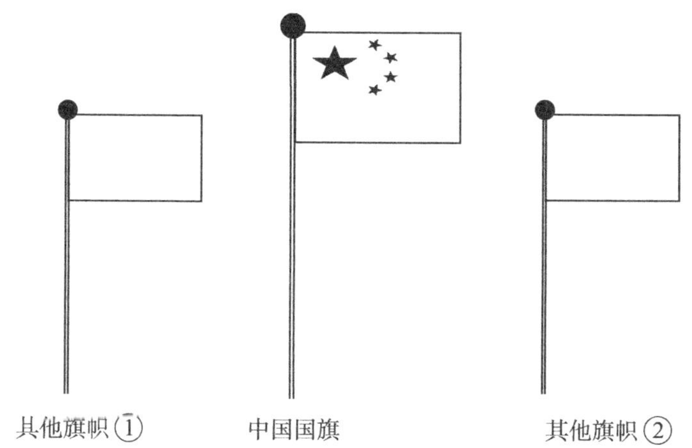

图 7—3　中国国旗与其他旗帜存在高低之别时并排升挂时的位次

（二）涉外排序

在某些特殊情况下，中国境内有可能升挂外国国旗。因此，客观上就出现了中外国旗的排序问题。在处理这一问题时，接待人员一定要遵守有关的国际惯例与中国相关部门的明文规定。

1. 升挂外国国旗的规定

只有在下述情况下，外国国旗才有可能在中华人民共和国境内升挂使用。

其一，外国驻中国的使领馆和其他外交代表机构，及其主要负责人的寓邸与乘用的交通工具。

其二，外国的国家元首，政府首脑、副首脑，议长、副议长，外交部长，国防部长，军队总司令或总参谋长，率领政府代表团的正部长，国家元首或政府首脑派遣的特使，以其公职身份正式来华访问之际所举行的重要活动。

其三，国际条约和重要协定的签字仪式。

其四，国际会议，国际性文化、体育活动，国际性展览会、博览会等举行的场所。

其五，民间团体所举行的双边和多边交往中的重大庆祝活动。

其六，外国政府经援项目的签字仪式，大型三资企业的重要仪式、重大庆祝活动。

其七，外商投资企业、外国其他的常驻中国机构。

此外，一般情况下，只有与中国正式建立外交关系国家的国旗，方能在中国境内的室外或公共场所按规定升挂。若有特殊原因需要升挂未建交国国旗，必须事先经过省、直辖市、自治区人民政府外事办公室批准。在任何时候，均不得升挂台湾当局的所谓“中华民国”的旗帜以及“藏独”、“疆独”的旗帜。

2. 升挂外国国旗的限制

为维护我国的国家主权，外国国旗即使在中国境内合法升挂，也应受到以下一系列的限制：

其一，在中国升挂的外国国旗，必须规格标准、图案正确、色彩鲜艳、完好无损，即必须为正确而合法的外国国旗。

其二，除外国驻华的使领馆和其他外交代表机构之外，凡在中国境内升挂外国国旗时，一律应同时升挂中国国旗。

其三，在中国境内，凡同时升挂多国国旗时，必须同时升挂中国国旗。

其四，外国公民在中国境内平日不得在室外和公共场所升挂其国籍国的国旗。唯有其国籍国的国庆日可以例外，但届时必须同时升挂中国国旗。

其五，在中国境内，中国国旗与多国国旗并列升挂时，中国国旗应处于荣誉地位。外国驻华机构、外商投资企业、外国公民在同时升挂中国和其本国国旗时，必须将中国国旗置于上首或中心位置。外商投资企业同时升挂中国国旗和企业旗时，必须把中国国旗置于中心、较高或者突出的位置。

其六，中国国旗与外国国旗并挂时，各国国旗均应按其本国规定的比例制作，并尽量做到其面积大体相等。

其七，多个国家的国旗并列升挂时，旗杆高度应该统一。在同一旗杆上，不能同时升挂两个国家的国旗。

3. 中外国旗并列时的排序

中国国旗与外国国旗并列时的排序，主要分为双边排列与多边排列两种具体情况。

其一，双边排列。中国规定，在中国境内举办双边活动需要悬挂中国和外国国旗时，凡中方主办的活动，外国国旗置于上首；对方举办的活动，则中国国旗应置于上首。以下，以中方主办活动为例，说明三种常用的排列方式：

第一，并列升挂。中外两国国旗不论在墙上悬挂，还是在地面上升挂，皆应以国旗自身面向为准，以右侧为上（见图 7—4、图 7—5）。

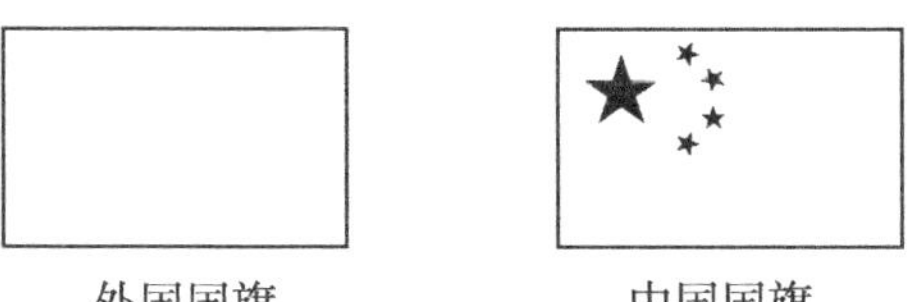

图 7—4　在墙壁上并列悬挂的中外两国国旗

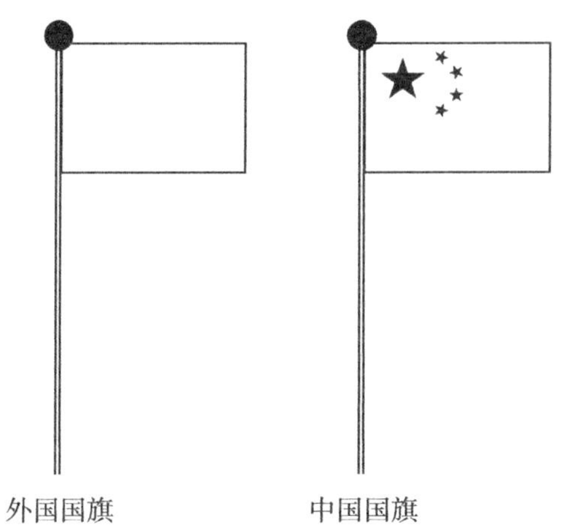

图 7—5　在地面上并列升挂的中外两国国旗

第二，交叉悬挂。在正式场合，中外两国国旗既可以交叉摆放于桌面上，又可以悬空交叉升挂。此时，仍应以国旗自身面向为准，以右侧为上位（见图 7—6、图 7—7）。

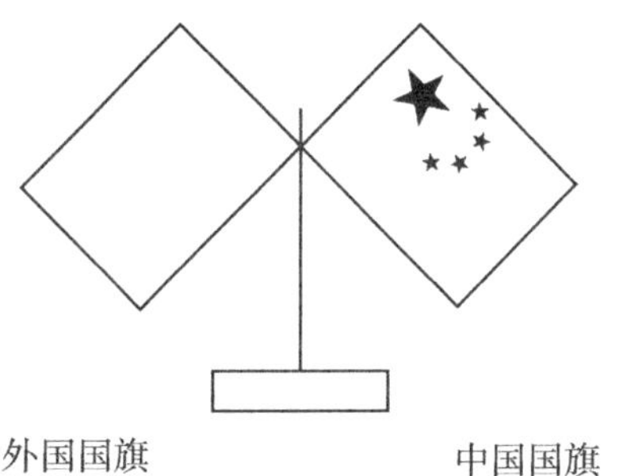

图 7—6　在桌面上交叉摆放的中外两国国旗

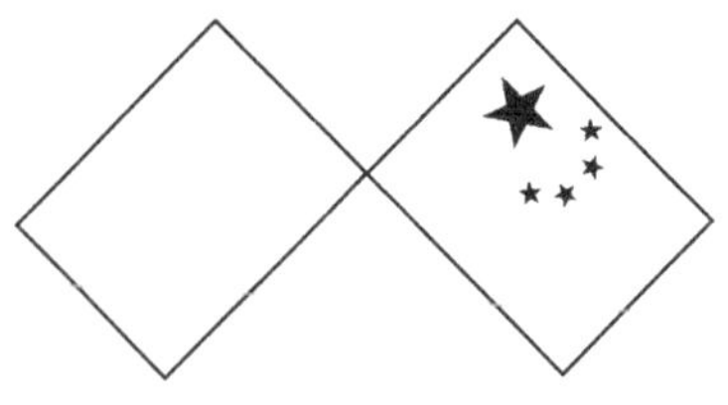

外国国旗　　中国国旗

图 7—7　悬空交叉悬挂的中外两国国旗

第三，竖式悬挂。有时，中外两国国旗还可以进行竖式悬挂。此刻，亦应以国旗自身面向为准，以右侧为上位。具体而言，竖挂中外两国国旗又有两种具体方式：或二者皆以正面朝外；或以客方国旗反面朝外，而以主方国旗正面朝外（见图 7—8）。应当注意的是，某些国家的国旗因图案、文字等原因，既不能竖挂，也不能反挂。有的国家则明文规定，其国旗若竖挂须另外制旗。

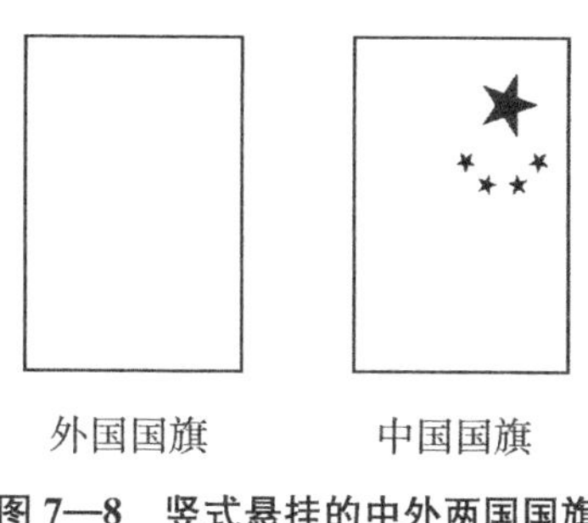

外国国旗　　中国国旗

图 7—8　竖式悬挂的中外两国国旗

其二，多边排列。当中国国旗在中国境内与其他两个或两个以上国家的国旗并列升挂时，按规定应使中国国旗处于以下荣誉位置：

第一，一列并排时，以旗面面向观众为准，中国国旗应处于最右方。

第二，单行排列时，中国国旗应处于最前面。

第三，弧形或从中间往两旁排列时，中国国旗应处于中心。

第四，圆形排列时，中国国旗应处于主席台（或主入口）对面的中心位置。

第二节　使用国徽

世界上的各个主权国家，一般均拥有其正式颁布使用的本国国徽。所谓国徽，通常是指在正式场合代表本国的式样图案标准的专用的徽记。如同国旗、国歌一样，国徽也是一国最为重要的标志之一，它目前被广泛地用于国内事务与国际事务当中。

《中华人民共和国国徽法》（简称《国徽法》）规定，中华人民共和国国徽是中华人民共和国的象征和标志。因此，中国的全体接待人员不但要尊重、爱护本国国徽，而且在对外交往中还必须依照相互尊重的国际惯例，对交往对象所在国家的国徽表示同样的尊重。参加正式的官方活动时，尤其不应对此疏忽大意。

接待人员若要真正做到尊重、爱护国徽，就必须认真学习并自觉遵守有关国徽礼仪。国徽礼仪，通常是指人们在制作、使用、维护国徽时必须严格遵守的种种成规与戒条。为了体现国徽的神圣与尊严，世界上有很多国家均以正式立法的形式对本国国徽礼仪进行了明确的规范。中国现行的《国徽法》，就是根据中国《宪法》于 1991 年 3 月 2 日制定，并于 1991 年 10 月 1 日起正式施行的。

鉴于不同国家的国徽礼仪往往不尽相同，所以中国的接待人员不仅要学习、遵守本国的国徽礼仪，同时还应对外国的国徽礼仪有所了解，以求知己知彼。对于涉外交往中有关国徽的国际惯例，尤须掌握。

一般而言，接待人员学习、遵守国徽礼仪，主要应重视下述两方面的问题：

一、恪守成规

使用国徽时种种有关的具体规定，是每一名接待人员所必须遵守的。这一方面的具体成文规定，主要涉及国徽的制作、国徽的悬挂、国徽的其他用途等。

（一）国徽的制作

各国为了维护本国国徽的尊严，均对其具体制作做出了许多明确而具体的规定。这些规定，都是国徽礼仪中十分重要的基本内容。

制作国徽时，通常应由国家所指定的企业统一负责，并应特别关注如下四点：

1. 国徽的图案

各国国徽的图案，均经过精心设计。其主体图案，一般均由国家正式规定。例如，美国国徽的主体图案是一只白头雕，加拿大国徽的主体图案是枫叶，而墨西哥国徽的主体图案则是其国鸟雄鹰与国花仙人掌。

2. 国徽的形状

为统一规格，对国徽的具体形状必须有所规定。根据中央人民政府委员会办公厅1950年9月20日所颁布的《中华人民共和国国徽图案制作说明》，中国国徽的具体形状应为：两把麦稻组成正圆形的环，齿轮安在下方麦稻秆的交叉点上。

3. 国徽的尺寸

对于通用的国徽尺寸，中国《国徽法》有着明文规定。其直径的通用尺寸，为100厘米、80厘米、60厘米三种。在特定场所需要悬挂非通用尺寸国徽的，应报经中国国务院办公厅批准。

4. 国徽的色彩

中国正式规定：国徽之涂色为金红二色：麦稻、五星、天安门、齿轮为金色，圆环内之底子及垂绶为红色；红为正红（同于国旗），金为大赤金（淡色而有光泽之金）。

（二）国徽的悬挂

一般情况下，各国国徽均主要用于悬挂。按照国际惯例，在中国国境之内通常不得悬挂外国国徽，而只能悬挂中国国徽。对于悬挂机构、悬挂场所、悬挂办法，中国均有明确而具体的规定。

1. 悬挂国徽的机构

中国《国徽法》规定，下列机构应悬挂国徽：其一，县级以上各级人民代表大会常务委员会。其二，县级以上各级人民政府。其三，中央军事委员会。其四，各级人民法院和专门人民法院。其五，各级人民检察院和专门人民检察院。其六，外交部。其七，国家驻外使馆、领馆和其他外交代表机构。此外，乡、民族乡、镇的人民政府也可悬挂国徽。

2. 悬挂国徽的场所

中国《国徽法》规定，下列场所应悬挂国徽：其一，北京天安门城楼、人民大会堂。其二，县级以上各级人民代表大会及其常务委员会会议厅。其三，各级人民法院和专门人民法院的审判庭。其四，出境入境口岸的适当场所。

3. 悬挂国徽的办法

目前，中国对悬挂国徽的办法也有具体的规定。机关悬挂国徽时，通常应将其悬挂在机关正门上方正中处。场所悬挂国徽时，则要将其悬挂于室内外的正墙正中处。在任何情况下，均不得将用于悬挂的国徽直接置于地面。

（三）其他的用途

除制作成徽记用于悬挂之外，国徽的图案还可用于国家规定使用的印章、文书、出版物、火漆印、界碑及专用服装上。中国国徽使用的现状是：

1. 用于印章

中国规定，下列机构的印章应刻有中国国徽：其一，全国人民代表大会常务委员会、国务院、中央军事委员会、最高人民法院、最高人民检察院。其二，全国人民代表大会各专门委员会和全国人民代表大会常务委员会办公厅、工作委员会，国务院各部、各委员会、各直属机构、国务院办公厅以及国务院规定应当使用刻有国徽图案印章的办事机构，中央军事委员会办公厅以及中央军事委员会规定应当使用刻有国徽图案印章的其他机构。其三，县级以上地方各级人民代表大会常务委员会、人民政府、人民法院、人民检察院、专门人民法院、专门人民检察院。其四，国家驻外使馆、领馆以及其他外交代表机构。其五，外交部办公厅和有关业务部门，国务院各有关部、委的外事司（局），各省、自治区、直辖市人民政府的外事办公室，计划单列市、经济特区和沿海开放城市人民政府的外事办公室。其六，国家驻外使馆和常驻联合国代表团的有关业务主管部门。其七，国家办理签证和签发出境入境证件的机关。

2. 用于文书、出版物

中国规定，下列文书、出版物应印有中国国徽图案：其一，全国人民代表大会常务委员会、中华人民共或国主席和国务院颁发的荣誉证书、任命书、外交文书。其二，中华人民共和国主席或副主席，全国人民代表大会常务委员会委员长或副委员长，国务院总理、副总理或国务委员，中央军事委员会主席或副主席，最高人民法院院长，最高人民检察院检察长，外交部部长，国家和政府的特使、驻外使领馆或其他外交代表机构的馆长以职务名义对外使用的信笺、信封、请柬、贺卡、赠礼卡以及外交文书等。其三，全国人民代表大会常务委员会公报、国务院公报、最高人民法院公报和最高人民检察院公报的封面。其四，国家出版的法律、法规正式版本的封面。其五，全国人民代表大会常务委员会、国务院、中央军事委员会、最高人民法院、最高人民检察院、外交部、国家驻外使领馆和其他外交代表机构所使用的外交文书、信笺和信封。其六，以国家、政府或政府部门的名义所缔结条约、协定的批准书、接受书、加入书、文件夹的封面。其七，中国正式颁布的护照、签证及其他发给外籍人员的正式证件。其八，外交信使、领事信使的有关证件。其九，驻外使领馆颁发的船舶国籍临时证书。

3. 用于火漆印

以国家、政府或政府部门的名义缔结的条约、协定，可加封刻有国徽的火漆印。

4. 用于界碑

在边境重镇及边境重要交通干线等地竖立的界碑上，可使用国徽图案。

5. 用于服装

中国体育代表团、代表队参加国际体育比赛时，可身着带有国徽图案的服装。某些部门的制服，也可使用国徽。

二、维护国徽

在执行公务活动时，接待人员对有关本国国徽及外国国徽具体使用的一系列规定，不但要认真了解，而且还必须严格遵守。

（一）尊重国徽

具体而言，涉及本国国徽与外国国徽的使用问题时，首先要求接待人员必须尊重国徽。这里尤为重要的是，不允许滥用国徽、错用国徽，不要对国徽乱作解释。

1. 不滥用国徽

为了维护中国国徽的尊严，接待人员不得随意滥用中国国徽及其图案。根据中国《国徽法》的规定，中国国徽及其图案不得用于下列四种情况：其一，商标、广告。其二，日常生活的陈设布置。其三，私人庆吊活动。其四，国务院办公厅规定不得使用国徽及其图案的其他场合。

为了维护中国的国家主权，除外国驻华使领馆及其他外交代表机构外，不允许任何外国组织或公民在中华人民共和国境内悬挂外国国徽，或随便使用外国国徽的图案。

2. 不错用国徽

在具体使用国徽及其图案时，一定要谨防出现差错。在使用中做到正确无误，也是对国徽应有的尊重。接待人员在实际工作中应特别注意防止出现下述四种错用国徽的情况：其一，将其他徽记或图案错认为国徽或其图案。其二，将国徽或其图案错认做其他徽记或图案。其三，使用国徽及其图案时出现颠倒、歪斜、不清洁或重叠的情况。其四，使用残缺、变形、褪色或样式不规范的国徽或其图案。

3. 不对国徽乱作解释

目前，各国对本国国徽均有口径统一的规范化解释。不允许接待人员对本国国徽或外国国徽乱作解释。根据规定：中国国徽象征中国人民自五四运动以来的新民主主义革命斗争，和工人阶级领导的以工农联盟为基础的人民民主专政的新中国的诞生。

（二）爱护国徽

在日常工作与生活中，接待人员必须以自己的实际行动爱护中国国徽。爱护国徽的具体表现有：

1. 珍惜国徽

接待人员在具体使用或接触中国国徽及国徽图案时，必须对其发自内心地珍惜。在交谈中涉及国徽及国徽图案时，不允许对其失敬，尤其不得对其出言不逊。

在具体使用国徽及其图案时，要努力保持其完好、清洁，不允许对其拍拍打打、乱扔乱放。

在悬挂、摆放国徽及其图案时，应毕恭毕敬、小心谨慎，不允许马马虎虎、毛手毛脚。

需加盖刻有国徽的印章时，应认真地将其加盖于规定之处，不允许将其盖得歪斜不清。

接触印有国徽图案的文书、出版物时，不准对其乱撕、乱丢、乱写、乱画，或将其乱用。穿着带有国徽图案的服装时，必须令其干净、端正。

2. 保护国徽

在日常工作与生活中，接待人员必须有意识地保护中国国徽及其图案。在任何情况下，都不允许任何人侮辱中国国徽及其图案。

目前，侮辱国徽在中国已被视为一种违法行为。中国《国徽法》明确规定，在公众场合故意以焚烧、毁损、涂划、玷污、践踏等方式侮辱中华人民共和国国徽的，依法追究刑事责任；情节较轻的，则参照《中华人民共和国治安管理处罚条例》的处罚规定，由公安机关处以十五日以下拘留。

参与对外活动时，中国接待人员均不得以个人言行有意无意地对外国国徽及其图案加以侮辱。任何焚烧、毁损、涂画、玷污、践踏外国国徽及其图案的行为，不仅会直接破坏中外双方之间的交往，而且往往还会严重损害两国政府之间的官方关系。

第三节 奏唱国歌

国歌，一般是指被某一国家正式确定，并对外公布的用以代表本国的歌曲。因此，国歌与国旗、国徽一样，向来都被视为一个国家所拥有的最重要的标志与象征。中国的每一位公民都应当义不容辞地热爱本国国歌，尊重本国国歌，并且自觉地维护其尊严。

不仅如此，在对外活动中，本着相互尊重与平等的原则，接待人员还必须有意识地对其交往对象所在国的国歌表示应有的尊重。尊重对方的国歌，实际上就是尊重对方所代表的国家。

国歌礼仪，通常指的是对国歌表示尊重的一系列规范性做法与国际惯例。鉴于国歌在国内外交往中所发挥的难以被替代的重要作用，接待人员理应对国歌礼仪加以全面掌握。

一、运用国歌

作为歌曲，国歌或用于演奏，或用于演唱。在演奏或演唱国歌时，接待人员必须认认真真、规规矩矩，千万不可马虎大意。

（一）熟悉国歌

无论演奏还是演唱国歌，都必须以对国歌的熟练掌握为前提，离开了这一基本前提，往往难以确保奏唱国歌时的正确无误。

1. 掌握本国国歌

作为接待人员，不论自己的具体职务级别是高是低，都必须首先熟练地掌握本国国歌：既要记准它的每一句歌词，又要记清它的每一个音符。

必须指出的是：熟练地掌握本国国歌，不仅是对于接待人员的一种职业要求与岗位要求，而且也是每一位接待人员所应有的爱国的具体表现。

中国现行的正式国歌，是由田汉作词、聂耳作曲的《义勇军进行曲》。它是在 1982 年 12 月 4 日由中国第五届全国人民代表大会第五次会议所决定的。在此之前，《义勇军进行曲》曾是中国的代国歌，并曾经发生了一些变化。

2. 了解外国国歌

在对外活动中，接待人员应当尽可能地对其交往对象所在国家的国歌具有一定程度的了解。这样做的好处是：既可以开阔眼界，增长知识，减少外事工作中不必要的困扰与麻烦，又可以更为充分地、更加合乎礼仪地对外方表示我方的友好与善意。

同中国一样，世界上的绝大多数国家对于本国国歌都有明确的规定。有许多国家的国歌一经指定，便未曾发生过任何变化。但是，也有一些国家由于政治上发生变动，或者发生了这样或那样的变化，从而使本国国歌随之发生了变化，或者出现了不同的版本。

由于某种原因，有的国家尚无正式国歌，或者仅拥有代国歌、准国歌。在世界上，有一些国家同时拥有两首国歌。此外，还有一些国家共同使用一首相同的国歌。

各国国歌通常都有曲有词，然而也有少数国家的国歌仅仅有曲而无词。

根据常规，各国国歌均采用庄重、雄浑的进行曲曲调，但其长度则往往有所不同。有个别国家国歌的乐曲极短，因此在升挂其国旗时，必须将其国歌反复加以演奏。

（二）演奏国歌

各国国歌的演奏，均有其具体的规定。国歌通常只适合在正式的场合或规定的场合进行演奏，而不宜随意演奏。

在正式场合，国歌的演奏者既要熟悉国歌，又要具备一定的演奏技巧。演奏国歌时，不允许有人滥竽充数，不允许出现人为的失误。

各国对本国国歌的曲调与配器一般都有不少严格的规定，中国也不例外。因此，在正式演奏国歌时，不允许擅自改动其正规的曲调，不允许为其重新配器，更不得以不严肃的方式演奏。

依据国际惯例，中国举行欢迎正式到访国宾的仪式时，应先后演奏两国国歌。其先后顺序是：首先演奏来宾所在国的国歌，然后再演奏中国国歌。

（三）演唱国歌

就一般情况而论，各国国歌只适合在本国境内演唱，而且只适合在正式场合演唱。

在演唱国歌时，接待人员必须注意下列三点：

1. 全体肃立

除身体欠佳者之外，在公共场所里正式演唱国歌时，任何人都不得或坐或卧，而应起身而站立。

2. 态度认真

演唱国歌时，每一个人都必须认真对待，并确保演唱的正确无误。在众人齐唱国歌时，还必须力求其节奏适当，并与大家保持一致。不允许演唱国歌时丢三落四、自由发挥，或更改歌词；也不允许发出怪声怪调、含混不清，或者有意拖腔。

3. 放声歌唱

演唱国歌时，一般均应放声高唱。不要闭口不唱或低声哼唱，或者吐字发声时不清晰、不大方、不准确。演唱我国国歌时，不应任意使用外语或土语、俗语。在正式场合演奏或演唱国歌时，在场人员必须全体肃立，神情庄重、严肃。

二、尊重国歌

在演奏或演唱国歌时，人们往往会更深切地感受到它的尊严。具体而言，国歌的尊严不仅体现在国歌自身，而且还体现在其演奏、演唱的整个过程之中。

身为国家、政府或企事业单位的代表，接待人员有必要自觉地以自身的行动维护本国国歌的尊严，并且做到慎用国歌与尊重国歌。

（一）慎用国歌

为了确保本国国歌的尊严不受人为的侵害，各国对本国国歌演奏、演唱的具体场合一般都有不同程度的规定。

一般情况下，按照国际惯例，任何非正式场合，特别是娱乐场合或其他不够严肃、正规的场合，均不得演奏、演唱国歌。例如，中国规定：在商业活动、舞会联谊活动以及婚丧庆悼活动中，一律不准演奏或演唱国歌。

在中国，目前对于演奏、演唱中国国歌或外国国歌的具体场合，又有不尽相同的规定。

1. 适用中国国歌的场合

一般情况下，在一个主权国家的管辖范围之内，只准演奏或者演唱本国国歌。在中国，规定可以正式演奏或演唱国歌的场合大致包括下列几种：

其一，举行正规的升挂中国国旗的仪式。

其二，举行隆重的庆典活动。

其三，举行国际性的大型政治性集会。

其四，举行重大的外交活动。

其五，举行大型体育运动会或进行重要的体育比赛。

其六，举行特殊的维护国家尊严与荣誉的活动。

2. 适用外国国歌的场合

根据国际惯例与中国有关规定，其他任何国家的国歌均不得在中国境内随意演奏或者演唱。仅有以下四种情况属于例外：

其一，举行正式的官方外交活动。

其二，举行重要的国际会议。

其三，举行形式严肃的国际性文艺演出。

其四，举行国际性体育运动会或国际性体育比赛。

应当指出的是，当中方人员因公或因私出国活动时，必须自觉地入国问禁、入乡随俗、入门问讳，严格遵守所在国有关演奏或演唱国歌的一切正式规定，切莫自以为是、随意而为。

（二）尊重国歌

在任何时候，接待人员均应主动维护中国国歌，并对其表示应有的尊重。在涉外活动中，还必须对外国国歌表示同样的尊重。

1. 尊重中国国歌

尊重中国国歌，是对接待人员所提出的基本要求。接待人员必须时时注意对中国国歌表示应有的尊重。

在国歌演奏或演唱之际，不允许走动、嬉笑打闹、交头接耳，或接打移动电话；不允许鼓掌、击节、吼叫、蹦跳，或者手舞足蹈、摇头晃脑。

演奏国歌时，在场的任何接待人员均应肃立致敬。其具体做法是：起身端立，目视前方，双手下垂，神态庄严，聚精会神。不允许稍息、端臂、弯腰、垂首，或者瞻前顾后、东张西望。除身着制服者之外，一律应当脱帽，并摘下太阳镜。若升国旗与奏国歌同步进行，则演奏国歌时，应目视徐徐上升的国旗，向其行注目礼。按惯例，身着制服的公安干警应向国旗行举手礼。

一般而言，演奏国歌时，应同时默唱或放声高唱国歌。

2. 尊重外国国歌

在涉外交往中，各国的国歌均神圣不可侵犯。接待人员对别国表示尊重的最好办法之一，就是对别国的国歌表示尊重。而有意或无意地对别国国歌表现出不恭不敬，通常都会被理解为对对方的失敬，或是对对方的蓄意冒犯和挑衅。

第四节　饮食住宿

一些重要的外事接待任务，往往意义重大。要确保其万无一失，就一定要尽心尽力地做好准备工作。

为外宾接待所进行的准备工作，主要应当在有备无患、细致入微、体谅外方三个具体方面多下工夫。

首先，要争取有备无患。进行准备工作时，一定要对方方面面、前前后后、里里外外的每个环节都有所考虑，有所准备，有所应对。

其次，要力求细致入微。对于准备工作之中的各项具体细节，都要反复研究、认真推敲、再三斟酌，力戒因小失大。

最后，要努力体谅外方。从事具体的准备工作时，一定要以外方来宾的实际需求为着眼点。在无损国格、人格与力所能及的前提下，一定要尽量照顾对方的具体需要。

在接待外方来宾时，接待部门尤其要高度重视外宾的饮食住宿问题，尽量做到周到细致。饮食住宿问题直接关系到人的最基本的需求，因而是接待过程中最敏感、最根本的环节。在这一问题上安排得如何，直接关系到接待工作的全局，而且也最能体现接待部门的接待水平。因此，接待人员必须合理安排外方来宾的饮食住宿，为其正常的生活和工作提供良好的基础。

在安排外方来宾的饮食住宿时，从总体上必须掌握下述五条基本原则：其一，遵守我方的有关规定。其二，考虑我方的实际条件。其三，尊重来宾的风俗习惯。其四，满足来宾的合理要求。其五，确保来宾的健康与安全。

具体而言，应当认真掌握为外方来宾安排饮料、用餐、住宿等方面的礼仪规范，并将其准确无误地运用到实际接待工作中。对于其中的任何一个具体细节，都绝对不能马虎行事。

一、安排饮料

在涉外接待中，饮料的安排十分关键。在为外方来宾安排饮料时，接待人员必须熟悉并掌握饮料的品种、盛放的器皿、饮用的方式等方面的礼仪规范。

（一）饮料的品种

通常，各国家、各地区、各民族的人都有其喜欢饮用的固定的一种或几种饮料，这不仅是人们生活习惯的基本特征，更是其民族文化的重要组成部分。因此，在为外方来宾安排饮料时，一定要充分尊重对方选择饮料的习惯，并通过饮料品种的多样化来确保其习惯得到尊重。

一般情况下，为外方来宾准备饮料，可着重考虑下述几个品种：

1. 茶水

饮茶在世界上较为普遍，但不同国家的人习惯饮用不同品种的茶。

中国人习惯于饮用绿茶或花茶，日本人比较喜欢乌龙茶，英国人爱喝红茶，一些中亚、西亚国家的人往往偏爱奶茶，还有一些外国人则不喜欢饮茶。所以，既要按照来宾的习惯准备多种茶水，又要准备茶以外的其他饮料。

2. 咖啡

众所周知，目前在国际社会中，咖啡乃是一种普遍受欢迎的饮料。不论招待西方客人还是招待东方客人，都可以选择咖啡。

3. 汽水

在一些非正式场合，以汽水待客，通常也是可行的。它既可以解渴，又可以消暑，所以比较受欢迎。不过，因其需要冷藏，而且饮用后易使人打嗝儿，故此不适用于肠胃不好者或正式场合。

4. 果汁

在国外，新鲜的果汁是一种很受欢迎的饮料。其中的常规饮品，如橙汁、苹果汁、菠萝汁、番茄汁等，更是待客之必备饮料。但是，其同样大多适用于非正式场合。

5. 矿泉水

目前，以矿泉水待客在国际社会上较为盛行。在外方人士眼里，其身价通常要比汽水高，也更为正式。因此，在接待外方人士时，矿泉水或与之相类似的纯净水，都是应当常备的。

以上饮料是待客时最基本的种类，基本可以照顾到大多数外方来宾的需求。但如条件允许，不妨多备几个品种。与此同时，每一种饮料内部的种类也要细分，以使来宾有所选择。在接待来宾时，饮料品种越多，说明我方对外方越重视。

此外，在为外方来宾上饮料时，还有一定的技巧可循。为周全起见，可采取“一中一外”、“一冷一热”的方式。所谓“一中一外”，即除为外方备上一种对方所惯用或国际上所流行的饮料外，还可为其再上一道中式饮料——茶水，使其有机会体验“中国特色”；所谓“一冷一热”，则是指应照顾大多数外宾不喜欢喝热饮的习惯，除为其备上一道茶或咖啡之类的热饮外，还必须为其准备一种矿泉水或汽水之类的冷饮。这样做，才能万无一失。

（二）盛放的器皿

用以盛放各种饮料的器皿，不仅应当与饮料相配套，而且还须采取必要的措施以确保其清洁卫生。

1. 进行消毒处理

所有盛放饮料的器皿，均必须由专人负责进行例行的消毒处理。

2. 剔除残缺器皿

凡用以接待外方来宾的器皿，使用前应当认真进行检查。凡有残缺的、带有污损痕迹的，一律要剔除在外。

3. 杜绝重复使用

必须注意的是，在任何情况下，都不应让外方来宾重复使用已被别人所使用过的器皿。为此，应当大力推广一次性饮料器皿的使用。

4. 推广环保器皿

在可能的条件下，应当尽量采用一次性纸杯等环保类型的饮料器皿。这样做，不仅适应了外方来宾的要求，对身体健康有利，而且还有利于环保。

5. 提倡饮料自助

如果条件具备，应提倡在招待外方人士时实行饮料自助。那样不仅可使对方自取所需，而且还有助于更好地避免在取用饮料过程中发生不卫生的情况。

（三）饮用的方式

在款待外方来宾时，接待人员应按照不同的场合和需要，选择合适的饮用方式。基本做法有以下两种：

1. 来宾自选饮料

当来宾人数较多或宾主较为熟悉之时，接待人员可以根据来宾的数量和习惯，准备多种可供来宾选择的饮料。来宾选择饮料时，可以通过以下两种方式进行：

其一，主动法。即在接待来宾现场的一角备好各种饮料，由对方进行主动的选择。

其二，被动法。即接待人员在为对方上饮料之前先征求一下对方意见，由来宾在给定范围内进行被动的选择。需要强调的是，在口头征求来宾个人对饮料的选择时，宜用“封闭式问题”的方式，即应当报出所有可供选择的具体品种，由对方从中选择。切勿采用“开放式问题”的方式，即不应直接询问对方“您用什么饮料”，否则就有可能出现不能满足对方具体要求的情况。

2. 事先指定饮料

当场合较为正式，或者在宾主不甚相熟的情况下，可为来宾事先指定较少品种的饮料。有时，饮料已在来宾抵达前摆放在其坐席之前。有时，则是在来宾抵达后再由工作人员为其递上。但都不必当面口头征求来宾选择饮料的具体意见。

二、安排用餐

由于各国用餐的讲究各有不同，接待人员在为外方来宾安排用餐时，除应掌握宴请的形式、就餐的方式、菜肴的选择、位次的排列四个要点外，还必须关注其具体的细节。

（一）宴请的形式

目前，中国用以宴请外宾的形式主要有以下三种：

1. 宴会

宴会，通常是指最正式、最隆重的宴请。它可以在早、中、晚举行，但以晚宴最为正式。接待部门举办宴会时，必须关注会见、菜单、费用、举止、环境五个方面的具体礼仪规范，即五“W”。具体而言，既要提前发出请柬，邀请客人和其他出席作陪人士，又要注意餐具的多少，酒水、菜肴的道数，餐厅的陈设，侍者的仪态，赴宴者的衣着及所需费用等。此外，还要安排宾主致辞，乐队演奏等具体程序。

2. 招待会

所谓招待会，是指一种形式松散、自由的宴请。它通常不备正餐、不排座次，而只备一些简单的食物、饮料，由来宾自由取用，多用于节庆活动同时接待多方来宾之时，在国际社会里较为常见。与宴会相比较，它在具体时间上可早可晚，所用时间可长可短，既不太讲究酒水、菜肴的道数，又不会对出席者的装束要求过多。招待会的具体形式颇多，常见的有酒会、茶会、咖啡会、冷餐会等，接待部门可根据具体情况采用不同的形式。

3. 工作餐

工作餐，即在会议或工作之中以套餐的形式所提供的便餐。它通常属非正式宴请，多在午间提供，因此在国外经常被人们称作工作午餐。工作餐一般所用时间较短，菜肴道数较少，并通常不备酒水。除与工作有关之人外，并无其他人士作陪，所以有人又把它叫作工作聚餐。在用工作餐时，往往不必由宾主先后致辞，但允许用餐者边吃边谈。

（二）就餐的方式

就餐的方式，一般是指具体以何种方式来用餐的问题。在当今世界上，就餐的方式主要存在下面三种：其一，使用筷子用餐。其二，使用刀叉用餐。其三，使用右手用餐。一般情况下，鉴于我方宴请外方以中餐为主，所以在涉外宴请中，我方通常都选择使用筷子进餐的方式，以便使外方人士有机会亲自感受中华美食的独特就餐方式。

不过，在选择以筷子用餐的方式宴请外方人士的同时，还要注意两个问题：

其一，必须兼顾外方来宾的就餐习惯。除中国、朝鲜、韩国、日本、老挝等为数不多的几个国家之外，世界上大多数国家并无使用筷子就餐的习惯。因此，在宴请外方人士时，不妨为之安排“一中一外”两种就餐方式：既准备筷子，让其有机会“一试身手”；又同时为其准备其惯用的餐具。在这一问题上，千万不要勉强对方，而是应当悉听尊便。

其二，考虑到外方人士的不同身份以及中外双方关系的不同，可将中餐以筷子用餐的就餐方式进一步区分为以下四种：

第一，混餐式。其具体方式是：用餐时，大家围坐在一起，使用各自的餐具取用盛放在同一器皿之内的菜肴。这种方式可使人产生和睦、亲近之感，但其弊端则主要是不卫生。因此，正式宴请外方人士时通常不宜采用此种方式。

第二，分餐式。所谓分餐式，即中餐西吃，指用餐时接待人员将菜肴和主食等量分给每位用餐者，然后来宾们围坐在一起，使用各自专用的餐具、器皿独享自己的食物。其优点是：既卫生又公平。举行正式宴会时，它往往被视为一种最佳选择。

第三，自助式。自助式就餐，一般也叫自助餐。国际上流行的酒会、茶会、咖啡会、冷餐会等一般都采用这种方式。其具体做法是：接待人员事先将所有食物分类摆放在一起，然后任由就餐者根据本人口味自由取用。在用餐时，人们可站可坐，但一般不安排座次。其长处主要是：节省开支，节省人力，不排座次，不拘礼仪。举行较大规模的招待会时，通常可选择此种方式。

第四，公筷式。它实际上是混餐式的一种特殊形式，即用餐时大家围坐在一起，先用公用的餐具取出被放置在同一器皿内的食物，再以各自专用的餐具享用。此种方式兼顾了卫生要求，又创造出亲密氛围，适宜在为外方人士举办家宴时采用。

（三）菜肴的选择

接待人员在安排外方来宾用餐时，必须对菜肴的选择问题高度重视。在为对方准备菜单时，除了要量力而行之外，关键是要对对方的禁忌与偏爱一清二楚。

1. 避免安排外宾的忌食之物

在外事接待中，要坚决避免安排来宾的忌食之物。一般而言，外方人士的饮食禁忌可以分为以下五类：

其一，宗教禁忌。一般而言，它是所有各类饮食禁忌中最严格的一种。许多宗教都有其特殊的饮食禁忌，绝对不能违反。

其二，民族禁忌。在现实生活中，不少民族都有各自的饮食禁忌，绝对不能违反。

其三，职业禁忌。一些特殊工作岗位上的工作人员，在其具体饮食上也各有顾忌。例如，司机不准饮酒，法官与检察官不得出席有碍其正常执行公务的宴请等。

其四，健康禁忌。在安排用餐时，接待人员要对身体条件欠佳者给予一定的照顾。例如，应为糖尿病患者准备无糖餐，为高血脂患者准备低脂餐，为高血压患者准备不含酒精的饮料等。

其五，口味禁忌。在饮食上，个人的口味往往差异较大：有人忌荤，有人忌辣，有人不食海鲜。

2. 尽量安排外宾的喜食之物

除排除外宾忌食之物外，还必须尽量在菜单上安排受外宾欢迎的食物。依照一般经验，外宾主要欣赏下述三类菜肴：

其一，具有民族特色者。外宾垂青的中餐特色之物有：春卷、水饺、兰州拉面、扬州炒饭等主食；咕咾肉、狮子头、糖醋鱼、宫保鸡丁、鱼香肉丝、清炒豆芽、麻婆豆腐等菜肴。

其二，具有本地风味者。中华饮食，历来讲究“南甜北咸”。各地菜肴，往往各具不同风味，而且有着各自颇负盛名的“代表作”。例如，北京的全聚德烤鸭，上海的三黄鸡，天津的狗不理包子，云南的过桥米线等。它们通常都是宴请外方人士的适宜之选。

其三，外宾本人偏好者。在以中餐的特色菜、风味菜招待外宾时，必须考虑到不习惯中餐的外方人士的个人口味偏好。因此，在力所能及的时候，应为对方适当地备上一些其本国菜、家乡菜，特别是对方爱吃的菜肴。

(四) 位次的排列

由于外宾的地位、身份、职衔有所不同，因此接待人员在为外宾安排用餐时，对其位次排列必须予以重视。越是正式的宴请，就越应重视其具体位次的排列。

一般情况下，安排中餐的用餐位次，往往涉及桌次与席次两个方面。接待人员必须对它们的具体排列方式熟练地予以掌握。

1. 桌次的排列

举行正式的中餐宴会时，所设餐桌往往不止一张，这时就要按“尊卑”之别排列桌次。接待人员主要应遵守如下三项规则：

其一，“以右为上”。当餐桌有左右之分时，应以位于右侧的餐桌为上桌，此即所谓“以右为上”。应当说明的是，此刻的左右，是按照“面门为上”的规则来确认的（见图 7—9）。

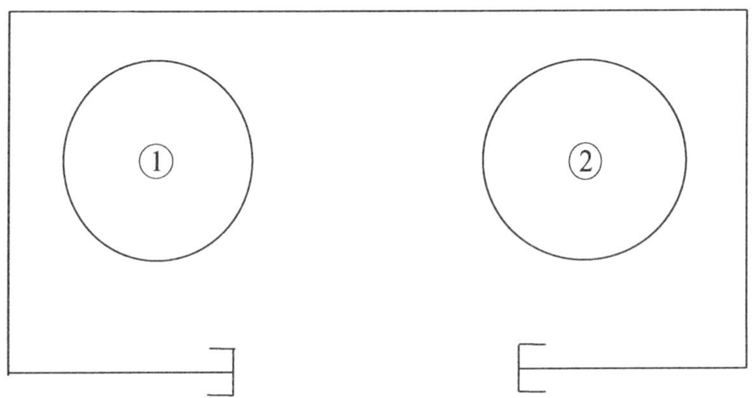

图 7—9　桌次的具体排列之一

其二，“内侧为上”。当餐桌距离餐厅正门有远近之分时，一般以距门较远的餐桌，即靠内侧的餐桌为上桌。此即所谓“内侧为上”，又叫“以远为上”（见图 7—10）。

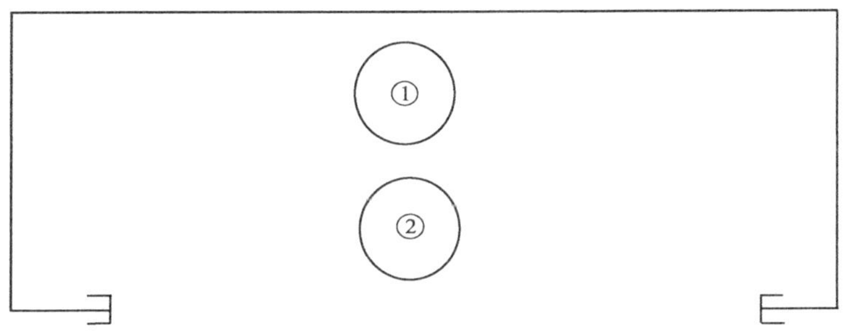

图 7—10　桌次的具体排列之二

其三，“居中为上”。当多张餐桌并排列开时，一般居中央者为上（见图 7—11）。

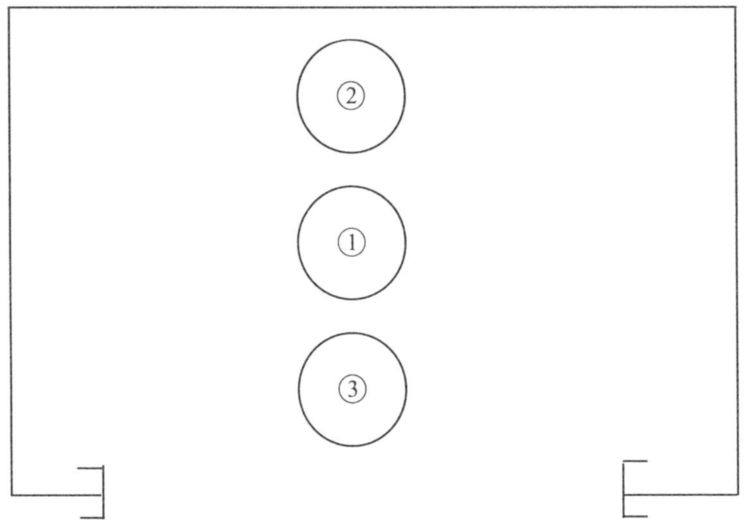

图 7—11　桌次的具体排列之三

在大多数情况下，以上三条桌次排列的常规做法往往是交叉使用的（见图 7—12、图 7—13、图 7—14、图 7—15）。

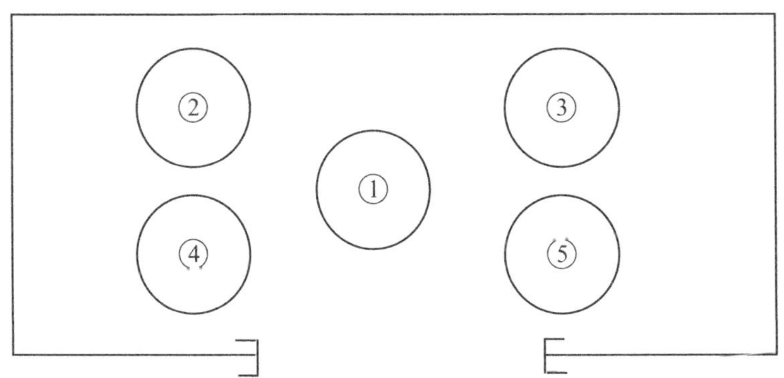

图 7—12　桌次的具体排列之四

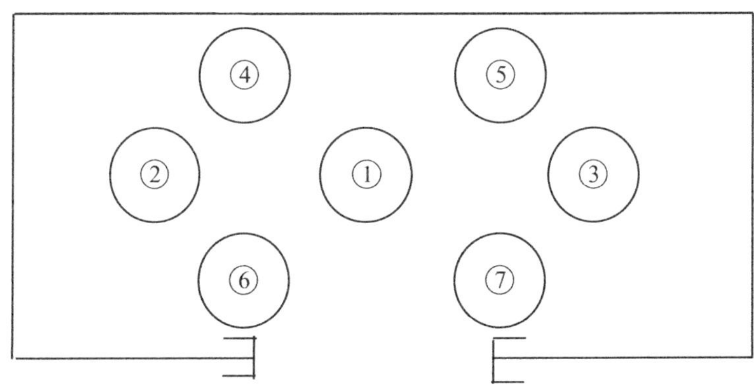

图 7—13　桌次的具体排列之五

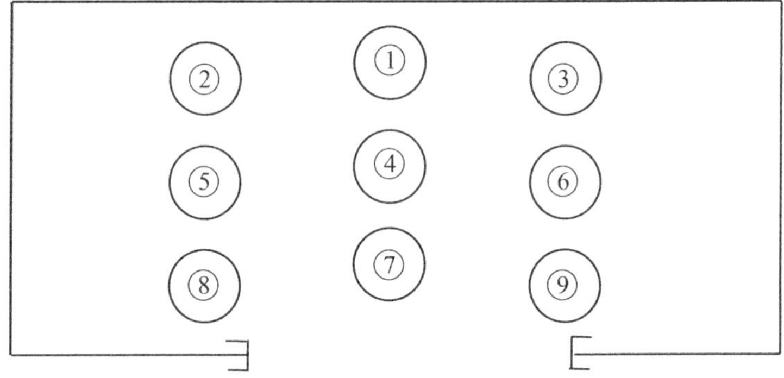

图 7—14　桌次的具体排列之六

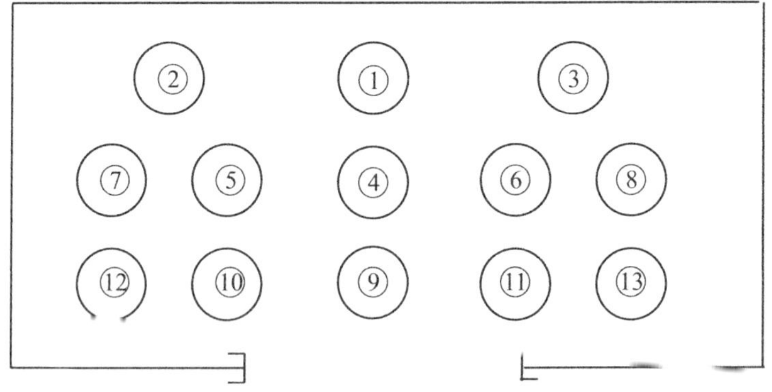

图 7—15　桌次的具体排列之七

2. 席次的安排

在宴会上，所谓席次是指同一张餐桌上席位的具体高低。在中餐宴会上，席次安排的具体规则有以下四点：

其一，面门为主。也就是说，主人之位应当面对餐厅正门。有两位主人时，二者则可对面而坐，一人面门，一人则背门。

其二，主宾居右。它的含义是：主宾一般应在主人右侧之位就座。

其三，好事成双。根据中国传统习俗，每张餐桌上就座之人应为双数，以示吉祥。

其四，各桌同向。通常，宴会上的每张餐桌上的具体排位方式应大体相似（见图 7—16、图 7—17、图 7—18）。

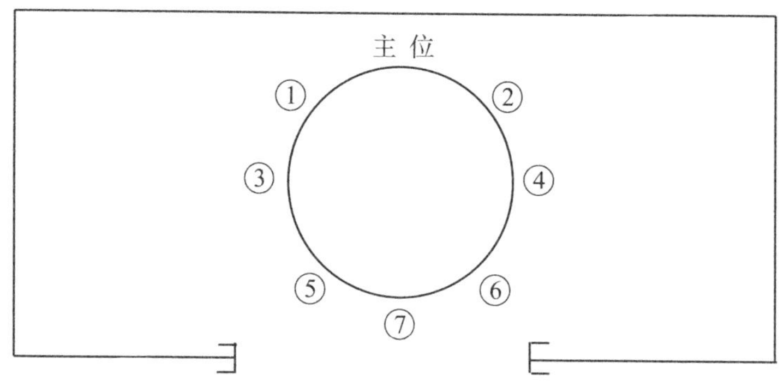

图 7—16　席次的具体排列之一

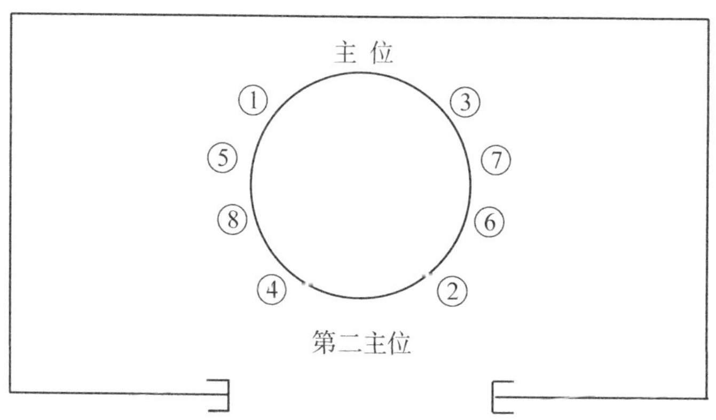

图 7—17　席次的具体排列之二

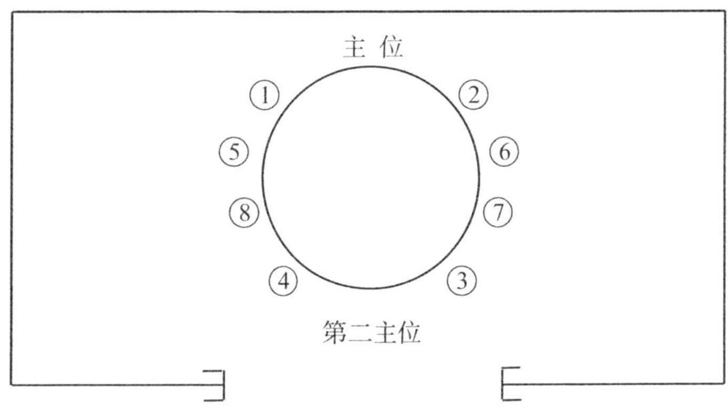

图 7—18　席次的具体排列之三

三、安排住宿

接待部门在为来宾解决住宿问题时，可采用以下两种方式：其一，来宾自行解决。接待部门只需为其提供一定的协助，如代为预订，或为其提供建议、咨询。其二，接待部门解决。接待部门负责解决与来宾住宿相关的一切问题。至于究竟应采用何种方式，通常由宾主双方提前商定。

当由接待部门负责解决外宾的住宿时，主要应当注意如下三个要点：

（一）慎选住宿地点

根据惯例，目前国内在接待外宾时，通常都会将对方安排在条件优越、设备齐全、服务与国际水准接轨的涉外饭店住宿。

在选择适合外宾住宿的涉外饭店时，除了考虑外宾的个人习惯与要求之外，还要注意以下八点：

其一，拟请外宾住宿地点的口碑。

其二，拟请外宾住宿地点的服务质量。

其三，拟请外宾住宿地点的接待能力。

其四，拟请外宾住宿地点的周边环境。

其五，拟请外宾住宿地点的交通条件。

其六，拟请外宾住宿地点的配套设施。

其七，拟请外宾住宿地点距接待单位、机场、港口、车站及工作地点路程的远近。

其八，接待单位用以安排外宾住宿的经费预算状况。

（二）尊重外宾习惯

接待人员在为外方来宾安排住宿地点时，不能想当然地为其自作主张，而应当掌握并尊重对方独特的生活习惯，并争取做到以下四点：

1. 不安排同性别的外宾共居一室

在很多国家里，唯有同性恋者才会与同性别的成年人住在一起，所以不要冒犯对方的此种禁忌。

2. 创造出良好的卫生条件

外宾通常都非常重视个人卫生，因此应将其安置在配有浴室和单独卫生间的房间中。

3. 保证外宾住处的安静

接待人员为外宾安排的住所应远离噪声源，使其能够安静地休息。

4. 使外宾的休息不被干扰

根据国际惯例，不宜在饭店的客房之内会客。因此，我方人员尽量不要进入外宾临时下榻的客房，以免干扰对方。

（三）照顾外宾需要

接待人员在安排外宾住宿时，在力所能及的前提下，应对对方体贴入微，并尽量满足对方的合理生活需要。

1. 就近住宿

若所接待的外宾不只一人，接待人员应尽量安排其在同一饭店、同一楼层或相邻楼层住宿，以便其相互关照或集体行动。

2. “主随客便”

照顾外宾的生活时，既要周到热情，又不能大包大揽。不宜限制对方的个人自由，或为对方平添麻烦。

3. 安排活动

在不影响外宾个人休息或整体接待计划的前提下，应在对方的闲暇时间适当为之安排一些文艺、娱乐、健身、游览、购物之类的活动项目。

4. 满足需要

对于外宾在生活方面所提出的要求，理当予以满足。但是，其所提要求必须合情合理，而且必须符合我国法律和有关规定。

第五节　交通往来

外宾接待中的交通往来，在此具体是指外方人士的入出境、在华居留期间常规交通工具的使用。

接待人员在具体处理外事接待过程中外宾的交通往来问题时，必须严格遵守下述三项基本规则：

其一，维护主权。虽然接待人员应尽量为外宾提供优良的交通条件，但仍要遵守有关外宾在中国境内交通往来的规定，以维护国家主权。

其二，安全至上。鉴于外宾不熟悉中国的交通状况和基本法规，因而接待人员必须自始至终在外宾的交通往来问题上确保来宾的安全。

其三，方便来宾。在维护国家主权、坚持“安全第一”的同时，我方在正式接待外宾时，还应当在交通往来问题上尽量方便对方。

具体来讲，中方人员在考虑外事接待过程中外宾的交通往来问题时，主要应当重视外方人士的相关手续是否合法与交通工具是否合法两大事项。

一、相关手续合法

按照国际惯例，任何外宾在中国境内行动时，都应拥有合法手续。这一问题，又主要涉及其身份是否合法与其使用的交通工具是否合法两个方面。

（一）身份合法

外方人士在华期间身份合法与否的问题，实际上主要是指外国人入境、出境是否合法，外国人在华旅游是否合法，以及外国人在华居留是否合法。

1. 外国人在中国入境、出境、过境均须合法

具体而言，中国现行的有关规定有：

其一，外国人入境、出境、过境，必须经中国政府主管机关许可，必须从对外国人开放的或者指定的口岸通行，并接受边防检查机关的检查。

其二，外国人入境，应事先向中国的外交代表机关、领事机关或者外交部授权的其他驻外机关申请办理签证。在特定情况下，依照国务院规定，外国人也可以向中国主管机关指定口岸的签证机关申请办理签证。持联程客票搭乘国际航班直接过境，在中国停留不超过 24 小时并且不出机场的外国人，可免办签证。要求临时离开机场的外国人，则需要经过边防检查机关批准。

其三，外国人申请各项签证，应提供有效护照，并在必要时提供有关证明。

其四，应聘或者受雇来中国工作的外国人，在申请签证时，应持有应聘或者受雇证明。

其五，来中国定居的外国人，在申请签证时，应持有定居身份确认表。定居身份确认表，通常应由申请人向申请定居地的公安机关申请领取。

其六，中国政府主管机关根据外国人申请入境的事由，发给其相应的签证。

其七，从事国际航运的航空器或者船舶抵达中国口岸时，机长、船长或者其代理人必须向边防检查机关提交旅客名单，外国的飞机、船舶还必须提供机组、船员的名单。

其八，被确认入境后可能危害中国国家安全、社会秩序的外国人，不准入境。

其九，外国人出境，必须凭本人有效护照或者其他有效证件。

其十，有下列情形之一的外国人，不准离开中国国境：刑事案件的被告人和公安机关或者人民检察院或者人民法院认定的犯罪嫌疑人；人民法院通知有未了结民事案件者；有其他违反中国法律的行为尚未处理，经有关主管机关认定需要追究者。

其十一，有下列情形之一的外国人，边防检查机关有权阻止其出境，并依法处理：持用无效出境证件者；持用他人出境证件者；持用伪造或者涂改的出境证件者。

2. 外国人在华旅游必须合法

中国欢迎外国人以私人身份来华旅游观光，但来华旅游观光的外国人必须办理合法手续。

外国人来华旅游，一般均由中国国际旅行社总社驻外办事机构办理旅游手续，然后根据国内旅游的有关规定，分别组成旅游团前来中国观光游览。

除上述纳入旅游接待计划的外国旅游团体外，还有一些未纳入计划的临时自费来中国各地旅游的外国人。他们亦须办理有关手续。

目前，外国人持有效的签证或居留证件，可前往中国政府规定对外国人开放的地区旅行。

外国人若希望前往目前尚不对外国人开放的市、县旅行，必须事先向该市、县公安局申请旅行证。获准之后，方可前往该地区。

外国人在华申请旅行证时，必须履行下述规定手续：一是交验护照或居留证件；二是提供与旅行事由有关的证明；三是填写旅行申请表。

外国人旅行证的有效期为一年，但不得超过其所持有的签证或居留证件的有效期。在领取旅行证后，外国人如要求延长其有效期、增加不对外国人开放的旅行地点或偕行的人数，必须向公安局申请延期或变更。

按照国际惯例，外轮上的外国旅客在外轮停泊中国港口期间，可申请临时登陆参观游览，但届时必须填写每人一份的《外国旅客登陆申请表》。此手续可由当地外轮代理公司或中国国际旅行总社的办事机构代为办理。经公安部门同意登陆者，由当地公安局在对方的《外国旅客登陆申请表》的核准机关项内加盖“准予登陆”的签证章与刻有我国国徽的公章。

外国旅客可凭该申请表申请登陆，并在港口城市的市辖区之内参观游览。当外国旅客返船时，须向边防检查机关缴销此申请表。中国规定：《外国旅客登陆申请表》的登陆有效期最长不超过五天。

3. 外国人在华居留必须合法

外国人在华居留一定要符合中国政府的下述有关规定：

其一，外国人在中国居留，必须持有中国政府主管机关签发的身份证件或者居留证件。身份证件或居留证件的有效期限，根据其入境的事由确定。在中国居留的外国人，应当在规定时间内到当地公安机关缴验证件。

其二，依照中国法律在中国投资，或者同中国的企业、事业单位进行经济、科技、文化合作以及其他需要在中国长期居留的外国人，经中国政府主管机关批准，可以获得长期居留或者永久居留资格。

其三，对不遵守中国法律的外国人，中国政府主管机关可以缩短其在中国居留的期限或者取消其在中国居留的资格。

其四，外国人在中国境内临时住宿，应依照有关规定，办理住宿登记手续。

其五，持居留证件的外国人在中国变更居留地点，必须依照规定办理迁移手续。

其六，未取得居留证件的外国人和来中国留学的外国人，未经中国政府主管机关允许，不得在中国就业。

（二）交通工具合法

当外方人士在中国入境、出境与停留期间，交通工具的使用是必需的。但在中华人民共和国国境之内，外方人士使用一切交通工具都必须符合中国法律与中国政府主管机关的规定。下列六点，特别应当予以强调：

其一，外国的交通工具无权任意出入中国国境或者随意在中国过境。外国交通工具如确有必要在中国入境、出境、过境，必须事先经过中国政府主管机关批准。

其二，外国的交通工具在我国入境、出境、过境应限定于中方所规定的特定地点。一般而言，外国交通工具必须从对外国人开放的口岸或指定的口岸入境、出境、过境。

其三，通过中国的外国交通工具必须接受检查。在正常情况下，外国交通工具在中国入境、出境、过境时，必须接受中国边防检查机关的检查与监护。

其四，外国交通工具在中国境内的使用被限定了活动区域。在任何情况下，外国交通工具都不可能在中国国境之内畅行无阻。其使用被限定在规定的区域之内，而且事先必须经中国政府主管机关批准。

其五，在中国境内所使用的外国交通工具必须达到安全标准。出于维护中国交通安全与外方人士生命安全的考虑，中国要求在华使用的外国交通工具必须达到已正式公布的有关安全标准。

其六，外方人士在中国境内使用交通工具时，对中国现行的相关交通规则，不但必须熟知，而且还必须遵守。

二、安排细致

当由我方负责为外宾安排其在华活动期间所使用的交通工具时，接待部门一定要安排周到，并掌握好方便、舒适、安全以及座次四个方面的具体细节。

（一）方便外宾

接待部门在为外方具体安排供其所使用的交通工具时，一定要坚持“主随客便”的原则，在符合法律、保障安全的前提下，一定要首先考虑中方的具体安排是否方便于外宾。

具体而言，在安排交通工具时方便外宾，主要应当体现在如下三个方面：

1. 在时间上方便外宾

在为外宾安排交通工具时，必须优先考虑对方在时间方面所提出的要求，并努力予以满足。

2. 在选择上方便外宾

在具体选择为外宾服务的交通工具时，须确保其能为对方提供一定程度的便利。

3. 在乘用上方便外宾

一定要使外宾在乘用我方为其提供的交通工具时感到方便，而不能因交通工具给对方增添麻烦。

（二）使用舒适

使用舒适，是接待部门为外宾安排交通工具时的重要原则，并直接关系到中方接待工作的整体效果。在为外宾安排交通工具时，接待部门主要应当注意下列两点：

1. 优先选择较为舒适的交通工具

不同的交通工具舒适程度或多或少地存在着一定的差别，即使同一种交通工具，其不同的舱位、车厢、座位亦存在着舒适程度上的差异。接待人员应为来宾优先选择较为舒适的交通工具。

2. 为外宾乘用交通工具创造舒适的环境

当确定外宾所使用的具体交通工具之后，接待人员应采取必要的措施，为外宾乘用交通工具创造出较为舒适的环境。

（三）安全第一

在为外宾安排交通工具时，安全问题极为关键。接待人员必须尽最大努力保证交通工具的安全使用，从而保证外宾的生命安全。

具体来说，接待人员应采取以下五个方面的具体安全措施：

其一，选择较为安全的交通工具；

其二，选择较为安全的交通路线；

其三，选择口碑良好的驾驶人员；

其四，做好交通工具的维护保养；

其五，采取必要的安全保卫措施。

（四）座次排列

在正式场合使用交通工具时，接待人员应依照外宾的身份和职衔为其安排座次。具体而言，飞机、客轮、火车与汽车的座次“尊卑”，各有其特殊之处。有关此方面的具体规范，请参见本书第四章第三节相关内容。

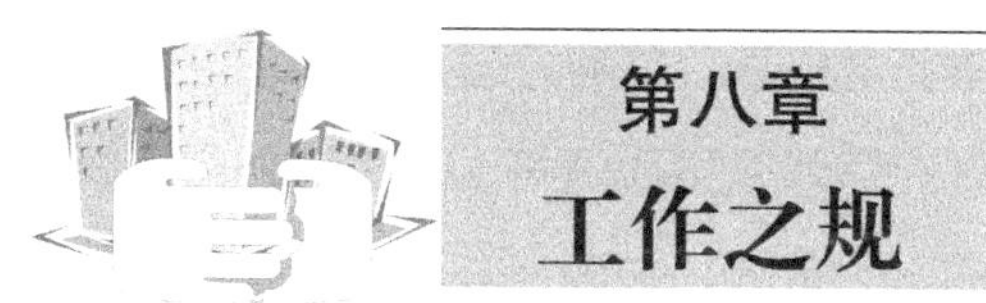

第八章 工作之规

有道是“家有家法，行有行规”。如同其他工作一样，外事接待工作亦有其特殊的一定之规。从事外事接待的具体工作时，对有关的一定之规必须了解并遵守。

了解并遵守工作之规，是接待人员所应自觉具备的基本职业素养。

第一节 外交特权

在国际交往中，作为本国中央政府的正式代表，职业外交官向来受到人们的尊重与各国的优遇。为了确保职业外交官得以合法有效地行使职责并维护其人身安全，国际法规定：给予其特定的外交特权与豁免。

外交特权与豁免，简称外交特权，又称外交优遇。它是为了使职业外交官以及外交使团作为派遣国的正式代表能够独立、合法、有效地履行职务，从而使其在接受国之内享有特殊的、规范的国际法地位，即给予其一定的特殊权利，并免除其某些接受国本国公民所应尽的义务。从本质上看，豁免亦为特权，故此外交特权包括豁免权在内；通常它们被统称为外交特权与豁免。

职业外交官以及外交使团之所以享有外交特权与豁免，主要是为了使其得以独立、合法而有效地履行职务，同时也是因为作为国家与政府的正式代表，其尊严理应被维护。

从外交实践的角度来讨论外交特权与豁免，关键是需要界定其明确的适用范围，并确定其基本内容。

一、适用的范围

为了保证外交特权与豁免不被滥用，必须明确其特定的适用范围。根据有关国际法规定，外交特权与豁免的适用范围是十分具体而明确的。只有在规定的适用范围之内，外交特权与豁免方能生效。

具体而言，外交特权与豁免的适用范围，包括其适用的对象、适用的时间、适用的地点三个方面。对此三个方面，有关国际法均有明确的规定。

（一）适用的对象

外交特权与豁免的适用对象，在此指的是哪些人员应享有外交人员所享有的外交特权与豁免。

根据《维也纳外交关系公约》的规定，外交特权与豁免的主要适用对象是外交代表。按照该公约所作出的进一步解释，外交代表特指使馆馆长或使馆外交职员。而使馆外交职员，则是指具有外交官职位的使馆职员。在一般意义上，他们均为所谓职业外交官。

除此之外，依照国际惯例，下述人员往往亦可完全或部分地享有外交特权与豁免：

其一，所有同使馆馆长或使馆外交职员构成同一户口的家属，即其配偶及未成年的子女。

其二，出国之时一个主权国家的国家元首、政府首脑，及其外交部长。

其三，使馆的行政及技术职员。但其执行职务范围以外的行为，并不能豁免民事和行政管辖。对其关税的豁免，也仅限于其赴任时所运入的物品。

其四，使馆的事务职员。依照国际法的规定：他们是指派遣国政府所雇用的司机、厨师等人。他们的豁免权，仅包括执行公务的行为豁免管辖，受雇所得报酬免除捐税，以及免于适用接受国的保险办法。

其五，使馆人员的私人仆役。按规定，该类人员的受雇所得报酬免除捐税。而在其他方面，仅在接受国批准的范围内享有其特权与豁免。

其六，行政及技术职员的家属。一般情况下，他们可分别享有与行政及技术职员相同的特权。但承认这一特权，要以他们不是接受国国民为前提。

除上述常驻使馆人员之外，由派遣国与接受国双方同意，临时派遣的代表一国就特定任务进行交涉的特别使团人员、派往国际组织的各国代表团成员、国际组织的高级职员等，也可根据有关国际公约享有类似的外交特权与豁免。

（二）适用的时间

外交特权与豁免的适用时间，又称适用期限。在此，它具体所指的是有关人员享有外交特权与豁免的有效时间。

《维也纳外交关系公约》规定，外交特权与豁免的适用时间为：外交特权与豁免享有者自其赴任进入接受国之时起，至其职务终止离开接受国之时止。

该公约同时规定，对已在接受国之内，尚未享有外交特权与豁免者，自派遣国将其委任通知送达接受国外交部之时起，即享有外交特权与豁免。

若外交代表或其他使馆人员死亡，其家属应继续享有本应享有的外交特权与豁免，直至其离开接受国国境的合理期限终了为止。

（三）适用的地点

外交特权与豁免的适用地点，一般是指其合理生效的特定的空间。在其适用地点之外，外交特权与豁免便会成为一纸空文，变得没有任何实际意义。

依照外交惯例，外交特权与豁免的适用地点，对外交代表及其家属而言，主要是在其接受国国境之内。不过在一般情况下，他们在第三国境内通常亦享有外交特权与豁免。

对在外交级别上高于外交代表的一国国家元首、政府首脑与外交部长而言，当其在国外活动时，一般均享有外交特权与豁免。

应当指出的是，为了维护本国主权，各国政府大都对外交特权与豁免及其适用范围有着各自的解释与特殊的规定。

中国目前规定，经中华人民共和国外交部核准，下述人员在中国国境之内，可享有若干外交特权与豁免：

其一，各国政府派来中国的高级人员。

其二，外国派来中国出席国际会议的代表。

其三，途经中国或者临时停留于中国境内的各国驻第三国或国际组织的外交代表。

其四，依照国际公约享有外交特权与豁免的其他人员。

其五，上述各类人员的配偶及其未成年子女。

此外，中国对于根据民间协定而设立的外国驻华商务代表机构也给予有限度的外交特权与豁免。

二、基本的内容

在《维也纳外交关系公约》等一系列重要的相关国际法文献中，外交特权与豁免的基本内容被作出了正式而明确的规定。这些规定，已为国际社会所普遍接受，并广泛地被付诸各国的外交实践。

从操作层面来讲，依据具体对象的不同，外交特权与豁免的基本内容又有给予职业外交官的外交特权与豁免和给予外交使馆的外交特权与豁免之分。

（一）职业外交官所享有的外交特权与豁免

总体上来看，给予职业外交官的外交特权与豁免的基本内容，主要包括确保其个人人身安全与给予其在经济方面的适度照顾。

具体而言，职业外交官所享有的外交特权与豁免主要有如下六项基本内容：

1. 人身不可被侵犯

它的基本含义是：接受国当局对职业外交官不得加以逮捕或拘留，不得对其施加直接的强迫措施。但此项原则并不排除由于职业外交官本人的挑衅行为而引起他人的正当防卫，或在其破坏法律规章以及进行犯罪活动时采取必要的措施对其予以制止。

2. 安全必须被确保

凡有证据表明某一职业外交官的个人安全受到威胁，其派遣国可要求接受国为之提供特别的保护。至于具体的保护措施，则应由双方视具体情况而定。

3. 享有行动及旅行自由

行动及旅行自由，与职业外交官的本职工作直接相联系，是其履行自身职务的必要条件。《维也纳外交关系公约》规定，除接受国为国家安全设定禁止或限制进入区域另订法律规章外，接受国应确保所有使馆人员在其境内的行动及旅行自由。

4. 享有管辖豁免

此处所讲的管辖豁免，主要包括：其一，刑事管辖豁免，即接受国法院在任何情况下都不得对职业外交官进行审判或惩罚。其二，民事管辖豁免。其三，行政管辖豁免。后两项豁免，通常都带有一定的条件。此外，职业外交官并无出庭作证的义务。

5. 免除个人捐税

《维也纳外交关系公约》规定，接受国应对职业外交官免征一切对人或对物的国家、区域或地方性捐税。至于职业外交官被免征的个人捐税的具体内容，通常应由国际公约、双边条约与接受国国内法来调整。

6. 免除关税和免受查验

一般情况下，职业外交官的私人财物、供个人使用或消费的物品，在其接受国可免纳关税。对职业外交官的个人行李、邮购或寄运的物品，通常亦可在接受国免受查验。

（二）外交使馆所享有的外交特权与豁免

一般而言，给予外交使馆的外交特权与豁免的基本内容，总体上来说是要维护其国家尊严，并有利于其执行公务。

具体说来，外交使馆所享有的外交特权与豁免的基本内容主要包括如下六项：

1. 使馆馆舍不可侵犯

《维也纳外交关系公约》规定：使馆馆舍，具体是指供使馆使用与供使馆馆长寓邸之用的建筑以及所附属之土地。使馆馆舍不可侵犯的具体含义包括：一是未经同意，接受国当局不得进入使馆馆舍；二是接受国负有特殊责任，保护使馆馆舍；三是使馆馆舍免予征用。

2. 使馆档案和文件不得侵犯

外交使馆的档案和文件涉及国家机密，亦是其所遣国的国家财产，故此不受侵犯。无论在使馆之内、外交邮袋之内，还是在其他地方，使馆档案和文件都应被保护。接受国当局无论在何时何处，均不得对其进行搜查或抽取，不得开拆、检查、扣留、查封或毁坏使馆的来往公文。但是，非官方文件、物品亦不得存放于使馆档案与文件之内。

3. 通信自由

没有通信自由，使馆就无法开展其正常的工作，故使馆必须享有通信自由。它的具体含义有：一是接受国应准许使馆为一切公务目的进行通信活动；二是使馆可使用一切适当的通信方法；三是接受国应保护使馆通信自由。

4. 使用国旗与国徽

按惯例，外交使馆有权在接受国使用本国的国旗与国徽。外交使馆所使用的国旗、国徽以及馆牌，均被视为使馆尊严的象征，接受国应当予以保护。

5. 免税

一般情况下，外交使馆免税具体是指：使馆不动产免税；使馆动产免税；若干规费和手续费收入款项免税等。

6. 免除关税和免受查验

一般情况下，接受国应依照本国法律与规章，准许使馆公用物品入境并免除其一切关税和其他捐税。对使馆运进、运出的公用物品，各国通常按照对等原则免除查验。但是，使馆免税运进的物品原则上不得转让。

（三）职业外交官与外交使馆所应承担的义务

在明确上述职业外交官和外交使馆外交特权与豁免基本内容的同时，还必须明确职业外交官与外交使馆所应当承担的下列义务：

其一，必须尊重接受国的法律与规章。

其二，不得干涉接受国的内政。

其三，使馆馆舍不得用于与其职务不相符的用途。

其四，使馆官员不得为私人利益从事任何职业或商业活动。

在正常情况下，职业外交官以及外交使团所享有的外交特权与豁免，都必须基于相互与对等的原则。同时应当指出的是，按照外交特权与豁免的规定，职业外交官以及外交使团免于适用其接受国的属地管辖权，并不意味着他们可以完全无视接受国国内的法律秩序、可以在接受国国内无法无天或为所欲为。实际上，不论派遣国还是接受国，都不允许职业外交官以及外交使团滥用外交特权与豁免。在接受国内，职业外交官以及外交使团均须恪守成规，并好自为之。一般情况下，外交特权与豁免不得由其享有者个人放弃，而只能由其派遣国决定是否放弃。

第二节　外事文书

在接待工作中，外事文书作为对外联络、对外交流的一种重要手段，通常具有不可替代的重要作用。

所谓外事文书，一般是指在接待工作中所使用的各类文书。具体而言，它指的实际上是在接待工作中以书面文字形式所进行的交际与沟通。有时，它又被称为外事文件或对外文书。从本质上讲，外事文书是接待工作的一种基本途径，接待人员必须对外事文书的写作熟练掌握。

从总体上进行分析，外事文书通常具有如下五个基本特征：

其一，形式多样。就具体形式而言，外事文书的种类可谓纷繁复杂。它们用途不一，适用对象各异，往往发挥着各自不同的作用。

其二，内容丰富。从宏观上看，无论何种外事活动都难以离开外事文书的使用。因此，外事文书涉及的内容极其广泛。

其三，要求严格。外事文书总是以成文的形式面世，并不同程度地代表着国家、政府、党派、单位、法人，因此不容许它出现任何纰漏。

其四，时效性强。任何文书的写作与使用，都受到一定的时间限制。外事文书的使用必须把握时机，不得延误。

其五，讲究礼仪。外事文书必须遵守礼仪规范。具体而言，大到其适用场合、适用时机、适用对象，小到其格式、用语、文字、用纸、印章，无不有其既定之规。

以下将从可操作性的角度，着重对外事文书的常见类型与写作要求进行简略介绍，以供接待人员参考。

一、惯用的类型

外事文书种类繁多，而且它还在伴随着涉外交往范围的进一步发展而不断增加。其中最为常见、常用的基本类型主要有以下几种：

（一）协议

所谓协议，就是当有关各方就各自的权利、义务在原则上达成一致意见后，以具体的书面形式对其加以表述，并在上面进行签字的正式文件。一般而言，它对有关各方都具有一定的约束力。有时，它也叫作协定。

协议的正规内容一般是：首先，将有关各方为何目的、在何地、经过何种形式或规格的协商的情况进行一番阐述；接下来的正文，乃是达成协议的具体内容；最后的部分，则是协议签署时间。它要求有关各方代表正式签字，并注明该协议文本一式几份，各种文本同时生效。

（二）意向书

所谓意向书，一般是指一种表达有关各方基本意向的文件。它多用于涉外经济交往中。其基本内容，通常是对有关各方所欲达到的目标或者所能产生的结果进行的原则性表述。

从本质上讲，意向书仅仅只是有关各方的意向表达而已，因此它不具有法律效力，在实践中对有关各方并无实际约束力。因此，其写作的规范性也不是很强。

（三）照会

照会，是一种目前极其重要的外交文件。一般而言，它指的是一个国家在国际交往中以外交通信为形式所采取的外交行动。在正常情况下，照会可分为正式照会与普通照会。

其一，正式照会。所谓正式照会，是一种最为正式的以个人名义所进行的外交通信，主要用于处理重大外交事务、交涉重要问题时进行的礼仪性表示，或者体现对某一事件的特别关注。正式照会一般由国家元首、政府首脑、外交部长、大使、公使、代办或临时代办发给与其身份对等者。它应当在行文时使用第一人称，并签署本人姓名，但不加盖机关印章。

其二，普通照会。所谓普通照会，乃是一种以外交机构名义所进行的较为正式的外交通信，通常适用于一般性交涉、行政性通知、日常性事务处理以及重要的交际往来。随着外事文书的日益简化，目前普通照会的使用范围已越来越广。各国政府间一些有关重要国际问题的交流，现在也已逐渐开始使用普通照会。有时，若普通照会以相同内容普遍发给当地各外交代表机构，亦可称其为通告照会。一般情况下，普通照会使用于各国外交部之间、驻外代表机构之间以及外交部与驻外代表机构之间。因其正式程度低于正式照会，故行文时应采用第三人称，加盖发文机构印章，但不需要负责人签署本人姓名。

（四）备忘录

所谓备忘录，实际上是照会的一种较为简要的形式。它的简要之处主要表现在：无头无尾，没有多余的客套话，所以也有人形象地称之为“无头无尾的普通照会”。

在行文时，备忘录通常采用第三人称，其书写格式较为灵活、随便，其具体篇幅通常没有限制。一般情况下，备忘录主要是作为某次正式口头交谈的书面记录，以防止有关各方遗忘、曲解或用做礼貌的提醒。在涉外交往中，它多用于一国政府就某一问题阐明立场、观点，或者澄清某种事实。平时，它既可以与普通照会一样广泛地被用来处理各类涉外事务，也可以在特殊情况下被用作一种书面协议。

备忘录的具体传递方式可以是当面呈交，也可以是专门派员致送。

（五）贺函（电）

在接待活动中，为使中外双方增进友谊、加深彼此之间的联系，经常有必要对外方致以节日的问候或大喜之事的祝贺。例如，遇到国家独立日、国庆日、领导就职、机构建立、企业开业、会议开幕、工程竣工等，个人与个人、部门与部门、单位与单位、国家与国家往往需要特此致意。此时，贺函或贺电是最为常用的祝贺方式。

撰写贺函（电）时，行文应当简练流畅，遣词造句应当热情礼貌，具体格式应当规范，一些约定俗成的套语则应当酌情采用。从总体上讲，贺函（电）应给人以愉快、温馨、振奋之感。具体来讲，它应当包括如下两项基本内容：一是说明祝贺或问候对方的缘由；二是向对方进行诚挚的祝贺。

贺函（电）的接受者，既可以是有关的机构，也可以是其具体负责人。根据国际惯例，国家领导人、外交部长、驻外使节所发的贺函（电），既可以通过其驻外使团转递，也可以直接通过电报局或以电传直接拍发。至于其他部门、团体负责人所发的贺函（电），则一般应当直接发送。有时，它还可以正式照会的形式发出。

（六）感谢函（电）

在涉外交往中，有时需要向外方发出正式的信函或电报，致以正式的感谢。在正式场合，此种方式被称为感谢函（电）。有些时候，还可采用公告的方式向外方公开致谢，此种方式则被称为感谢公告。

感谢函（电）多使用于收到贺函（电）、慰问函（电）之后，获得友人帮助、馈赠之后，或者访问结束、赴宴之后。在上述情况下使用感谢函（电），乃是一种国际惯例。

感谢函（电）的主要内容，必须既简明扼要，又具有热情与诚意。它大致应当包括：感谢对方的理由；对方对自己的帮助、关心、爱护、支持所起到的巨大作用；对双边关系的赞颂；再次正式致谢等。

（七）邀请函（电）

在正式的涉外交往中，凡对外方人士进行邀请时，通常均须使用正式的邀请函（电）。仅对外方人士口头上进行邀请，往往被视为不够郑重其事。

正规的邀请函（电）的使用，常见于以下场合：其一，邀请外宾前来我国进行友好访问。其二，邀请外宾前来参加国际会议。其三，邀请外宾出席庆典或仪式。其四，邀请外宾来华讲学或考察。其五，邀请外宾参加商贸活动。其六，邀请外宾前来进行演出。其七，邀请外宾参加各类展会等。

一般情况下，邀请函（电）均应简明扼要、热情诚恳。除了行文一定要符合礼仪规范外，它通常须包括下述几部分内容：第一，向邀请对象进行问候与寒暄。第二，说明邀请对方参加何种活动及其邀请对方的原因。第三，介绍活动的具体安排与细节，诸如邀请对象、活动方式、活动时间、活动地点、所需费用及其支付方式等。第四，如有必要请被邀请者确认应邀与否。

（八）慰问函（电）

当外方机构或个人遭遇不幸时，通常可向对方致函或致电，以示安慰与问候，这就是所谓的慰问函（电）。

慰问函（电）多用于外方发生天灾、人祸时，例如，外方遭遇各类自然灾害、发生重大事故，或者对方重病、重伤等。

慰问函（电）的接收者可以是政府、机构、团体、个人，也可以是相关单位的负责人以及有关人士的代表或者其亲属。它的主要内容包括以下三个方面：其一，说明致函（电）慰问的原因。其二，向有关方面进行诚挚的慰问。其三，表达我方对对方的衷心期望或者良好祝愿。

二、写作的要求

在具体写作外事文书时，应当认真遵守格式规范、文字通畅、内容得体、译文正确四项基本要求。

（一）格式规范

在涉外交往中，外事文书的写作格式必须中规中矩，符合有关规范。

一般来讲，接待人员在写作外事文书时，应当参照其既定的规范化格式行文，令其标题、抬头、落款、日期以及礼仪用语等细节之处完全符合规范化的要求。对以下几点，在写作外事文书时尤须重视：

1. 国名

在外事文书中所出现的外国国名，通常均应采用其正式全称。特别是当国名出现于文书封套或正文抬头之处时，一律应当使用其全称。若同一国名出现数次，则至少应在第一次出现时使用全称。若该国习惯使用简称，则可使用其正式简称。对某些特殊的国名，任何时候都不宜使用其简称。

2. 称呼

在外事文书抬头部分所出现的受文人的姓名、职衔，一律应当使用其全称。若以有关机构、组织、团体作为抬头，亦应采用其全称。当个人或机构、组织、团体的名称第一次在正文中出现时，一般都要使用全称，此后方可使用其简称。

3. 人称

外事文书中所使用的人称，应当与其格式相适应。一般而言，正式照会、外事函件（电报）等均应以签署者的口气用第一人称写成。普通照会、备忘录等则应以机构的名义采用第三人称写成。在称呼对方时，亦应采用第三人称。凡是以机构名义发出的外事函件（电报），通常均应采用第三人称。

4. 印章

凡需要加盖印章的外事文书，一定要认真地盖好。印迹端正而清晰，是对加盖印章的基本要求。盖印的位置应当适当，一般以骑年压月、上大下小为宜。如果印章带有国徽，则应令国徽端端正正地处于机构名称之上。

（二）文字通畅

在书写外事文书时，因其事关国家形象、单位形象以及中方对待外方的立场与态度，因此必须做到文字通顺、表达流畅、语言优美、用词准确。具体来说，重点应当注意如下六点：

1. 逻辑严密

在书写外事文书时，务必要在形式逻辑上前呼后应、一气呵成，使之无懈可击。

2. 文字精确

对有关的国名、人名、职称、时间、地点、数据、事件、史实以及法律、外交政策等，绝对不允许出现任何文字性错误。为此，应对其进行严格校对。

3. 字斟句酌

在具体写作外事文书的过程中，必须字斟句酌、反复推敲、三思而行，既要做到不失礼貌、符合规范，又要做到用词恰到好处。

4. 注意标点

标点符号在外事文书中虽然所占篇幅不大，但其作用却十分重要。倘若写作中标点符号当用未用或者使用不当，往往就会产生歧义，甚至导致重大失误。

5. 言简意赅

一般而言，外事文书的篇幅大都不长。对其书写时要做到言简意赅，短小精悍。

6. 书写工整

在撰写外事文书时，不论手书还是打印，均应做到通篇干净整齐、字迹美观清楚，以便于阅读。

（三）内容得体

在写作外事文书时，对其具体内容同样应予以重视。下列四点，尤其不容忽略：

1. 语态庄重

外事文书语态应庄重而严肃，并与外事文书正式程度相一致。

2. 语气礼貌

在外事文书中，要自始至终表现自尊与敬人之意。

3. 层次清楚

具体进行写作之际，外事文书必须条理清楚、层次分明。

4. 一文一事

一般情况下，外事文书的基本内容讲究单一性，即应力求一文一事。

（四）译文正确

在对外交往中，外事文书通常均应以本国官方文字为正本，必要时还应附以外文译本。外文译本所使用的具体文种，既可以是交往对象国的官方文字，也可以是国际社会所通用的英文、法文。但若非另有规定，则外文译本一般只应使用一种外文。

附在正本之后的外文译本，通常采用不带机关名称的白纸，但应在其右上角注明“译文”字样。

中国外事文书的译文，通常不必套用中文格式，而应采用外文的习惯格式。按照常规，中国驻外机构的一般事务文书，可以直接使用其驻在国的官方文字或国际上所通用的外文。

需要使用外文时，应确保其正确无误。这一要求，在任何情况下都不能改变。

第三节 翻译与陪同

在外事接待中，翻译与陪同工作都是必不可少的组成部分。从某种意义上，翻译与陪同往往是中外双方之桥。尽管它们在客观上属于辅助性工作，但却在外事接待中发挥着举足轻重的作用。要在外事接待过程中做好翻译与陪同工作，既要充分注意二者之间的不同要求，又要认真掌握与之相关的礼仪规范，并且一丝不苟地予以遵守。

一、外事翻译

在外事工作中，翻译的确切称呼应是外事翻译，其含义是在外事工作中将一种语言文字的意思用另外一种语言文字准确地表达出来。可见，翻译在外事工作中发挥着双向转换语言文字、消除交往障碍、传递双方信息的重要作用。

就礼仪规范而言，要做好翻译工作，必须在提高自身素质与注意临场发挥两个方面多下工夫。

（一）提高自身素质

在接待活动中，每一名翻译都既是专职翻译，又是接待人员。此种特殊的双重身份，要求翻译不仅需要具备专职翻译的素质，而且还需要具备接待工作的基本素质。具体而言，通常有政治上坚定、业务上过硬、准备上充分、知识面宽四个方面的要求。

1. 政治上坚定

对翻译而言，政治上坚定是最基本的要求，它具体应当体现于下述三个方面：

其一，站稳立场。在具体工作中，翻译都必须忠于祖国，忠于人民，忠于政府，维护本国、本单位的利益。这一原则立场，绝对不可动摇。

其二，掌握政策。对于中国党和政府的路线、方针、政策，尤其是中国的外交、外事政策，翻译应当深入体会、全面理解。

其三，提高警惕。在从事翻译工作的具体过程中，翻译一定要遵守外事纪律，严守外事机密，保持高度的政治敏锐性。在任何情况下，都不得将中方内部情况向外方人士随意泄露。

2. 业务上过硬

做好翻译工作，业务过硬是自不待言的。业务过硬，在此主要是指翻译必须要精通语言文字、达到专业标准，并讲究职业道德。

其一，精通语言文字。要想做一名合格的翻译，首先必须具有深厚的语言文字功底。具体来讲：第一，翻译至少应当精通一门外语，并且最好还能够再掌握第二门、第三门外语。第二，翻译必须拥有较高的本国语言文字修养，例如，他不但要精通现代汉语，而且还应该精通古代汉语。第三，翻译还应掌握一定的翻译技巧。

其二，达到专业标准。翻译必须达到“信、达、雅”的专业标准，即做到翻译准确，译文通顺，语言优美。其中，“信”最为重要，“达、雅”也要兼顾。

其三，讲究职业道德。作为一名翻译，必须严格遵守职业道德，对下述五点尤需特别注意：第一，不得忘记身份、喧宾夺主。第二，翻译时不得任意删改、偷工减料。第三，不得滥竽充数、不懂装懂。第四，不得随心所欲，篡改原话、原意。第五，不得胡编乱造、无中生有。

3. 准备上充分

要做好翻译工作，事先做好必要的准备乃是一个重要的步骤。翻译特别是口译，其准备工作的具体范围甚广。在通常情况下，它主要包括下述五个要点：

其一，明确具体任务。在翻译工作开始之前，应当对具体的翻译任务、翻译的基本内容、服务的主要对象，以及工作的具体时间、地点予以明确。

其二，了解相关环节。在遵守有关规定的前提下，翻译了解工作的基本环节有助于为可能涉及的内容或问题提前做好翻译上的准备。

其三，熟悉有关背景。对于翻译对象的有关背景，例如，其个人特点，双边关系，中方意图，近期大事，国内外政治与经济发展的新动向、新问题等，都应当尽可能地予以熟悉。

其四，适应现场环境。如果条件允许，翻译应当提前到达工作现场，以便对有关工具、设备进行调试或者试用，并做好其他有关的临场准备工作。

其五，掌握语言特点。对于有关文字的写作特点，有关人员的口音特征，有关语言在翻译方面的主要疑难之处等，翻译人员亦应尽量加以掌握。

4. 知识面宽

一名称职的翻译人员，必须具有丰富的职业知识与社会知识。从事接待工作的翻译，通常应具备下列知识：

其一，国学知识。从事翻译工作，一定要具备有关中国传统文化的知识。对有关的名著、典章、制度、人物、谚语、习俗等，都应当努力学习掌握，加强积累。

其二，国际知识。通过学习国际知识，能够进一步了解相关交往对象，并开阔视野，提高翻译工作水平。

其三，外事知识。翻译人员要认真学习与外事工作有关的一切知识，以更好地担负起翻译工作的重任。

其四，当今时事。对当今时事政治、国内外大事，翻译人员均应了如指掌，并能够迅速地判明其是非曲直。

(二) 善于临场发挥

在许多情况下，翻译的临场表现都会起到十分重要的作用。下面，将分别介绍中方口译人员与笔译人员在具体的翻译过程中所应注意的有关事项。

1. 口译的有关事项

口译，又称口头翻译。它是指在接待工作中，由译员对中方人员与外方人士的交谈、讨论或者发言在现场即席进行口头翻译。

具体来看，口译主要分为如下两种：在中外双方进行交谈、讨论时，它通常表现为交替传译；而当一方人员在国际会议上发言时，它则往往表现为同声传译。

从总体上讲要做好口译工作，主要应注意下述几点：

其一，注意个人态度。在现场翻译的具体过程中，口译人员应始终保持热情、友好、愉快、诚恳、谨慎的态度。既要旗帜鲜明地维护国家荣誉、捍卫自身利益，又要令外方人士真切地体验到我方的友善与诚意。

其二，始终全神贯注。在工作岗位上，口译人员必须聚精会神，确保翻译的忠实、准确，要对有关人员的谈话、发言要点做好笔记。不要主动与外方人士交谈、询问，或为其解答问题。遇有未听清之处时，应提出或问明。翻译确有困难时，应告之谈话人或发言人，不要主观臆断、不懂装懂、以讹传讹。对我方谈话人、发言人所具体表述的内容如有意见，可提请其三思，但必须以其见解为最终见解。

其三，坚持有主有次。在现场翻译过程中，口译人员要尊重我方在场的负责人，并严格服从其领导。在正式会谈、谈判中，除我方主谈人及指定发言者之外，对我方其他人员的插话、发言，只有在征得主谈人同意后才可以进行翻译。在工作中，若外方人士问及译员个人问题时，应适时地告之当时在场的我方负责人，并请其定夺答复与否。

其四，待人有礼有度。在接触外方人士时，口译人员既要讲究礼仪，更要注意分寸；既要防止机械、生硬，更要防止崇洋媚外。对外方所提出的一切要求，均应及时报告上级，切忌擅自允诺或拒绝。当我方不能满足外方要求时，可以转述我方负责人的意见，并做出合乎情理的解释。若外方人士发表了不正确的言论，应据实全部报告我方负责人。若对方单独向译员发表了错误见解，在对方不了解具体情况或并无恶意的前提下，可以实事求是地对其作出说明。若对方确有恶意，则应坚持正确立场，义正词严地阐明我方态度。本人若存在一定难处，也可暂不作答，而迅速报请上级处置。

2. 笔译的有关事项

笔译，亦称书面翻译。与口译相比，笔译的不同之处在于它以书面译文为成果，因此要求翻译工作更为正确、严谨、地道。尽管笔译人员在外事工作中通常居于幕后，但其重要程度并未因此而降低。

要做好笔译工作，一般需要对如下三点予以注意：

其一，文字标准。在正常情况下，笔译人员应将所接触的书面文字，译为交往对象所正式使用的文字，或者中外双方经过协议所指定的其他正式文字。但不论具体使用何种文字，均应标准无误。

其二，忠于原文。在翻译过程中，笔译人员必须一丝不苟地忠于原文、忠于本意，切勿随意转译、无中生有。在翻译重要文件、资料时，尤须注意此点。

其三，集思广益。在笔译过程中，如果自己遇到难题，例如，对字、词、句意难以把握时，对典故不甚熟悉时，应当向他人求教，以求集思广益。

二、外事陪同

在涉外接待活动中，接待人员经常要临时或专职陪同外方人士。一般而言，接待人员主要需要注意下述两个问题：

（一）严格要求自己

在接待活动中，中方陪同人员的个人形象往往代表着我方全体接待人员，乃至中方单位、地方、民族、国家的形象。有鉴于此，中方陪同人员在工作岗位上，必须注意严于律己，做到以下几点：

1. 谨慎从事

涉外接待工作是体现我国外交方针、外交政策的一项重要工作，因此每一名陪同人员都绝不可对自己的工作掉以轻心，而应当谨慎从事。

2. 服从领导

不论集体活动还是单独与外方人士相处，陪同人员都必须遵守有关纪律，严格执行请求报告制度，并服从上级领导。

3. 少说多听

有道是"接待以恭敬为先，涉外以慎言为本"。为防止喧宾夺主、言多语失，陪同人员与外方人士相处时，一定要谨言慎行。宁肯不说、少说、慢说，也绝对不宜胡说、乱说。

4. 计划周全

陪同外方人士外出或参加重要活动时，一定要布置周密，提前制订工作计划。对可能出现的情况、问题估计要充分，对对方所可能提出的要求一定要做到心中有数。与此同时，还要采取必要的安全措施。

5. 注意保密

与外方人士共处时，一定要口头保密与书面保密并重。切勿在外方人士面前议论内部问题；有关内部情况的文件、资料、笔记、日记、U盘乃至移动电话、笔记本电脑，非因公需要尽量不要随身携带，更不要交给他人看管，或直接借给他人。

6. 距离适度

与外方人士共处时，陪同人员必须不卑不亢，与之保持适当的距离。既要在生活上主动关心、照顾对方，又要维护自己的国格、人格，切不可向对方索取财物，或在其他方面随意求助于外方，也不要对外方的一切要求不加任何区分地有求必应。

（二）掌握陪同技巧

在陪同外方人士的具体过程中，我方人员不但要具有高度的责任心，而且还应当掌握一定的陪同技巧。在相互介绍、道路行进、上下车船、出入电梯、进出房间、就座离座、提供餐饮、日常安排、业余活动等方面，特别应当自觉地遵守相应的礼仪规范。其中，关于道路行进、出入电梯、进出房间的礼仪规范，上编已有详细介绍，在此不作赘述。

1. 相互介绍

在初次见到外方人士时，陪同人员应当首先将自己介绍给对方，并递上本人名片。如果需要由陪同人员出面介绍中外双方人士或宾主双方人士时，中国的习惯做法是：先介绍中方人士，后介绍外方人士；先介绍主方人士，后介绍客方人士。若任何一方不止一人时，则对其所做的介绍应按照大家实际地位的高低，自高而低地依次进行。

2. 上下车船

在乘坐轿车、火车、轮船、飞机时，其上下的具体顺序亦颇有讲究：其一，上下轿车。上下轿车时，通常应当请被陪同者首先上车，最后下车；而陪同人员则应当最后上车，首先下车。不过，在具体执行时应以方便来宾为宜。其二，上下火车。一般情况下，乘坐火车时，应由被陪同者首先上车、首先下车，陪同人员应当居后。在必要时，亦可由陪同人员先行一步，以便为被陪同者引导或开路。其三，上下轮船。上下轮船，其顺序通常与上下火车相同。不过若舷梯较为陡峭时，则应由被陪同者先上后下，陪同人员后上先下。其四，上下飞机。上下飞机的讲究与上下火车的讲究基本相同。

3. 就座离座

就座与离座的先后顺序，在礼仪上早就有所规定。其具体要求有两点：其一，同时就座离座。若陪同者与被陪同者身份相似，则双方可以同时就座或同时离座，以示关系平等。其二，先后就座离座。若被陪同者的身份高于陪同者时，一般应当请前者首先就座或离座，以示尊重对方。

4. 提供餐饮

在提供餐饮时，陪同者与被陪同者所受到的具体礼遇往往会存在不同：其一，零点餐饮时。单独点菜或点饮料时，按惯例陪同者应当请被陪同者首先来点。其二，供应餐饮时。在上菜或者上酒水时，标准的顺序应当是：为被陪同者先上，然后再为陪同者上，此举亦称“先宾后主”。若宾主双方均有男有女、有长有幼时，则又讲究“先女后男，先长后幼”。

5. 日常安排

一般而言，外方人士的具体活动日程早已排定，陪同人员无权对其加以变更。若外方人士要求变更活动安排，陪同人员不宜擅自做主，而应及时向上级报告，并最终执行上级的决定。

若陪同人员发现被陪同者的活动安排的确存在不足之处，可以向有关方面进行反映，但不宜直接与被陪同者就此问题进行沟通，更不宜在对方面前随意发表个人意见。

6. 业余活动

在正常情况下，我方所接待的外方人士，其工作之余可在遵守中国法律的前提下可以进行自由活动。必要时，中方陪同人员还可以为其提供方便。

若外方人士要求陪同人员为其业余活动提供建议时，陪同人员既要抱着热情、主动、积极的态度，同时也要具体考虑我方的有关规定、现场的治安状况，以及活动的具体内容是否健康、合法。

若外方人士要求陪同人员为其业余活动提供方便时，陪同人员既要力求满足对方的合理请求，又要善于拒绝对方的不合理请求。但无论如何，都不允许陪同人员协助外方人士在华从事违法犯罪的活动。

第四节　文娱活动

在紧张的涉外接待工作过程中，中方通常会为外方人士，尤其是外方的贵宾安排一些文娱活动。这一来可以活跃气氛，调节外方人士的业余生活；二来可以使外方人士直观而形象地接触中国文化，加深其对中国的了解。

为外方人士具体安排文娱活动时，有三条基本原则通常必须为我方人员所重视：其一，内容要健康向上。其二，形式要活泼生动。其三，有助于促进友谊。

目前，在外事接待过程中，中方为外方人士所安排的文娱活动，以文艺晚会、交谊舞会与体育表演最为多见。以下，就分别来介绍一下与其相关的礼仪规范：

一、文艺晚会

文艺晚会，通常简称为晚会。它一般是指在晚上所举行的以表演文艺节目为主要内容的群众性聚会。在外事接待中，它是目前最为常见的为外方人士所安排的文娱活动之一。

为外方人士尤其是贵宾安排文艺晚会时，主要应重视晚会的筹备与现场组织两个问题。

（一）筹备工作

为外方人士安排文艺晚会时，对下述几项具体的筹备工作务必须予以重视。

1. 确定主题

为外方人士所组织的文艺晚会，其重点应当是介绍我国民族文化、颂扬中外双方的友好关系，其风格则应当生动活泼、轻松愉快。

2. 确定类型

依照目的分类，晚会有专题性晚会与娱乐性晚会之分。前者围绕某一主题举行，如“中国与某国建交 20 周年纪念晚会”；后者则纯为娱乐，有时也允许现场观众参与演出。依照节目分类，晚会则有综合性晚会与专场性晚会之分。前者是指各类文艺节目的综合表演；后者则以某一类型的文艺节目为其主要内容，如戏剧晚会、曲艺晚会、电影晚会等。

3. 选择节目

在选择晚会所表演的具体节目时，主要要求有以下五点：其一，突出本次晚会的主题。其二，体现中国的民族特色与地方特色。其三，照顾外方人士特别是主宾的兴趣与偏好。其四，安排一些外方人士所属国家、所属民族的节目。其五，谨防演出内容冒犯外方人士的个人尊严、国家尊严、宗教信仰或民族习俗。

4. 发出邀请

凡正式举行的文艺晚会，如欲邀请外方人士参加，均应提前向对方发出正式的书面邀请。邀请外方人士参加晚会，务必要有主有次，并适当地控制人数。当外方人士出席娱乐性晚会时，如欲邀请对方登台进行即兴表演，最好事先告之对方。切勿届时强拉硬拽、强人所难。

5. 印制说明

为使外方人士进一步对为其所举办的文艺晚会有所了解，一般均应在其观看演出之前，将印制精美的节目单或晚会说明书送至对方手中。节目单的主要内容有：具体节目名称、演职员姓名、演出的预定顺序、表演所预计的时间以及节目内容简介等。节目单或晚会说明书，通常应用宾主双方文字印制，应当保证所有人手一份，并且应当尽早下发。

6. 座位安排

外方人士观看演出时的座位，一般均应事先根据对方的具体身份做好安排。按照惯例，观看文艺节目时，以包厢或者第 7 排和第 8 排座位为佳。观看电影时，则以第 15 排前后为宜。在正常情况下，专场演出通常应将贵宾席留给客人和主人。其他观众既可排定座位，亦可自由入座。若规定观众对号入座，则可将座号与请柬一并发出。

7. 入席退席

在为外方人士举办专场演出时，可以安排普通观众首先入席。正式开幕前，在主宾席就座的客人应在主人陪同下入场就座。当其入场时，其他观众应全体起立，并鼓掌以示欢迎。演出全部结束后，应由主人陪同在主宾席就座的客人首先退场，其他观众在此之后方可退场。

8. 登台献花

在国外，人们有着在正式演出结束后，登上舞台，向专业演员献花的习惯。中国在专场文艺晚会或首场演出结束时，往往也会安排外方人士尤其是主宾，在主人陪同下，登上舞台向演员致谢，并送上花篮或花束。有时，宾主还会与全体演员合影留念。此类安排，应讲究主随客便。一般而言，主人不应提示客人献花，更不应当要求客人登台与演员见面。有些外国客人习惯献花而不登台，但登台而不献花者则比较少见。

(二)现场组织

一般而言，尽管为外宾所举办的晚会上主角当属外宾，但就其参加者的具体人数而论，中方观众往往会占绝大多数。因此，要保证晚会的成功，就不能不对中方观众尤其是普通观众有所要求。

参加涉外性质的文艺晚会时，中方观众主要应当重视如下几点：

1. 准时到场

参加晚会的中方观众，一般均应按照规定的时间准时入场。若因故不能到场，特别是当集体单位因故不能到场时，应及早向有关方面报告，以便其另作安排，不允许无故缺席。即便因故迟到，也不宜随到随入，而应按规定在幕间休息时入场。

2. 杜绝早退

在进入剧场后，观众一般都不应提前退场。若确有原因必须提前退场，应在幕间休息时或某个节目表演结束落幕之后方可离席。因故离席时，宜从后面退场，不宜经过台前。

3. 切忌喧哗

为了保证文艺演出的顺利进行，观众必须自始至终地保持剧场内的安静。不要交头接耳、高声喧哗，不宜接听电话或向他人介绍剧情等。

4. 禁止摄影

为了维护演出单位的专利，并且保证良好的演出效果，在举行正式文艺演出时，除经过批准的新闻单位外，其他观众一般不得录音、摄影、摄像，尤其是不得进行现场转播。为摄影、摄像而随意使用自备光源，亦有碍于演员的演出与观众的观看。

5. 尊重来宾

在出席晚会期间，中方观众应对外宾尊重有加。除外宾入场、退场时应起立鼓掌欢迎或欢送之外，还应注意切勿围观外宾，并注意礼让外宾。当外宾与自己交谈时，不要置之不理；遇到外宾时，则应主动问候。

6. 尊重演员

在演出期间，不要干扰演员。在演员演出结束后，应向其鼓掌致谢。在观看演出期间，不要吸烟，不要起哄、“鼓倒掌”。当演员谢幕后，观众方可退场。

二、交谊舞会

交谊舞会，通常简称舞会。它实际上就是以参加者彼此相邀共舞为主要内容的一种社交聚会。一般情况下，其举行时间多为晚间。与文艺晚会、体育表演相比较，交谊舞会不仅参与面更为广泛，而且其具体形式也要更为轻松活泼。

中方人员在组织舞会或参加舞会时，对礼仪规范要求必须心中有数，表现得体。

（一）舞会的组织工作

有关舞会的组织工作，主要包括以下几点：

1. 舞会的时间

舞会的时间，具体可以分为举办时机与延续长度两个方面。在考虑举办时机时，关键是要“师出有名”。周末、节日、假日、宴会之后以及庆祝活动结束后，通常都可以安排舞会。在考虑延续长度时，一般要求以2～3个小时为佳，并且不宜超过午夜。在向外方来宾发出舞会请柬时，通常应在上面注明舞会延续的时间。

2. 舞场的布置

按常规，一般应尽量选择条件较好、档次较高、较为正式的场地作为舞场。舞场应较为宽敞，舞池应大小适度。在舞厅内，可用彩灯、彩球、彩带进行装饰。舞池的地板最好打蜡，以保证其平滑。如条件允许，最好安排乐队进行现场伴奏。在舞池四周，要摆放足够的桌、椅。灯光、音响、乐器、空调等设备必须提前经过调试。

3. 参加的人员

为外宾组织专场舞会时，一定要以外宾为主。邀请外宾参加中方的舞会时，中方亦应尽量安排一些与外宾相识者到场。考虑到交谊舞会均由一男一女两人共舞，且外方人士大多忌讳与同性共舞，因此应当尽量保证舞场上男女比例大致相当。邀请已婚者时，一般宜请其夫妇同时光临。邀请未婚者或配偶不在身边者时，亦应欢迎对方偕同一位异性到场。

4. 曲目的选择

在具体选定舞曲时，应以节奏鲜明而清晰、旋律优美而动听的曲目为主，并应在舞会曲目的总体安排上做到“快”、“慢”相间、有张有弛。按照国际惯例，交谊舞会均以《一路平安》作为全场舞会的结束曲，故此不宜将其安排在前。

（二）舞会参加者的表现

参加正式的交谊舞会时，接待人员务必要对自己的表现有所约束，并做到下述四点：

1. 修饰自身

参加舞会前，应对自己的仪表略加修饰。一定要注意口腔卫生，禁食带有异味的食物。着装应较为正式，并适宜跳舞。不宜着各类休闲装参加舞会。女士应当略加化妆。男士在现场则禁止吸烟。凡有外伤者、感冒患者，一般均不宜参加交谊舞会。跳舞时，通常忌戴口罩、手套、墨镜。

2. 照顾来宾

在舞会上，接待人员应对外方人士尤其是主宾夫妇多加照顾。按惯例，第一场舞应由主人夫妇、主宾夫妇共舞。第二场舞，则应由男主人与女主宾、女主人与男主宾共舞。此外，男主人应主动邀请无舞伴的女外宾跳舞，或为之介绍舞伴；女主人则应对全体来宾多加照料。有条件时，男主人应轮流邀请其他女宾，而其他男外宾则应争取与女主人共舞一曲。一般而言，在舞场上自始至终与一人共舞，显然是不适当的。

3. 尊重女士

在舞会上，必须讲究女士优先。男士在邀请女士时，如其丈夫、恋人或父母在旁，则应先向对方致意。请舞时，应向女士立正致意，并在口头上正式相邀。待对方同意后，方可陪伴对方进入舞池。倘若对方不同意，则切勿勉强。一曲舞毕，男士应先向女士致谢，随后应将对方送回原处，并在向其身边亲属致意后方可离开。

4. 礼待他人

在舞场上，每个人都应当以礼待人。男士在选择舞伴时，应注意不要与他人发生争抢。与女士共舞时，一定要注意舞姿的正确，不要用力过大或搂抱对方。女士虽然有权拒绝邀舞的男士，但切勿再三再四。拒绝一位男士后，不要立即接受另外一名男士的相邀。在与男士共舞时，既不要推搡对方，也不要主动倚靠对方。不论跳舞与否，在舞场内都不能大喊大叫或酗酒滋事。

三、体育表演

体育表演，在此是指以体育活动为基本内容的一种表演。在当今世界上，体育运动颇受人们青睐，不少外国朋友尤其对此情有独钟。因此，在涉外接待过程中，往往也会为外方人士安排专场体育表演。

就一般规则而言，体育表演与文艺晚会基本相似，此处不再赘述。但对下述几个具体方面的操作技巧问题，却要谨慎处理。

（一）表演形式

为外方人士所安排的体育表演，一般可以划分为如下两类：

1. 正式比赛

所谓正式比赛，通常指某一体育项目的单项竞赛。一场热门的、观赏性较强的正式比赛，如足球比赛、篮球比赛、排球比赛、网球比赛等，往往拥有众多的观众。

为外方人士安排观看正式比赛时，有下列四点必须注意：其一，比赛的具体内容应为外宾尤其是主宾所欣赏。其二，比赛的具体形式应具有较强的观赏性。其三，比赛的参加人员应拥有一定的国内外知名度。其四，比赛的进行过程预计将会比较激烈。如果能安排我方运动员与来宾所在国家的运动员进行比赛，则现场的气氛将会更为热烈。

2. 单项表演

所谓单项表演，在此具体是指不以正式竞赛的名次为目标的单一项目或者单人的体育表演。对外方人士而言，中国传统的体育项目，诸如武术、气功、太极拳，国际上热门的体育项目如健美、柔道、艺术体操、花样游泳等，均深受其欢迎。

选择供外方人士欣赏的单项表演，主要有如下五点应当予以考虑：其一，应当属于我方的强项。其二，应当适合观赏。其三，表演者应当具有一定的国内外知名度。其四，应当受到外方人士的偏爱或对其而言较为新颖。其五，在主随客便的前提下，有时亦可由外方人士表演自己所擅长的体育项目。

（二）表演场地

在具体选择进行体育表演的场地时，通常有下列四点需要注意：

1. 选择较为正式的表演场地

在条件允许的前提下，应尽量选择专用的体育场馆作为表演场地。

2. 选择确保安全的表演场地

在选择体育表演的场地时，仍必须坚持"安全第一"。即不仅要考虑到表演者的安全，而且还必须考虑到外宾与其他观众的人身安全。

3. 选择面积适中的表演场地

这种选择，既有利于体育表演的正常进行，又能避免出现场地面积与观众的具体人数不甚相称的情况。

4. 为外宾安排好适宜的席位

一般而言，观看体育表演时专供主人陪同外方人士尤其是主宾就座的贵宾席，均应正面面对表演者。至于其距离的远近，则应视表演项目的不同特点而确定。

（三）表演人员

作为体育表演的主角，表演人员必须遵守有关的礼仪规范。对下述四点必须加以注意：

1. 遵守有关规则

参加任何体育表演，均应遵守有关规则，而绝对不可以为所欲为。

2. 体谅比赛对手

中方人员应坚持"友谊第一、比赛第二"的原则，在比赛中对对方友善、体谅。

3. 服从赛场裁判

在比赛中，若有裁判执法，则中方人员应对其无条件地服从。

4. 尊重全体观众

体育比赛的具体参加者，应当注意与现场观众进行必要的交流。要尊重全体观众，特别是要在外方人士面前表现得彬彬有礼。

（四）现场观众

在观看体育表演的过程中，我方的每一名观众都应当自觉地约束自身行为，要做到遵守秩序、参与有度、不偏袒任何一方，并善于控制情绪等。

第五节　公务参观

在公务交往中，参观，尤其是在公务活动中所进行的正式参观，可以使自己开阔眼界、增长知识、获取有助于自己开展工作的第一手材料，同时还可以增进对参观项目的了解，促进与参观单位的关系的进一步发展。

一般来说，参观首先应当被视为工作的一种需要，因此，在参观的时候，要遵守一定的礼仪。

（一）选择项目

在选择参观项目的时候，参观的具体项目应该在一定的程度上与自己的业务范围相关。通过对此项目的参观，将有助于目前和今后的工作。这是选择参观项目的总体要求。具体来讲，在进行实际操作时，还应当注意下述几个方面。

1. 有针对性

在选择参观项目时，要有针对性。客观上讲，同自己的业务相关、有助于工作开展的可供参观项目很多，实际上没有能力，也没有必要全都安排对其进行参观。因此，在选择参观项目的时候，一定要有针对性，即一定要选择对自己最重要、最有实际价值的项目。

2. 量力而行

在安排参观的具体项目时，要同时兼顾参观的费用、时间、路途以及近期的工作等各种因素。一定要充分考虑到各种实际困难，从实际可能出发，坚持量力而行，而不宜勉为其难。

3. 兼顾意愿

在选择参观项目的时候，要适当地照顾个人意愿。一般而言，在选择参观项目时应尽可能地尊重参观者本人或者其中绝大多数人的意愿，要照顾参观者个人的特点和兴趣，适合其专业与特长。这样才能充分调动起参观者个人的积极性，使之全身心地投入参观。

4. 客随主便

参观的具体项目，可以由参观者自己提出来，也可以由东道主提议。如果由参观者自行提议，应由东道主认可，才能最后确定参观的具体项目，不要强人所难。在一般情况下，参观项目应由宾主双方共同商定。

（二）准备参观

想要使参观达到既定的目标，就必须在之前做好充分的准备工作，必要时还需要制定专门的参观计划。一般来说，参观计划包括参观项目、参观人数、负责人以及工作人员、起止时间、交通工具、饮食住宿、安全保卫、费用预算。以上有关参观计划的重点内容在报请上级批准后，应向全体接待人员进行传达，让大家做到心中有数、有备无患。

依照参观礼仪的惯例，在外出参观之前，要重点做好下述准备工作。

1. 了解背景

为了使参观者对参观项目有进一步的认识，并在进行参观时有的放矢，抓住重点、难点，应当在参观前向参观者介绍一下参观项目的背景，使大家对参观项目能有大致的了解，避免在参观时信口开河，提出不必要、不适当，甚至令人见笑的问题。

在国内进行参观之前，参观者需要了解的背景材料主要有：参观项目的历史、现状、发展前途，参观项目的主要特色、优点与不足，参观项目在本地区、本行业以及国内外的地位与反响等。在国外进行参观之前，除对参观项目的背景要有所了解之外，还应进行相关的涉外培训，并组织参观者学习参观项目所在国的政治、经济、文化、礼仪等方面的常识。

2. 有所分工

为使参观得以顺利进行，达到目的，尽可能少出现疏漏，最好的办法是在参观之前对全体参观者进行必要的分工，把领队、带路、接洽、应酬、翻译以及交通、膳食、安全、记录、录音、拍照等各个方面的具体工作都落实到个人，使每件事情都有专人负责。如果参观项目的具体头绪较多，还可以对参观人员的具体工作再细分，这样在进行参观时，大家都能各司其职，并可以目标明确地分头深入考察，在参观之后再进行汇总，掌握的情况便会更为全面，收获也将更大。

3. 交际应酬

参观者在参观时，不可避免地要和出面接待的东道主之间交际应酬。因此，参观者，尤其是参观团体的负责人，提前要为此做好必要的准备，以免在参观中失礼于人。

要安排专人，提前准备好在必不可少的礼仪性场合，如东道主迎接参观者时，上前与对方进行应酬、寒暄；向对方主动问好，并作自我介绍后，把参观团的主要成员也介绍给对方，使对方对参观团及其成员有一个大致的了解，从而保证参观活动顺利、有序地进行。此外，要为东道主预定具有象征意义、纪念意义的礼品，以酬谢对方的盛情款待。

4. 相关规定

在参观时，有必要对每个参观者的个人准备都作出明确的规定，这主要分为以下两个方面：

其一，装束。参观者的穿着打扮通常会影响东道主对自己的总体印象。一般来说，参观时的装束既要注意时令与行动方便，也要兼顾具体的参观项目。比如，在参观公司、工厂时，应着正装。而只有在参观风景名胜时，才适合穿便装。

其二，用具。在参观时，还应事先准备必要的辅助工具。例如，便于携带的记录工具和摄录工具。不要因准备不充分而多次麻烦东道主。

（三）服从安排

在参观时，要客随主便，认真服从东道主方面有关参观的具体安排，绝不能明知故犯。具体来说，东道主方面的有关安排规定主要会涉及下述八个方面：

1. 时间规定

每一个具体参观项目都有其规定的参观时间，超过规定的时间，通常不会予以接待。

2. 内容规定

对于参观的具体内容，与参观者的身份有直接的关系。不同关系、不同单位、不同层次的参观者，往往会遇到不同的“待遇”。

3. 人员规定

有些参观项目，东道主会按照自己特定的标准，对参观者的身份及其具体人数作出一定的限制性规定。

4. 物品规定

因为参观项目的不同，或是出于安全、卫生等方面的考虑，有些参观场所是限制参观者携带某些物品自由出入的，如食品、饮料、易燃品、易爆品等。有的参观项目对笔记、录音、拍照、摄像及其用具，也有明文的禁止或限制。

5. 路线规定

参观一般都会划定一定的行进路线，在参观时只能按此行进，绝不要闯“禁区”，给东道主带来麻烦。

6. 言行规定

东道主有时也会对参观者的言行有所规定，如能否当场提问、触摸或试用现场的陈列品，可否接触东道主方面的其他非接待人员以及参观者的活动区域等。

7. 服饰规定

不同的参观项目会对参观者的服饰有着不同要求，或是为了表示庄严肃穆，或是为了环境保护，或是为了方便工作。参观者应按规定着装，或在现场按要求换装。

8. 传播规定

某些涉及专利、秘密的参观项目，不接受新闻界的采访，一般也要求参观者保密，不公开扩散，不可向非相关人士进行传达。

此外，对于附加的参观规定应当具体问题具体分析。有意见时，要注意有礼、有节，不可过于生硬，避免产生不愉快的事情。

（四）认真参观

外出参观访问，由于是工作所需，因此，要专心致志、全力以赴、集中精力、服从组织。

1. 精力集中

参观时一定要聚精会神，把自己的全部注意力集中在参观项目上，尤其要将注意力集中在自己所应注意的重点上，不应舍本逐末、主次不分、不务正业。

参观的时候，要看好、听好、问好、记好。其一，看好。要对参观项目进行全面而仔细的观察，不仅要对其全貌有一定的初步印象，而且还要对其重点进行认真而仔细的考察。不能“走马观花”，更不能中途退出。其二，听好。在参观时，要专心聆听东道主所作的各种介绍，并应牢记必须掌握的数据、资料。其三，问好。在规定允许的时候，可以在参观途中有准备、有目的、合乎礼貌地向东道主方面的有关人员提出疑问，但也不应提出让对方尴尬、难堪、不易作答的问题。其四，记好。在规定允许的前提下，参观者应当尽自己的一切可能，以笔记、绘画、录音、拍照、摄像等各种形式为自己的参观做好“记录”。主要是记下东道主方面的介绍、说明，陈列的图表、模型、实物，现场的总体印象等。

2. 服从组织

在参加集体性的参观活动时，必须注意要个人服从集体。整个参观过程中都要服从指挥，不应随意自行其是。

参观的时候，要保证完成分配给自己的具体任务，并力争将其做得又快又好。不应乘机处理个人的私事，不应中途擅自离队。外出要请假，归队要准时，尽量不要在集体参观时独自行动。未经安排，不宜自行与东道主方面的任何人员私下进行接触，也不准许随意代表自己所在的单位向东道主提出要求，或是对参观项目擅自进行评价。

第六节　面对媒体

当今的世界，已进入了信息化时代。在国外，尤其是在西方发达国家中，大众传播非常发达，并且在现实生活里几乎无处不在、无孔不入，发挥着十分重要的作用。在面对媒体时，接待人员既要掌握政策、遵守纪律、注意分寸，又要沉着机智、落落大方、举止得体。因此，就必须遵守相关的礼仪规范。

一般而言，在面对媒体时，接待人员主要应当在了解媒体、有备而至、临场表现三个方面加以注意。

一、了解媒体

《孙子兵法》曰：“知彼知己者，百战不殆。”在面对媒体时，亦须如此，要尽一切可能，提前对自己即将面对的媒体有所了解。

此处的所谓媒体，特指各种大众传播媒介。要了解媒体，对涉外接待人员而言，主要是要着重了解其政治倾向、实际影响、具体特征，以及其他一些与之相关的具体问题。

（一）政治倾向

在国外，虽说绝大多数外国媒体一向都标榜自己“政治中立”，实际上在现实生活中，它们却无一例外地都会在一定程度上表现出自己的政治倾向。在接触境外媒体时，接待人员主要应当了解下述三点：

其一，其合法与否。在许多国家的媒体都有合法与非法之分。在接触国外媒体之前，务必要对此有所了解。对于非法媒体，切勿与之接触。对于合法媒体，则不必再三回避。

其二，其所属势力。毋庸讳言，任何媒体的发展都离不开财力支持，所以在各国各式各样的媒体背后，都有一定的政治势力或党派作为其后台或靠山。而各种媒体就其本质而言，往往是一定的政治势力或党派的喉舌。疏忽此点，就会犯面对媒体的大忌。

其三，新闻检查。由于媒体在现代生活里影响巨大，各国都对其进行着一定程度的管制。为此，许多国家还专门制定了自己的新闻检查制度。对访问国的新闻检查制度如能有所了解，将会深化接待人员对该国各种媒体政治倾向的认识。

（二）实际影响

在任何一个国家，各种媒体所发挥的实际影响通常都不尽相同。各种媒体的实际影响，除了主要受制于其社会认知度、受众人数以及自身实力等因素之外，本国政府及其新闻主管部门的支持与否，往往也发挥着一定的作用。

在接触各种国内外媒体前，接待人员对其实际影响所进行的了解，主要应侧重于如下两个方面：

其一，了解其属于主流媒体还是非主流媒体。所谓主流媒体，一般是指社会认知度高、受众人数众多、自身实力强大的媒体；所谓非主流媒体，则是指社会知名度较低、受众人数较少、自身实力较弱的媒体。接触各种媒体时，自然应当优先接触主流媒体，不过对非主流媒体亦不应予以轻视。

其二，了解其属于官方媒体还是属于非官方媒体。所谓官方媒体，通常是指属于官方、由官方支持或控制，具有官方背景或反映官方倾向的媒体。所谓非官方媒体，则是指没有官方背景、不受官方支持或控制，以及不直接从属于官方的媒体。相对于官方媒体而言，非官方媒体有时亦称民间媒体。在政治形势不同的国度里，官方媒体与非官方媒体所发挥的实际作用往往大相径庭。

（三）具体特征

媒体的具体特征，从不同角度来看，可进行不同的描述。在此，它是指各种大众传播媒介在传播信息的过程中所客观体现出来的长处与不足。

其一，电视。在传统的媒体之中，电视对受众的实际影响最大。其主要优点有：真实感强、娱乐性强、艺术性强。其主要不足之处则是：瞬间即逝，不宜记录与保留；受时空限制较大，观众选择余地较小；需要专门的接收设备，所需费用不菲。

其二，报纸。报纸作为一种平面媒体，在传统媒体中的作用仅次于作为电子媒体的电视。报纸的长处主要有：信息容量较大；获取信息便利；选择范围较广；便于储藏查阅；有一定针对性。它的不足之处则主要有：不够生动形象，感染力较差；读者需要有一定的文化知识，读者范图受到限制；印刷发售需要时间，信息传播速度较慢。

其三，广播。作为一种电子媒体，广播有其独特的存在价值。它的主要优点有：传播速度快、鼓动性强、受限制较少、费用较低廉。它的主要缺点则有：收听受到时间限制、听众难以选择节目、内容难以反复品味。

其四，期刊。作为平面媒体之一，期刊具有其他媒体所不能比拟的优点：种类繁多，形式多样；内容丰富系统性强；印刷精美，有感染力。与此同时，期刊也有其不足之处：出版周期长，时效性差；较之电子媒体，稍显死板；有专业要求，读者群有限。

其五，网络。近年来，迅速崛起的互联网对传统媒体构成了挑战。它的主要优点有四个：信息量巨大、传播速度快、网站选择多、形式较活泼。它的主要缺点则有三个：内容真假难辨、需要专用设备、要求专门知识。

二、有备而至

作为一名训练有素、见多识广的接待人员，在涉外接待中，尤其是在出访期间，必须正视媒体人员无处不在这一现实，做好必要而充分的准备工作，以求有备而至，在面对媒体时发挥正常。

具体而言，为面对媒体而提前着手进行的主要准备工作大致包括下述三项：

（一）联络媒体

在任何情况下，与外方人士相处时，我方人员均应多交朋友、广结善缘。与媒体人员打交道时，则更加应当如此。

在不违背外事纪律的前提下，我方应按照统一部署，主动与媒体进行联络，并在两相情愿的情况下，与之保持良好关系。

与媒体保持联络至少有三重好处：一是可在一定程度上得到媒体的理解与支持；二是可与媒体进行良性互动；三是可主动而及时地向媒体传播信息。

（二）方便媒体

如欲真正赢得媒体的支持，为其提供各种方便通常是必不可少的。方便媒体的具体措施有以下三个：

其一，主动提供有益信息。在条件允许时，应经常向与自己关系密切的媒体提供正确无误、时效性强的信息，以实际行动支持其工作。

其二，为其提供采访便利。在力所能及的前提下，我方一定要诚心实意地为前来对自己进行采访的媒体提供种种便利，在人员、设备、时间、场地诸方面，给予其必要的支持。至少，也不应为之设置不必要的限制。

其三，尊重媒体人员。对于辛劳工作的媒体人员，接待人员理当表示应有的尊重。必须指出，对媒体人员的尊重，实际上就是对媒体的尊重，同时也是对全社会的尊重。离开了这一根本之点，方便媒体就会变为一句空话。

（三）统一口径

在涉外接待活动中，接待人员面对媒体时的一言一行均事关重大，不可不慎重。因此，要求接待人员在面对媒体时必须统一口径。具体而言，主要是要求接待人员保守秘密、统一行动、专人发言、提供文稿。

其一，保守秘密。在面对媒体之际，接待人员必须遵守外事纪律与保密规则，绝对不允许擅自泄露国家秘密，绝对不允许信口开河、口无遮拦。

其二，统一行动。对于一些重大问题，我方应对有可能接触媒体的全体人员，具体规定什么当讲、什么不当讲、应当如何讲，以便我方人员统一行动。

其三，专人发言。正式组团出国访问时，有条件者应提前指定某一位接待人员担任本团的“新闻发言人”，由其出面应对外方媒体，统一回答对方感兴趣的问题。这样一来，我方人员就不至于在媒体面前“众说纷纭”了。

其四，提供文稿。在正式接受媒体采访时，为了防止对方曲解或误解我方所传递的信息，按照常规，均应向对方提供一份认真准备的、经过斟酌的、具有一定新闻价值的新闻稿，以供其发稿时核对与借鉴。

三、临场表现

面对媒体时，关键是要注意临场表现。一般而言，接待人员在媒体面前的表现，主要应当做到泰然自若、谨言慎行、善待记者、弥补失误这四点。

（一）泰然自若

不论“初出茅庐”，还是“久经沙场”，接待人员在面对媒体时都应努力做到泰然自若。

1. 不慌不忙

面对媒体时，切勿手忙脚乱、手足无措、胡言乱语、自毁形象。在任何时候，在媒体面前不慌不忙的人，都会赢得媒体与公众的好感。

2. 不骄不躁

不论自己求助于媒体，还是媒体有求于自己，接待人员在面对媒体时，都应当力戒骄傲自大、目中无人，切勿急躁盲动、自乱阵脚。

（二）谨言慎行

在面对媒体时，接待人员应当对自己的一言一行多加注意，力求谨言慎行，不出差错。如下几点，尤其值得接待人员高度重视：

1. 有问必答

面对媒体，自然少不了回答其各式各样的问题。对于媒体人员所提出的各种问题，接待人员必须做到有问必答。即使遇到正面难以回答或回答不了的问题，亦须换一种方式作答，而不可答之以“不清楚”、“不能答复”。

2. 真实无欺

在回答媒体的提问时，我方人员必须坚持讲真话、不讲假话，力戒自欺欺人，力求真实无欺。有些问题难以正面作答，亦应委婉应对，而不能代之以假言假语。讲假话的人，永远都不会为他人所信任。

3. 巧妙作答

在回答问题时，虚张声势或吞吞吐吐，都会令人反感。善于巧妙回答媒体的问题，是接待人员必须练就的一项基本功。

4. 行为得当

由于目前新闻媒体已经渗透到生活的每个角落，因此在出访之际，我方人员对自己的行为务必多加检点。不论当众演讲还是私人行动，都要对自己的一切行为负责。不要忘记，自己的一举一动，都可能成为媒体所关注的“新闻”。

（三）善待记者

面对媒体时，每一位有教养的人士都懂得应当善待其工作人员，尤其是辛劳的新闻记者们。对对方待之以礼，往往会有投桃报李之效。

具体而言，现场面对媒体时，善待记者的最佳表现主要有三点：

其一，主动合作。面对媒体时，有经验者往往会变被动为主动，主动接近对方，并认真与对方合作。这样一来，对方自然会对己方产生良好印象。

其二，态度友善。回答记者提问时，接待人员切勿打断对方，或以表情、举止、语气向对方表达不满。即便对方的问题带有偏见或挑衅意味，亦不应为此而激动或发怒。

其三，平等待人。在任何场合，接待人员与媒体人员在人格上都处于平等的地位，因此理应对其平等相待。

（四）弥补失误

现场面对媒体时，接待人员一方面应当一丝不苟、避免失误；另一方面则要及时地发现问题，并采取一切必要措施，以弥补我方的失误。其具体做法有三个：

其一，现场弥补失误。在现场面对媒体时，一旦发现自己出现某种失误，应当想方设法尽快当场予以更正。切勿置之不理、一拖再拖，进而酿成事端。

其二，事后弥补失误。假如事后发现自己或己方面对媒体时有误，亦应在力所能及的前提下，采取一切可能的措施进行补救。

其三，认真总结教训。每次面对媒体后，一定要认真收集相关媒体的报道，并对其进行分类分析。对于所发现的问题，要探究原因并设法予以弥补。

第七节 穿着打扮

在涉外接待之中，与外宾进行接触的我方接待人员不仅要注意郑重其事、细致耐心，而且还要同时讲究必要的穿着打扮的沟通技巧。

必须强调的是：在涉外接待中，穿着打扮对接待人员来说十分重要。得体的穿着打扮，不仅能够赢得交往对象的好感与尊重，而且还能体现出接待人员的自尊自爱。在国际社会上，它往往成为判断接待人员是否敬业、是否训练有素的直观标准。因此接待人员必须对此高度重视，争取做到细致入微、一丝不苟。

具体来讲，接待人员的穿着打扮涉及衣着、饰物、化妆、发型等方面。在这些方面，接待人员除要遵守有关具体规定之外，还要运用一些具有普遍意义的基本规则，以求面面俱到、处处认真。

一、符合身份

在现代社会里，每一个人都具有其特定的身份，都是一个特定的角色，例如，长辈与晚辈、上级与下级、老师与学生等。通常这种身份和角色，会随着时间、背景、场合或具体关系的推移演变而有所变化。因此，在外事接待中，接待人员不仅要善于明确此时此刻自身的实际角色，而且还须令自己的穿着打扮符合自己的角色。

一般情况下，接待人员在正式场合大抵会以宾主的身份、官方的身份或者服务的身份出现。尽管接待人员往往同时身兼三种身份，但这三种身份却有着各自不同的特点与要求。

（一）宾主的身份

平时，这是接待人员所具有的最基本的身份。就具体的接待工作而言，要么是外国人到中国来，接待人员以主人的身份对其予以接待；要么是中国人到外国去，接待人员充当外国人的客人。

要符合这两种身份，接待人员的穿着打扮就要以高雅大方为基本特色。同时，还应注意令自己的服饰较为正式，适当地突出自身的特征。前者是一种国际惯例，若不如此，便是对客人的轻视与失礼；后者则是为了体现自尊自爱。

充当客人时，接待人员的穿着打扮则须注意如下三点：

其一，入乡随俗，即切勿使自己的穿着打扮触犯东道主一方的禁忌。

其二，宾主有别，即要防止喧宾夺主，不要有意无意地过分地突出自己。

其三，中规中矩，即要使自己的穿着打扮遵守惯例，并且“照章办事”。

（二）官方的身份

在涉外接待中，官方的身份往往是接待人员所具有的正式身份。在外事活动中，接待人员无一例外地被视作国家的代表、民族的代表、地方的代表、单位的代表，也就是说，接待人员往往会自然地具有官方的身份。这一身份，要求接待人员的穿着打扮既要庄重，又要保守。

其一，庄重。所谓庄重，主要是要求接待人员的穿着打扮切忌轻浮与随便。接待人员的穿着打扮若过于轻浮，例如，在工作中着装过于裸露、过于紧身、过于透明，则往往会有损其所代表的国家、民族、地方或单位的形象；接待人员的穿着打扮若是过于随便，则极有可能给交往对象留下目中无人的不良印象。

其二，保守。所谓保守，主要是要求接待人员的穿着打扮避免过度时尚或前卫。不论年龄大小、是男是女，接待人员的穿着打扮都必须有意识地与摩登、新潮、怪诞、另类保持一定的距离。不然的话，就会给人以不稳重、不成熟甚至不可信任之感。

（三）服务的身份

必须强调，在日常性工作之中，服务的身份是接待人员所具有的最重要、最本质的身份。不论资历如何、职务高低，接待人员所从事的具体工作都具有鲜明的服务性质。因此接待人员的穿着打扮在任何情况下都不应与自己的身份相背离。具体而言，接待人员的穿着打扮应以朴素、简约为主要风格。

其一，朴素。所谓朴素，并非要求接待人员的穿着打扮要土气、寒酸，而是要求其不要与他人进行攀比、存心高人一等，非要比对方奢华不可。

其二，简约。所谓简约，则主要是出自其工作性质的考虑，要求接待人员的穿着打扮简单而实用，力戒烦琐与浮躁。按照这一要求去做，不仅有利于接待人员“轻装上阵”，做好具体工作，而且还有利于接待人员赢得各方人士的信任。

二、区分场合

接待人员必须充分意识到：自己的穿着打扮，一定要与自己所处的具体场合相适应。在不同场合里，应依照惯例使自己的穿着打扮有所变化。在常规情况下，接待人员所遇到的具体场合有公务场合、社交场合与休闲场合。在这三类不同的场合中，接待人员的穿着打扮应遵守以下基本要求：

（一）公务场合

所谓公务场合，通常是指人们在正常的上班时间内所置身的工作地点。在公务场合中，对于接待人员的穿着打扮所提出的基本要求是：正统、端庄、规范。

具体而言，在公务场合中，接待人员的着装宜为制服、西装、套裙，或者长袖衬衫配以长裤、长裙。而各式各样的时装、便装，尤其是标新立异的前卫服装，或过于自由散漫的家居装、运动装、牛仔装等，则一律不适宜。

在公务场合中，接待人员的饰物应当以少为佳。有些时候，甚至没有必要选用饰物。若是选用饰物过多，或选用的饰物过于高档，都是不恰当的。

对于女性接待人员的化妆问题，要做到“化妆上岗，淡妆上岗”，力戒浓妆艳抹，否则会使人觉得不伦不类、不够稳重。

在公务场合中，对接待人员头发的修饰亦有一定限制。一般来讲，不提倡接待人员染彩色发，亦不允许接待人员选择怪异发型。除此两点要求之外，对接待人员头发的长度亦有约定俗成的讲究，在肯定男女有别的同时，通常要求头发不宜过长或过短。

（二）社交场合

所谓社交场合，大都是指人们在上班之余所置身的公共性交际地点。典型的社交场合，包括聚会、宴会、拜会、舞会、音乐会等。

在社交场合中，对接待人员的穿着打扮所提出的基本要求是：时尚、典雅、个性，即要求接待人员的服饰与时俱进，文明雅致，与众不同。

具体而言，在社交场合中，接待人员的着装可主要选择时装礼服、民族服装以及个人制作的服装。遇到要求身着礼服的场合，接待人员则可以男穿深色中山装，女穿单色旗袍。以上两种中式“国服”，业已成为世人所认可的中式礼服。通常认为，接待人员在社交场合不宜身着过于正式的制服，或过于随意的便装。若非军界、警界的内部聚会，身着军服、警服尤为不妥。

在社交场合中，接待人员可以酌情佩戴一些饰物。用于社交场合佩戴的饰物，一般讲究档次高、款式新、做工精。低档、落伍或做工过于粗糙的饰物，接待人员最好不要佩戴。

在社交场合中，女性接待人员通常必须化妆。其化妆的浓淡，则应与其所处场合相协调。女性若在社交场合不化妆，通常会被外国人视为失礼之举。

在社交场合中，接待人员对自己的头发应进行精心的修饰。只要与自己的实际身份相符，接待人员对于头发的长短、染色与否以及选择何种发型，均可自行定夺。

（三）休闲场合

所谓休闲场合，一般是指人们在闲暇时间内一人独处，或者独自活动于公共场所。较为典型的休闲场合，主要有居家、健身、逛街等。

在休闲场合中，对接待人员穿着打扮的基本要求是舒适、自然、方便。之所以如此，是因为休闲场合被视为非正式场合，与公务场合、社交场合等正式场合自然有所区别。

在休闲场合中，接待人员的着装以家居装、运动装、牛仔装等为宜。选择T恤、短裤、旅游鞋，也未尝不可。不过，在休闲场合中切莫选择制服、套装、套裙、时装、礼服等各式适用于正式场合的服装。否则就会显得煞有介事，与休闲场合不甚协调。

在休闲场合中，接待人员一般没有必要佩戴饰物。即便佩戴，也没有必要披金戴银、环佩叮当、招摇过市，令人为之侧目。

女性接待人员在休闲场合中对于自己是否化妆的问题可以自便。不过在绝大多数的休闲场合中，化妆往往都是没有必要的。

在休闲场合中，接待人员的头发只要干净、整洁即可，而无其他任何的限制。

三、遵守常规

没有规矩，不成方圆。接待工作，通常是最讲究规矩的。接待人员必须自觉而认真地遵守穿着打扮的一些基本常规，以体现出自身的良好素质和敬业精神。

具体而言，接待人员在穿着打扮方面所须遵守的常规主要包括专业规范、内部规范与社会规范。接待人员对这三项规范必须兼顾，不得偏废。

（一）专业规范

所谓专业规范，实际上就是指有关穿着打扮的技巧与方法。遵守专业规范，是对接待人员穿着打扮的基本要求。

例如，男士在穿西装套装时，必须遵守“三色法则”这一专业规范，即不得令自己全身上下的色彩多于三种颜色。如果忽略了此项专业规范，即使身上穿的西装套装再高档，也难以体现出自身的风采，甚至会贻笑大方。

女士在戴两件以上的饰物时，必须遵守“质色相同法则”，即务必要使自己所戴的各件饰物质地相同、色彩相同。若质地难以相同，也要确保色彩相同。唯有如此，所佩戴的各件饰物才会彼此协调、相得益彰。如果这些饰物质地不同，或者色彩相去甚远、反差过大，则会显得十分粗俗低档。

（二）内部规范

所谓内部规范，在此是指接待人员所在单位内部的、有关穿着打扮的具体规范，尤其是有关的明文规定。需要指出的是，接待人员对此必须无条件地加以遵守。这样做，实际上可以反映出接待人员良好的业务素质，同时也会使人感觉到接待人员所属的单位管理有方，令行禁止。

具体来看，有关接待人员穿着打扮的内部规范主要可以分为以下两类：

1. 基本要求

有关对接待人员穿着打扮的基本要求，即具体要求其应当如何去做。例如，许多涉外单位均要求全体员工在工作中必须选择正装。还有一些部门，则对接待人员的着装做出了更为具体的规定：男性应穿深色西装套装；女性应穿素色西式套裙等。

2. 主要禁令

有关对接待人员个人修饰的主要禁令，即明确规定其在进行个人修饰时不可以怎样做。例如，国内许多单位均禁止参与外事活动的男士蓄留长发，其具体要求是：男士应前发不覆额、侧发不掩耳、后发不及领。此外，有的单位还规定：若无特殊的宗教信仰或民族习惯，则参与外事活动的男士不宜蓄须。

（三）社会规范

所谓社会规范，此处指的是社会上对接待人员个人修饰约定俗成的看法或惯例。在任何时候，接待人员都是社会的一员，都要按照社会对自己的角色定位来行事，在穿着打扮方面亦是如此。

有关接待人员穿着打扮的社会规范，通常可以具体划分为如下两类：

1. 国内社会的规范

显而易见，国内社会的规范的主要适用范围为本国国内。例如，在中国，社会上对接待人员的个人修饰，都要求朴实无华、典雅含蓄。

2. 国际社会的规范

国际社会的规范，顾名思义，自然以国际社会为其适用范围。例如，出席宴会或观看正式演出时，国际社会通行的做法是要求出席者身着正规的礼服。在中国，以前并无此种做法。

对上述两类社会规范，接待人员均应严格遵守。当前者与后者偶尔发生矛盾抵触时，接待人员通常应当优先考虑后者，因为后者乃属国际惯例。

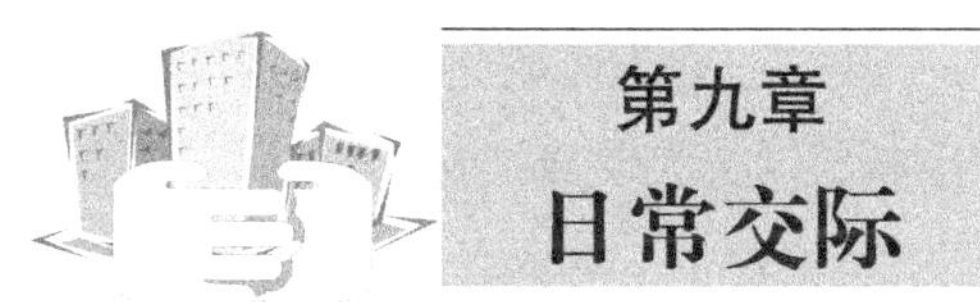

第九章 日常交际

在国内外交往中，尤其是在涉外交往中，接待人员经常会参与形形色色的日常性交际活动。尽管多数日常交际属于私人性质，但亦不允许接待人员肆意而为。

即使在日常交往中，接待人员亦须时时守礼、处处讲礼，切不可失礼于人。

第一节 称呼外宾

俗语说："十里不同风，百里不同俗。"在涉外交往中，称呼的问题因为国情、民族、宗教、文化背景的不同而显得千差万别，因此值得认真地进行区别对待。

在国际交往中，对待称呼问题，有两点必须切记：其一，要掌握一般性规律，即国际上通行的做法。其二，要留心国别差异，并加以区分对待。

一、一般性规律

在国际交往中，称呼方面的普遍性规律有：

其一，对任何成年人，均可以将男子称为“先生”，将女子称为“小姐”、“夫人”或“女士”。

对于女子，已婚者应称“夫人”，戴结婚戒指者也可称为“夫人”。对未婚者及不了解其婚否者，可称为“小姐”。对不了解其婚否者，亦可称为“女士”。

上述称呼，均可冠以姓名、职务、职称、学衔或军衔。例如：“麦克先生”、“波拉小姐”、“市长先生”、“少校先生”，等等。

其二，在商务交往中，一般应以“先生”、“小姐”、“女士”称呼交往对象。

在国际商务交往中，一般不称呼交往对象的行政职务，这一点与中国极为不同。

“夫人”这一称呼，亦较少采用于商务活动之中。

其三，在职场交往中，常见的称呼除“先生”、“小姐”、“女士”外，还有两种方法，一是称其职务，二是对地位较高者称“阁下”。

在称呼职务或“阁下”时，还可以加上“先生”这一称呼。其组成顺序为：先职务，次“先生”，最后“阁下”；或为职务在先，“先生”在后。例如，“总理先生阁下”、“大使阁下”或“市长先生”，等等。在美国、德国、墨西哥等国，通常没有称“阁下”之习。

其四，对军界人士，可以其军衔相称。

称军衔不称职务，是国外对军界人士称呼最通用的做法。在进行称呼时，具体有四种方法：

一是只称军衔，如“将军”、“上校”、“中士”。

二是军衔之后加上“先生”，例如“上尉先生”、“上校先生”。

三是先姓名后军衔，如“朱可夫元帅”、“麦克阿瑟将军”。

四是先姓名、次军衔、后“先生”，例如“罗斯上校先生”、“卡尔文下士先生”。

其五，对宗教界人士，一般可称呼其神职。

称呼神职时，具体做法有三类：一是仅称神职，如“牧师”。二是称姓名加神职，如“洛斯神父”。三是神职加“先生”，如“传教士先生”。

其六，对君主制国家的王公贵族，称呼上应尊重对方的习惯。

对国王、皇后，通常应称“陛下”。对王子、公主、亲王等，应称之为“殿下”。对有封号、爵位者，则应以其封号、爵位相称，例如“爵士”、“公爵”、“大公”等等。

有时，可在国王、皇后、王子、公主、亲王等头衔之前加上姓名相称。例如：“西哈努克国王”、“莫尼列公主”、“拉那烈王子”，等等。

对有爵位者，可称“阁下”，也可称“先生”。

其七，教授、法官、律师、医生、博士，因其社会地位较高，颇受尊重，故可直接以此作为称呼。

称呼的具体做法有四种：

一是直接称“教授”、“法官”、“律师”、“医生”、“博士”。

二是在其前加上姓名，如“亨利教授”。

三是在其后加上“先生”，如“律师先生”。

四是在其前加姓名，在其后加“先生”，例如“泰勒博士先生”。

其八，对社会主义国家或兄弟党的人士，可称之为“同志”。

除此之外，对方若称中方为“同志”，我方即可对对方以“同志”相称。不过，对“同志”这种称呼，在对外交往中切勿乱用。

二、国别性的差异

以下介绍一些主要国家姓名称呼方面的特点：

（一）英美等国

在英国、美国、加拿大、澳大利亚、新西兰等讲英语的国家里，人们的姓名一般由两个部分构成：通常名字在前，姓氏在后。例如，在

“乔治·布什”这一姓名之中，“乔治”是名字，“布什”才是姓氏。

在英美诸国，女子结婚前一般都有自己的姓名。但在结婚之后，通常姓名由本名与夫姓所组成。例如“希拉里·克林顿”这一姓名中，“希拉里”为其本名，“克林顿”则为其夫姓。

有些英美人士的姓名前会冠以“小”字，例如：“小乔恩·约翰逊”。这个“小”字，与其年龄无关，而是表明他沿用了父名或父辈之名。

跟英美人士交往，一般应称其姓氏，并加上“先生”、“小姐”、“女士”或“夫人”。例如：“格林先生”。在十分正式的场合，则应称呼其姓名全称，并加上“先生”、“小姐 ”、“女士”或“夫人”。例如，“雷蒙德·格林先生”。

对于关系密切的人士，往往可直接称呼其名，不称其姓，而且可以不论辈分，如“卡尔”、“戴维”、“菲比”，等等。在家人与亲友之间，还可称呼爱称。例如：“凯特”、“吉尔”，等等。但与人初次交往时，却不可这样称呼。

（二）俄罗斯

俄罗斯人的姓名由三个部分构成。首为本名，次为父名，末为姓氏。例如，以列宁的原名“弗拉基米尔·伊里奇·乌里扬诺夫”这一姓名中，“弗拉基米尔”为本名，“伊里奇”为父名，“乌里扬诺夫”方为姓氏。

俄罗斯妇女的姓名同样也由三个部分组成，本名与父名通常一成不变，但其姓氏结婚前后却有所变化：婚前使用父姓，婚后则使用夫姓。对于姓名为“尼娜·伊万诺夫娜·乌里扬诺娃”的女士而言，其姓氏“乌里扬诺娃”与其婚否便关系甚大。

在俄罗斯，人们口头称呼中一般只采用姓氏或本名。比如：对“米哈伊尔·谢尔盖耶维奇·戈尔巴乔夫”，可以只称“戈尔巴乔夫”或“米哈伊尔”。在特意表示客气与尊敬时，可同时称其本名与父名，如称前者为“米哈伊尔·谢尔盖耶维奇”，这是一种尊称。对长者表达敬意时，方可仅称其父名，如称前者为“谢尔盖耶维奇”。

俄罗斯人在与亲友、家人交往时，习惯使用由对方本名化来的爱称。例如，可称“伊万”为“万尼亚”。

在俄罗斯，“先生”、“小姐”、“女士”、“夫人”亦可与姓名或姓氏连在一起使用。

（三）日本

日本人的姓名均用汉字书写，而且姓名的排列与中国人的做法也一样，即姓氏在前，名字居后。不同的是，日本人的姓名往往字数较多，且多为早字组成。其读音，与汉字也大相径庭。

为了避免差错，与日本人交往时，一定要了解在其姓名之中，哪一部分为姓，哪一部分为名。进行书写时，应将其姓与名隔开一格来书写，例如，“竹下　登”、“小泽　一郎”、“二阶堂　进”、“桥本　龙太郎”，等等。

日本妇女婚前使用父姓，婚后使用夫姓，本名则一直不变。

在日本，人们进行日常交往时，往往只称其姓。仅在正式场合，才使用全称。

称呼日本人时，“先生”、“小姐”、“女士”、“夫人”皆可采用。一般可与其姓氏或全称合并使用。例如“工藤先生”、“村上春树先生”，等等。

第二节　交际礼节

在接待活动中，接待人员具体应选择何种会面礼节，通常是十分讲究的。会面礼节，亦称见面礼，一般是指人们用于见面之际向交往对象致意的规范化做法。就适用范围而言，有的见面礼适用面较广，而有的见面礼则仅仅适用于本国、本地区或本民族。

在接待活动中，接待人员可沿用自己惯用的见面礼，也可比照其交往对象的特殊礼节来行见面礼。对在日常交往中常见的握手礼、拥抱礼、亲吻礼、吻手礼、合十礼、抚胸礼、鞠躬礼、脱帽礼等，接待人员均有必要深入了解。其中，握手礼在上编第二章里已有过详细介绍，此处不再赘述。

一、拥抱礼

所谓拥抱礼，一般是指交往双方互相以自己的双手揽住对方的上身，借以向对方致意。在中国，人们对这一礼节不甚习惯，但在对外交往中它却得到了广泛的运用。

对拥抱礼，接待人员主要应掌握下述四点：

1. 具体做法

拥抱礼最为常见的做法是：两人走近之后，正面站立；先各自举起右臂，将右手搭在对方左肩后面；左臂下垂，左手扶住对方腰部右后侧；首先各向对方左侧拥抱，然后各向对方右侧拥抱，最后再一次各向对方左侧拥抱。

2. 具体区域

一般来讲，拥抱礼在西方国家广为流行。在中东欧、阿拉伯各国、大洋洲各国、非洲与拉丁美洲的许多国家里，拥抱礼也颇为常见。但在东亚、东南亚国家里，人们则往往对此不以为然。

3. 具体场合

在庆典、仪式、迎送等较为隆重的场合，拥抱礼最为多见，在政务活动中尤为如此。在私人性质的社交、休闲场合，拥抱礼则可用可不用。在某些特殊的场合，诸如谈判、检阅、授勋等，人们则大都不使用拥抱礼。

4. 具体人员

在欧洲、美洲诸国，男女老幼之间均可采用拥抱礼。而在亚洲、非洲的绝大多数国家里，拥抱礼仅适用于同性之间；与异性在大庭广众之前进行拥抱，有时则是被禁止的。

二、亲吻礼

在一些流行拥抱礼的国家里，亲吻礼也普遍流行，并往往与拥抱礼同时采用。所谓亲吻礼，在此特指以亲吻交往对象面部某些特定部位的方式来向对方致意。

当人们有必要向他人行亲吻礼时，一般有如下三点须特别注意：

1. 点到为止

在亲吻别人时，不论与对方关系如何，不论双方是否同性，都不宜表现得过于热烈、过于投入。一般的做法是：以唇部象征性地接触对方一下即可。

2. 部位有别

根据惯例，在行亲吻礼时，双方关系不同，亲吻的具体部位通常会有所不同。长辈吻晚辈，应吻额头；晚辈吻长辈，应当吻下颌或吻面颊；同辈之间，同性应贴面颊，异性则应吻面颊。在正常情况下，接吻，即互相亲吻嘴唇，往往仅限于夫妻或恋人之间，而不宜滥用，更不宜当众进行。

3. 国情差异

在西方国家里，亲吻礼既适用于同性之间，也适用于异性之间。但在许多亚洲国家尤其是中东地区，它则仅限于同性之间使用，异性之间绝对不得使用。

三、吻手礼

在欧洲与拉丁美洲，异性在社交场合见面时往往会采用吻手礼。所谓吻手礼，实际上是亲吻礼的一种特殊形式，它是以一个人亲吻另外一个人的手部来向对方所表示的致意。在亚洲国家里，吻手礼与亲吻礼一样，都不甚流行。

在涉外交往中有可能接触吻手礼时，必须对其下述三个特征有所了解：

1. 单向性

一般的见面礼，如握手礼、拥抱礼、亲吻礼等，往往都具有双向性，即有来有往，彼此相互施礼。但吻手礼却较为特别，它通常是单向施礼的，即其施礼对象不必以相同形式向施礼者还礼。

2. 对象性

按惯例，吻手礼大都是男士向女士施礼。接受吻手礼的女士，往往都是已婚者。按照常规的做法，一般不应当向未婚妇女施吻手礼。

3. 限定性

在正规场合施吻手礼，通常有以下两条特殊的限制：其一，行礼的地点应为室内。在街道上行此礼，是不合时宜的。其二，吻手的部位应是女士的手指或手背。一般而言，女士所被吻的手，大都是右手。当男士吻女士的手时，必须是轻轻的、具有象征性的接触，而非“大张旗鼓”。

四、合十礼

在一些亚洲国家里，合十礼十分流行。所谓合十礼，亦称合掌礼，就是以双手手掌十指相合的形式来向其交往对象致意。

严格地讲，合十礼其实是一种佛教的专用礼节。因此，它在东南亚、南亚等一些普遍信奉佛教的国家里十分流行。在欧洲、美洲与非洲，合十礼则并不多见。

向他人施合十礼时，有以下三点必须为施礼者所重视：

1. 神态庄严

在向他人行合十礼时，允许施礼者面含微笑，同时亦可口颂祝词，或问候对方。但是，最佳的神态应是神态庄严而凝重。

2. 郑重其事

作为一种宗教礼节，在行合十礼时要求郑重其事。其标准做法是：双掌十指相合于胸部正前方，五指并拢，指尖向上，手掌上端大体与鼻尖持平，手掌在整体上向外侧倾斜，双腿直立，上身微欠，低头。行礼时，身体一般应立正不动。不过，在缓步行进时亦可施行此礼。

3. 敬意有别

根据传统做法，在向别人行合十礼时，自己合十的双手举得越高，则越能体现出对对方的尊重。一般情况下，在正式场合向别人行合十礼时，原则上不应使之高过自己的额头。唯有礼佛之时，才可将合十的双手举得较高。

五、抚胸礼

在一些亚洲国家以及欧美国家里，人们在与别人相逢之时往往会抚胸为礼。在一些较为隆重的场合，例如，升国旗、奏国歌时，抚胸礼也时有所见。

所谓抚胸礼，又称按胸礼，一般是指以手部抚按于胸前的方式来向他人致意。实际上，它往往具有一定的宗教含义，因而它在一些信奉宗教的国家里普遍流行。其最初所表示的意思，则是誓言或宣誓。

行抚胸礼时，通常应对以下两点予以注意：

1. 方法适当

行抚胸礼时，其方式必须正规。常规的做法是：上身稍许躬身，眼睛注视交往对象或目视正前方，头部正或微微抬起，以右手手掌掌心向内、指尖朝向左上方，然后将其抚在本人的左胸之前。必须切记，行此礼时，不仅应当态度认真而庄重，而且还绝对不允许以左手行礼或以之抚按右胸。

2. 兼施他礼

正如亲吻礼与拥抱礼往往相伴一样，抚胸礼通常也会与一些其他的会面礼节同时使用。其中最为常见的，就是抚胸礼与鞠躬礼同时使用。在某些国家里，人们则往往习惯于先行抚胸礼，然后再与交往对象握手为礼。

六、鞠躬礼

所谓鞠躬礼，一般是指向他人躬身以示敬重或感谢之意，它也因而被称为躬身礼。

接待人员在采用鞠躬礼时，主要应注意如下四点：

1. 内外有别

自古以来，中国就有鞠躬礼存在。但目前在中国，鞠躬礼多用于需要表达敬谢之意或道歉之意的场合。而在国外，它则主要用于见面或告别之际。

2. 对象特定

在国外，鞠躬礼主要通行于与中国相邻的日本、韩国等。在欧美各国以及非洲国家里，它并不流行。

3. 中规中矩

向他人行鞠躬礼时，应当首先立正脱帽，双目正视施礼对象，然后面向对方，上身弯腰前倾。在这一过程中，通常男士应将双手贴放于身体两侧的裤线之处，而女士的双手则应在下垂之后搭放于腹前。

4. 区别对待

施鞠躬礼时，外国人一般只会欠身一次，但对其具体幅度却十分在意。在正规场合，欠身的幅度越大，越表示自己对交往对象礼敬有加，不过其欠身的最大幅度不宜超过 90 度。

七、脱帽礼

所谓脱帽礼，在此是指以摘下本人所戴帽子的方式来向交往对象致意。行脱帽礼时，一般有以下三点注意事项：

1. 方法有异

行脱帽礼时，戴制服帽者通常应双手摘下帽子，然后以右手执之，将其端在身前。戴便帽者既可以右手完全摘下帽子，又可以右手微微一抬帽檐代之。不过越是正规之时，越是要求完全摘下帽子以示尊敬。

2. 男女有别

本着“女士优先”的精神，通常准许女士在社交场合内不必摘下其帽子，而男士则不享有此项特殊待遇。

3. 用途广泛

一般而言，脱帽礼除适用于见面时之外，还适合于其他场合。例如，在路遇熟人、进入他人居所或办公室、步入娱乐场所、升挂国旗与演奏国歌时等，都可以施脱帽礼。

第三节 奉献鲜花

在人际交往中，人们互赠鲜花已成为一种十分普遍的现象。作为馈赠的一种特殊形式，向他人赠送鲜花，不仅可以表达情感，而且还令人感到高雅脱俗，提高馈赠行为的品位与境界。所以有人说，在人际交往中以花为赠，是最保险、最易于使双方皆大欢喜的一种馈赠选择。

在涉外接待中，接待人员向外方人士奉献鲜花，早已成为一种国际惯例。接待人员要掌握有关向外宾奉献鲜花的礼仪，主要应当对有关送花时机、送花形式、花卉寓意等方面的具体规范详加了解。

一、把握时机

举办接待活动时，如果时机选择得当，则能够使小小一束鲜花发挥很好的作用。在日常交往过程中，适宜我方人员向外方人士赠送鲜花的具体时机，大体上可以被分为例行之时与巧用之时。

（一）例行的送花时机

在人际交往中，人们通常会在以下场合以花赠人：

1. 喜礼之用

遇到与自己相熟的外国人士结婚、生子、做寿、乔迁、升学、晋职等诸般喜事，均可以赠送鲜花作为喜礼，恭喜对方。

2. 贺礼之用

参与某些应向外宾表示祝贺之意的活动，例如，企业开张、展览开幕、大厦奠基、新船下水、周年庆典、演出成功等，均可赠送鲜花作为贺礼。

3. 节庆之用

逢年过节，诸如国庆节、老人节、母亲节、父亲节、教师节、护士节、青年节、妇女节、情人节以及其他民族节日之类的良辰吉日，均可向外方人士赠送鲜花。

4. 慰问礼之用

当外方人士或其家人遇到不幸或挫折时，或者遇到其他一些天灾人祸时，应前去慰问，并赠以鲜花。

5. 丧葬礼之用

当关系亲密者或者其家人举办丧事、葬仪时，可送以鲜花，以寄托哀思。

6. 祭奠礼之用

当谒陵、祭祖、扫墓时，可以花为礼，追思、缅怀古人或表示自己的哀思。

（二）巧用的送花时机

在下列一些情况下，将鲜花赠与外方人士，会令人耳目一新，有利于增进双方的关系：

1. 迎送

当外方人士来访或即将归国时，向其赠送一束鲜花，可以巧妙、委婉地向对方表达自己的热情、友谊。

2. 做客

前往外国友人居所做客时，如能以鲜花为礼，则较为恰当。

3. 致歉

有些时候，因为自己的差错而与其他人产生了矛盾、误解甚至隔阂，可以通过向其赠送鲜花来表示歉意，必要时还可附以道歉卡。

二、选择形式

一般而言，送花的形式分为两种，即以人来区分和以花来区分。

（一）以人区分

以人来区分送花的形式，通常可将其区分为本人亲送、代表转送、雇人代送三种。它们分别适用于不同的情况和场合。

1. 本人亲送

本人亲送，是送花的最基本的形式。此举不但可以与受赠者一同分享当时的喜悦，而且还可以现场亲自解说自己送花的缘由，充分表达本人的情意。

2. 代表转送

由他人代表自己转送鲜花，一般是赠送人因故不能到场时所作的一种选择。尽管是不得已而为之，但有时此种赠送方式也可以起到由代表者表达赠送者难言之处的独特作用。

3. 雇人代送

有时，赠送者本人的确难以分身，或是为了刻意制造一种气氛，可以委托鲜花店的“花仙子”或是邮政局的“礼仪小姐”，代替自己上门送花。

（二）以花区分

依照所送花的形式不同，送花又可以分为送束花、篮花、盆花、插花、饰花、花环、花圈等。

需要强调的是，在绝大多数情况下，送花时应以送鲜花为佳，尽可能地不要以发蔫的鲜花或干花送人。

1. 束花

束花，又叫作花束，它是以新鲜的数枝切花捆扎成束，精心修剪或包装而成的一种鲜花组合。目前，它是适用面最广、应用最多的一种。

2. 篮花

篮花，又叫作花篮。它是在形状各异的精编草篮里，按一定的要求，盛放一定数量花大色鲜的新鲜切花组成。与赠送束花相比较，赠送篮花显得更隆重、更高档。其最适宜的场合，通常有开业、演出、祝寿等。

3. 盆花

盆花，通常是栽种在专门的花盆里，主要用作观赏的花草。送人的盆花，可以是自养的心爱之物，也可以是特意买来的珍稀品种。送盆花的最佳时机，有登门拜年、祝贺乔迁以及至交互访等。赠送的对象，最好是老年人、爱花者以及居所具备一定空间而又有侍弄花卉时间的人士。

4. 插花

插花，指的是运用一定的技巧，将各种供观赏的鲜花在精心修剪之后，经过认真搭配，然后插放在花瓶、花篮、花插之中。插花主要适用于“孤芳自赏”，装饰居室，布置客厅、会议室，同时也可以赠与亲朋好友。

5. 饰花

在日常生活里，往往可以单枝的鲜花进行装饰，这就是所谓饰花。按其装饰部位的不同，最常见的饰花有襟花、头花等。在两者之中，襟花可使用于各类社交场合，而头花则仅限于非正式场合使用。除亲朋好友外，饰花一般不宜送人。但是，饰花在某些庆典、仪式中，则可以统一发放。

6. 花环

花环，此处是指用新鲜的切花编扎而成的环状物，可以手持，也可以佩戴于脖颈、头顶或手腕上。它多用于自我装饰、表演舞蹈、迎送贵宾，有时亦可以之赠人。在国外，其受赠对象通常是贵宾或好友。

7. 花圈

花圈，是指用花扎成的固定的圆状祭奠物。它仅能用在悼念、缅怀逝者的场合。例如，参加追悼会、扫墓、祭奠等。

三、花卉寓意

鲜花之所以成为人们馈赠他人的重要选择，主要是因为鲜花蕴含着种种美好的寓意。鲜花的寓意，是接待人员在送花时所必须重视的一个问题。它是指按照人们的一般看法，某一种的鲜花依其品种、色彩、数目、搭配的不同，而表示或具有的某种含义。

从本质上讲，鲜花的寓意实际上关系到送花的内容问题。就送花而言，内容与形式相互关联、相互作用，两者都是非常重要的。

（一）通用的寓意

在世界上，有一些鲜花的寓意是相传已久、人所共知、广为沿用的，这就是所谓鲜花的通用寓意，即花语。准确地说，所谓花语，乃指借用花卉来表达人类的某种情感、愿望或象征的语言。简言之，花语，就是借花所传之意，以花类比之情。

花语一旦形成并被人们接受，便流传开来，并形成惯用的礼仪规范。通常人们不能自造花语，也不许篡改花语。

接待人员所要基本精通的常用的花语，主要有以下三类：

1. 表达情感

在全部花语之中，有相当数量是被用来表达人之常情的。

例如，在国外，人们通常用玫瑰表示爱情，用丁香表示初恋，用柠檬表示挚爱，用橄榄表示和平，用桂花表示光荣，用白桑表示智慧，用水仙表示尊敬，用百合表示纯洁，用茶花表示美好，用紫藤表示欢迎，用豆蔻表示别离，用杏花表示疑惑，用垂柳表示悲哀，用石竹表示拒绝等。

有时，还可以将几种花语相近的鲜花搭配在一起送人。那些搭配、组合相对比较固定的鲜花，往往又共同形成了新的花语。

例如，用表示勤勉的红丁香、表示谨慎的鸟不宿和表示战胜困难的菟丝子组合而成的花束赠与友人，可表示："君如奋斗，必将成功！"

用表示成婚的常春藤、表示结合的麦藁和表示羁绊的五爪龙组合而成的花束赠与新婚者，可表示："同心相爱，永不分离。"

用表示分别的杉枝、表示祝愿的香罗勒和表示勿忘的胭脂花组合而成的花束赠与远行者，则可表示："为君祝福，君勿忘我。"

2. 象征国家

目前，许多国家都拥有各自的国花。所谓国花，此处是指以某种鲜花来表示国家，作为国家的一种标志和象征。确定国花，有些国家采用的是由议会立法决定的方式，有些国家则是依据本国文化传统和绝大多数人的意愿协商选定的。还有一些国家，为慎重起见，迄今尚未明确选定国花。

在正常情况下，各国的国花大都具有下列三个特点：其一，一国只有一种国花。其二，各国国花都是本国人民最喜爱的花。其三，国花通常代表国家形象。人人对国花必须尊重、爱护，既不宜滥用国花，也不可失敬于国花。

世界上一些国家的国花有：日本：樱花；韩国：无穷花；德国：矢车菊；英国：玫瑰；加拿大：枫叶；澳大利亚：金合欢；荷兰：郁金香；等等。

3. 代表城市

与许多国家拥有国花一样，世界上的许多城市也拥有自己的市花。所谓市花，是指用来代表本市，作为本城市标志或象征的某一种鲜花。

中国的许多城市都有自己的市花。例如，北京市的市花是月季和菊花，上海市的市花是白玉兰，天津市的市花是月季，重庆市的市花则是山茶花。

根据常规，凡属市花的花卉品种均具有以下特点：其一，全市人民对此花最为喜爱。其二，此花在本市易于生长，并且兼具城市特色。其三，此花由全市人民公开选定。其四，此花被作为本市标志，在美化城市和城市之间的交往中被广泛使用。其五，作为本市的标志，人们对其倍加尊重，绝不容许对其有任何轻视或损坏。

（二）民俗性寓意

同一品种的鲜花，在不同的国家和地区，往往会被赋予大不相同的寓意。在多数情况下，这是民俗不同之故使然，所以可称之为鲜花的民俗寓意。在选送鲜花时，尤其是在跨地区、跨国家的人际交往中欲以鲜花赠人时，不但要考虑其通用寓意，而且也要考虑其民俗寓意，两者应当并行不悖。

就选送鲜花而言，在接待活动中注意鲜花的民俗寓意，主要应体现在鲜花的品种、色彩、数量三个问题上。

1. 品种

由于风俗习惯不同，同一品种的鲜花，往往在民俗寓意上大为不同。

例如，中国人喜爱的黄色菊花，在西方却代表死亡，仅可以供丧葬活动使用；中国人赞赏的荷花，在日本则表示死亡。

在中国的广东、海南、港澳地区，送人金橘、桃花，会令对方笑逐颜开；而以梅花、茉莉、牡丹花送人，则必定会招人反感。原来，在那里人们爱“讨口彩”，金橘表示有“吉”，桃花则象征着“红火”，所以这些花令来者不拒；而梅花、茉莉、牡丹则音同“霉”、“没利”、“失业”，故人们往往避之唯恐不及。

2. 色彩

由于习俗不同，人们对于鲜花的色彩往往有着不同的理解。

举例而言，在国内，人们最喜爱红色的鲜花。因为在中国的传统民俗里，红色象征大吉大利、兴旺发达。新人成亲时，赠与红色鲜花，方为得当。在西方人眼里，白色鲜花象征着纯洁无瑕，将其送与新娘，才是对她的至高赞赏。而在中国的老人眼里，送给新人白色鲜花是不吉利的。

再如，在很多国家，人们送花时多以多色鲜花相组合，很少会送人清一色的红花或黄花。原来，在那里以纯红色的鲜花送人意味着向对方求爱，以纯黄色的鲜花送人则暗示决定与对方分道扬镳。

3. 数量

送花的具体数量，在不同国家、地区的民俗中，是各不相同的。在中国，喜庆活动中送花要送双数，意即“好事成双”，在丧葬仪式上送花则要送单数，以免“祸不单行”。

在西方国家，送人的鲜花则通常讲究单数。例如，送 1 枝鲜花表示“一见钟情”，送 11 枝鲜花则表示“一心一意”。只有作为凶兆的“13”，才是例外。

有些数字，由于读音或其他原因，在送花时也是忌讳出现的。例如，在欧美国家，送人的鲜花不能是13枝；而在日本、韩国、朝鲜，以及中国的广东、海南、香港、澳门、台湾地区，送4枝花给人，往往也会招人白眼，因为其发音与“死”相近。

第四节　赠受礼品

在接待活动中，礼品的赠送与收受一向较为敏感，而且具有一定的特殊性。接待场合中礼品所具有的特殊性，主要表现在下述五个方面：其一，我方通常不主动向外方人士赠送礼品。其二，当外方人士主动向我方人员赠送礼品后，我方可酌情予以回赠。其三，我方在出席外方的重大节庆活动或正式出访时，可考虑向外方赠送具有纪念意义的礼品。其四，我方人员在任何情况之下，均不得主动向外方索要礼品。其五，我方人员在正式的接待活动中所获赠的外方礼品，不论送给集体还是送给个人的，通常一律都应主动上交给自己所在的工作单位或部门。

在接待活动中，赠受礼品的礼仪实际上包括了礼品的赠送与礼品的接受两个方面。

一、礼品的赠送

在接待活动中需要赠送礼品时，我方人员通常应对下述三个要点予以重视：

（一）礼品的定位

礼品的定位，在此是指确定适用于接待活动的礼品的特殊之处。唯有定位准确，礼品在接待活动中才能够发挥其应有的作用。在为用于接待活动的礼品进行定位时，应认真遵守下列五项规则：

1. 突出礼品的纪念性

向外方赠送的礼品，不论获赠对象是集体还是个人，均应注重其纪念性。换句话来说，就是不应过分突出其身价，不宜以价格昂贵见长，而是应当强调其纪念意义。须知，在不少国家里，在官方活动中向个人或组织赠送身价高昂的礼品都是不受欢迎的。搞得不好，还有贿赂之嫌，甚至为此而触犯法律。

接待人员必须谨记，在与外方的新朋旧友们打交道时，没有必要次次送礼、回回大礼。即便有必要向对方赠送礼品，也要讲究“礼轻情义重”。有时，送给外方人士一本画册、一套明信片、一张照片、一枚纪念章，亦会受到对方欢迎。

2. 明确礼品的对象性

礼品的对象性，在此是指在接待活动中进行礼品选择时，应当根据具体对象的不同而有所区别。

礼品的对象性体现于具体操作之中，主要是要求接待人员在选择礼品时，必须注意因人而异、因事而异。所谓因人而异，是指选择礼品应对不同的对象给予不同的对待，切忌千篇一律。例如，日本人对中国的抽纱手帕十分欣赏，但若将它送给意大利人则会被认为十分晦气。所谓因事而异，则是指对礼品的选择应根据具体场合的不同而有所变化。例如，用于国务活动的礼品与用于私人拜访的礼品，就绝对不宜相同。

3. 体现礼品的民族性

在外方人士眼里，最具有中华民族传统特色的东西，往往才是最好的、最受欢迎的东西。诸如唐装、布鞋、手炉、剪纸、窗花、字画、图章、玉佩、筷子、二胡、笛子、空竹、铁环、风筝、中国结、油纸伞、生肖挂件等，都深受外方人士的喜爱。

4. 关注礼品的时效性

礼品的时效性，此处是指有些礼品只有在一定的时间段内才会“大放异彩”，产生其应有的效果。例如，倘若在 2008 年北京奥运会举办前夕和举办期间，我方人员向外方人士赠送印有奥运标志或吉祥物的礼品，必定大受欢迎。倘若在此之后数年仍然以之送人，则除专业收藏者之外，对方定会对此兴趣锐减，甚至还有可能视其为“处理品”。

5. 重视礼品的便携性

一般情况下，在为外方人士尤其是远道来访的外方人士选择礼品时，除须考虑以上几点之外，还须兼顾其便携性问题。至少，不应赠送易于损坏或是会为对方平添不必要麻烦的礼品。以民间工艺精制的陶瓷、玻璃制品或巨型图画、雕塑、屏风、摆件等，因其易破、易碎、不耐碰撞挤压，或者体积庞大、笨重，通常都不宜向外方人士贸然相赠。鉴于绝大多数国家对人们出入境时所携带的烟、酒的具体数量限制甚严，故亦不宜以此类物品送给外方人士。

（二）相关的禁忌

同一种礼品，在不同国家、不同地区、不同民族里，往往会被赋予一些不尽相同的寓意。有鉴于此，在接待活动中为外方人士挑选礼品时，无论如何都不应冒犯对方的有关禁忌。

根据一般经验，共有如下九类物品在接待活动中不宜充当礼品。接待人员通常将其统称为“接待活动九不送”：

1. 一定数额的现金、有价证券

在许多国家里，政府部门或公司、企业往往都有明文规定，禁止其工作人员在接待活动中接受现金、有价证券，或者实际价值超过一定金额的物品。此项规定，不仅是一项常规的职业禁忌，而且亦被视为反腐倡廉的应有之举。

2. 天然珠宝、贵金属饰物及其制成品

忌向外方人士赠送此类物品的缘由，与前者基本上相同。

3. 药品、补品与保健品

中国人习惯于有病时吃药治病，无病时进补、保健。但在国外，个人的健康状况却属于“绝对隐私”。倘若按照中国人的老习惯，将与个人健康状况直接挂钩的药品、补品、保健品送给外方人士，则往往不为对方所欢迎。

4. 广告性、宣传性物品

不少外国人，特别是发达国家的人，极度崇尚个人尊严，因而其自我保护意识极强。接待人员若将带有明显广告性、宣传性的物品或带有明显的本单位标志的物品送与对方，往往会被对方理解为我方有意利用对方，或借机进行政治性、商业性宣传。

5. 冒犯受赠对象的物品

送给外方人士的任何物品，通常都应以不得冒犯受赠对象，包括不冒犯其本人，不冒犯其所在国家、所在地区、所在民族，不冒犯其所代表的单位，作为前提条件。若礼品本身，包括其品种、形状、色彩、图案、数目、外包装或者其寓意，冒犯了受赠者的个人禁忌、职业禁忌、民族禁忌或宗教禁忌，都会使馈赠行为功亏一篑。

6. 易于引起异性误会的物品

在人际交往中，“男女有别”是必须谨记的。向关系普通的异性赠送礼品时，务必要三思而后行，切勿弄巧成拙。勿向外方人士赠送示爱之物，或有可能被对方视为含有色情、下流之意的物品。

7. 以珍稀动物、宠物为原材料制作的物品

出于维护生态环境、保护珍稀动物的考虑，在国际社会中，珍稀动物及其制成品，例如，以大熊猫、东北虎、藏羚羊、鳄鱼、蟒蛇等动物的毛皮制成的物品或象牙制品，显然不宜充当礼品。与此同时，以猫、狗、鸽等为原材料的制成品，也不宜选为礼品。

8. 有悖现行社会规范的礼品

挑选拟送外方人士的礼品时，勿忘遵守法律、道德等现行的社会规范。此处所说的现行社会规范，不仅是指中国现行的社会规范，而且还应当将交往对象所在国家现行的社会规范包括在内。

9. 涉及国家机密、行业机密的物品

在接待活动中，我方人员必须具有高度的国家安全意识与保密意识。在与外方人士交往时，既要讲究待人以诚，又要注意“防人之心不可无”。不论在什么情况下，都不可自作主张，未经批准擅自将内部文件、统计数据、情况汇总、技术图纸、生产专利等有关国家或行业的核心秘密随意送给外方人士。否则不仅有损于国家利益或行业利益，而且

还可能会为此而受到法律的制裁。

（三）通行的规则

向外方人士赠送礼品时，我方人员通常必须自觉地遵循国际社会所通行的礼品赠送常规——“六 W 法则”。

所谓“六 W 法则”，在此是指接待人员在向外方人士赠送礼品时，必须对有关的六大要点在总体上予以统筹考虑。在英文里，这六大要点均以大写字母“W”作为词首，故此外事礼仪称之为“六 W 法则”。

1. 第一个“W”：“Who”

它要求：接待人员在决定向外方人士赠送礼品时，首先必须明确受赠对象是“谁”，即要求了解清楚受赠者的具体情况。对来自不同国家、不同地区、不同民族、不同阶层、不同年龄、不同职业、不同受教育程度以及不同文化背景的外方人士，为其所选择的礼品自然应当有所区别。

2. 第二个“W”：“What”

它要求：接待人员必须重视送给外方人士的礼品具体应当是“什么”。这一问题与上一问题具有明显的因果关系，却又不能完全为其所取代。因为在选择适用于接待活动的礼品时不但要因人而异，而且还要兼顾赠送者的能力、交往双方关系、赠送礼品的具体场合等。

3. 第三个“W”：“Why”

它要求：接待人员在为外方人士选择礼品时，必须明确“为什么”。必须强调的一点是：我方人员向外方人士赠送礼品的目的，既不是为了贿赂、收买、拉拢对方，也不是为了逢迎、讨好对方。我方的基本意图，从来都是而且也只能是向对方表达自己的尊重、友好与善意。

4. 第四个“W”：“When”

它要求：我方在作为赠送者时，必须审慎地对待“什么时间”赠送礼品为宜的问题。一般而言，在接待活动中，宾主双方处理这一问题的具体做法有所不同。充当客人时，接待人员通常应当在宾主双方相见之初，或者首次正式拜会主人时即奉上礼品；充当主人时，接待人员则往往应在饯行宴会上，主方领导会见来宾时，或前往客人下榻之处为其送行时向客人赠送礼品。

5. 第五个“W”：“Where”

它要求：接待人员必须认真确定“什么地点”适宜向外方人士赠送礼品。按照国际惯例，处理这一问题应讲究“公私有别”：因公交往赠送礼品，应该在办公地点或大庭广众之前赠送，以示郑重其事或光明正大；因私交往赠送的礼品，则应在私人居所或并无他人在场之际赠送，以示双方关系密切，私交甚深。

6. 第六个“W”：“Which”

它要求：接待人员应当充分考虑礼品赠送的具体方式，即采用何种赠送礼品方式的问题。就我方人员而言，在这方面应着重注意三点：其一，关注赠送者的身份。若有可能，在官方活动中向外方人士赠送礼品时，最好由当时到场的我方身份最高者亲自出马，以提高赠送活动的档次。其二，重视礼品的包装。在接待活动中，礼品的包装一向被视为礼品的有机组成部分。对礼品认真加以包装，不但可能提升其档次，而且还意味着赠送者郑重其事的态度以及对受赠者的尊重。其三，酌情进行礼品介绍。有关礼品的产地、特征、用途以及寓意，应尽可能地当面向受赠者进行必要的说明。

二、礼品的接受

在接待活动中，外方人士也经常会向我方人员赠送礼品。在这种情况下，接待人员的临场表现与反应是十分令人关注的。

在正常情况下，接待人员在收受外方人士的礼品时，需要注意如下四个问题：

（一）欣然接受

当外方人士向我方人员赠送礼品时，我方人员通常应当场予以欣然接受。此时此刻，我方人员最得体的表现，是应当高高兴兴、落落大方地将外方人士所馈赠的礼品当即接受下来。切不可躲躲闪闪、扭捏作态地推来推去，或者言行不一地跟对方过分客套。

具体而言，当场接受外方人士的礼品时，我方人员应面含微笑、起身站立，首先以双手接过礼品，随后与对方握手，并正式就此而向对方表达自己由衷的谢意。

（二）启封赞赏

在国外，特别是在许多西方国家里，人们在接受礼品时，大都习惯于当场立刻拆启礼品的外包装，将礼品取出仔细欣赏一番，然后再略表赞赏之意。此种为中国人以往所难以接受的做法，早已在国际社会里逐渐演化为受赠者接受礼品时必须遵循的一项重要礼节。

在接待活动中接受外方人士所赠送的礼品时，接待人员若不当即将其启封，或者对其不置一词，都会被理解为对礼品完全不屑一顾，从而会使赠送者受到严重的伤害。

（三）拒绝有方

对外方人士所赠送的礼品，我方人员并非一律都应当来者不拒。一般而言，外方人士赠与我方人员的违法、违禁、违规的物品等；有辱我方国格、人格的物品；有伤风化、有悖社会公德的物品；有碍我方正常执行公务的物品；有害于双方关系的物品等；我方人员均应坚辞不受。

需要指出的是，在拒受外方的礼品时，我方人员应阐明其具体原因，并有礼有节、不卑不亢。若发现对方确无恶意，则还须在拒受礼品的同时向对方致以必要的感谢。

（四）有来有往

一旦接受了外方人士的礼品之后，切莫忘记有来有往。方法之一，应在适当之时，回赠给对方适当的礼品。所回赠礼品的性质与档次，大体上可与对方的礼品相近或相仿。方法之二，在接受礼品后，尤其是在接受较为珍贵的礼品后，应真诚地向对方道谢。除了应当场向赠送者正式道谢之外，还可在事后再度表达谢意。目前常规的做法是：在一周内致信、发电子邮件或打电话再次感谢对方，亦可在此后再次与对方相见时，提及自己很喜欢对方所赠送的礼品。

第五节　书信往来

通信是迄今为止最古老、最实用的一种通联方式。对接待人员人来说，在国内外交往中适当地巧用书信，并不意味着自己落伍、守旧。与此恰恰相反，掌握必要的通信技巧，并且在日常交往中尽可能地利用与他人保持联系，依旧是人人要做的必行之事。

通信的礼仪规范甚多。简单地讲，在书信程式、通信技巧、信函的应用等方面，应当更多地予以关注。

一、书信程式

书信程式，又叫书信格式。它所指的是书信的写作法则和布局结构。任何一封正式的书信，要想发挥功效，并且以礼敬人，首先就必须使其在程式上中规中矩。

按照正常情况，每封书信皆由信文与封文两大部分组成。二者在程式上各有各的要求，均须“照章办事”。

（一）信文

信文，即书写于信笺之上的文字，又叫笺文。一般来说，信文是一封书信之中的主体，也是发信人写作与收信人阅读的重点。

从程式上看，每一封正式的书信的信文，大体上都由前段、中段、后段三大部分所构成。三者必须一应俱全，缺一不可。以下，分别介绍一下信文的三个组成部分的具体情况，免得写信时“无规矩，不成方圆”。

1. 信文的前段

信文的前段，就是信文的起始部分。具体而言，它又是由两个部分所组成的。

其一，对收信人的具体称呼。确定对收信人的称呼时，应兼顾其性别、年龄、职业、身份以及双边关系，千万不要草率行事。准确地讲，该部分叫作称谓语。

其二，对收信人所进行的问候。它也叫作问候语。这一部分通常不允许省去。

过去，中国民间对信文前段的讲究极多。它被叫作信文的开头，通常要采用专用的文言文，并要选用合乎通信双方具体身份的谦辞与敬语。如今写信时，自然不必仿古，没有必要照抄照搬业已过时的繁文缛节，但是应该使用的称呼与问候，依旧不可或缺。

根据惯例，信文前段的第一部分应在信笺第一行顶格书写，而第二部分则须写在信笺第二行上，并且还要在开头空上两格。

2. 信文的中段

信文的中段，又叫信文的正文。实际上，这一部分才是书信的核心内容之所在。

依据常规，正文应紧接着写在问候语后面，并要另起一段书写。头一行要空两格，此后转行顶格书写。根据实际需求，正文可以分作数段。每段头一行都需要空出前两格，此后转行顶格。在一般情况下，于正文中每讲一件事情，原则上都应当另起一段，以便层次清晰，使收信人能够一目了然。

3. 信文的后段

信文的后段，又叫信文的结尾。它位于正文之后，属于信文的结束部分。只有写好这一部分，使“尾声”完美无缺，才能让信文“有头有尾”，有始有终。

在一般情况下，信文的后段应由以下五个部分构成：

其一，结束语。它是专门写在信尾的应酬话和按惯例所用的谦辞、敬语。其目的，是为了呼应正文，宣布“到此为止”。该部分可自成一段书写，也可以紧接着正文的最后一段书写，不再独立分段。

其二，祝福语。它是对收信人所表达的良好祝愿，有时又叫祝词。通常它应采用专门的习惯用语，并分成两行书写。写在头一行的部分，须空出前两格。写在后一行的部分，则应顶格而写。

其三，落款语。它一般又分为自称、署名、日期三个部分。自称与署名，可在祝福语之后另起一行书写，并且要注意：横写信文时，这一内容要偏右写；竖写信文时，则须使之偏下。日期的部分，可与署名写在同一行，并位于其后。有时，亦可另起一行，写于自称与署名的正下方。

其四，附问语。所谓附问语，指的是发信人附带问候收信人身边的亲友，或者是代替自己身边的亲友问候收信人及其身边的亲友。附问语应另行书写。其具体位置，可以是在结束语之前，也可被写在落款语后面。

其五，补述语。它又叫附言，指的是信文写毕之后，还有必要补充的内容。它最好不要出现。有必要写上这一部分时，要以“又及：”或“又启：”开头，独立成段，书写在信尾的最后。千万不要将其胡乱穿插，到处乱写。

需要强调的一点是：按照国内现行的惯例，信文均应横写。在没有必要时竖写信文，未免会给人以舞文弄墨之感。万一有必要竖写信文，最好选用竖式信封与之相配套，务必不要使二者出现一横一竖的不般配组合。

另外，在书写信文时，务必要令其各组成部分依照程序而行，尽可能“各就各位”。

附程式标准的横写信文一则：

尊敬的齐东阳教授：

您好！

您今年6月16日的来信已经收到，内言尽知。

能够收到您的来信，我非常高兴。多谢您对我的理解和鼓励。

您来信索取的那份资料，我将尽快找到，并挂号寄给您。收到希告，免得我惦念。

我省公关协会拟于今年9月1日在省会举办一次企业公关技巧研讨会。目前虽尚未定出具体计划，但全体理事一致要求，请您百忙之中来为我们作一次有关现代企业公关技巧的主题报告。若蒙应允，我们将深感荣幸。您决定之后，请尽快通知我。

知您日理万机，不多写了。请多多保重。

章乐乐会长、肖凡秘书长附问您安好。

专此敬复，不尽欲言。

敬颂

夏安！

学生艾国敬上　6月23日

又及：您索要的资料已挂号寄出。

（二）封文

封文，即在信封上所写的文字。按照标准书写封文，至少有三大好处：其一，能够保证书信准确无误地到达收信人手中。其二，能够直观地反映发信人的文化素养。其三，能够体现发信人对传递信件者的尊重程度。

在一般情况下，国内以中文书写的信封多为横式。在横式信封上所出现的封文，大致上由三个部分组成。除此之外，在信封上再写其他任何内容，都是不合适的。尤其要注意，不要在信封背后乱涂、乱写。

附寄交的程式标准的横写封文一则：

2 6 6 0 2 1	邮票
山东省济南市市中区台北京路226号	
陈　　晨　先生　启	
北京市海淀区中关村大街113号　任小君　缄	
邮政编码：100872	

1. 收信人的地址

收信人的地址，应书写在横式信封的左上方。如有必要，可将其分作两行书写。在其左上角，按规定还应写明收信人所在地址的邮政编码。邮政编码绝对不可缺少。

2. 收信人的称谓

收信人称谓通常应在横式信封的正中央书写。通常，它又可分为三个组成部分：第一，收信人姓名。第二，供传递信件者对收信人所使用的称呼。第三，专用的启封词，如“收”、“启”，等等。后两个部分的内容，有时可以省略。

3. 发信人的落款

该部分一般位于横式信封的右下方。具体而言，它又被分作四个小的组成部分：第一，发信人地址。第二，发信人姓名。第三，用来表示敬意的缄封词，如“缄”、“谨缄”，等等。第四，发信人所在地址的邮政编码。

在上述四者之中，前三个部分可写成一行，其中第三个部分还可以略去不写。而第四个部分则应独立成行，写在横式信封右侧的最下方。

有的时候，书信可以请人代交，而不必通过邮局邮寄。在托人代交的信封上，可以不写双方的地址和邮政编码。但需令其封文之中包括以下内容：

其一，拜托语。即为拜托他人而使用专用词语。在横式信封上，应将其写在左上方。

其二，收信人称谓。通常，该部分应由收信人姓名，供托交人对收信人使用的称呼以及收件词三个部分构成。三者应在横式信封的正中连成一行书写。

其三，写信人自署。它一般应写成一行，并位于横式信封的右下角。除写信人姓名之外，若有必要，这一部分还可以包括拜托语和托交时间。

委托他人代交信件时，特别是委托通信双方或其中一方关系较为生疏者代交信件时，信封上封文必须完全符合标准。

附代交的程式标准的横写封文一则：

烦 交

孔 得 仁　先生　检收

张腾　拜托　11 月 6 日

以外文书写信件时，其信文、封文的具体程式，必须合乎使用该种文字时所通行的标准。此处不再一一详述。

二、通信技巧

在通信时，除了发信人在写信时要遵守书信程式以外，通信双方在写信、发信以及收信等一系列具体环节上，均有许多技巧与规范应该掌握。

（一）写信

在写信时，写信人所应注意的主要问题是，要尽可能地使书信礼貌、完整、清楚、正确、简洁。因为以上这五个单词在英文里均以字母“C”开头，故而它们又被叫作写信的“五 C 原则”。

1. 礼貌

写信人在写信时，要像真正面对收信人一样，以必要的礼貌，去向对方表达自己的恭敬之意。其中的一个重要做法，就是要尽量多使用谦辞与敬语。

例如，在信文前段称呼收信人时，可使用诸如“尊敬的”、“敬爱的”一类的提称词。对对方的问候必不可少，对对方亲友亦应依礼致意。在信文后段，还应使用规范的祝福语，等等。

2. 完整

在写信时，为了避免传输错误信息，必须使书信的基本内容“按部就班”，完整无缺。

例如，在信文中提到收到对方来信，或是在末尾落款时，不可一笔带过，而应准确到具体日期。一般要求写明几月几日，必要时还须写明何年何月何日何时。

在书定封文时，对方的邮编不可缺少。此外，在书写收信人及发信人地址时，要力求其完整，而不宜采用简称。唯有如此，方能确保书信被及时送达，或是因故被退还时不至于丢失。

3. 清楚

书写信函时，必须使之清晰可辨。要做到这一点，须注意以下四点：

其一，字迹应当清清楚楚，切勿书写潦草，乱涂乱改。

其二，要选择耐折、耐磨、吸墨、不洇、不残、不破的信笺、信封，切勿不加选择，随意乱用。

其三，要选用字迹清楚的笔具与墨水。在任何时候，都不要用铅笔、圆珠笔、水彩笔写信，红色、紫色、绿色、纯蓝色等色彩的墨水也最好别用。

其四，也是至关重要的一条，是书信里叙事表意时，必须层次明、条理清、有头有尾。切勿天马行空、云山雾罩，以免令人疑惑丛生，不知所云。

4. 正确

在写信时，不论是称呼、叙事，还是遣词、造句，都必须认真做到正确无误。

在信中，坚决不要出现错字、别字、漏字、代用字或自造字，也不要为了省事，而用汉语拼音或外文替代不会写的字。

在书写收信人姓名、地址、职务以及尊称时，不应出现任何差错。

在封文上，于收信人姓名之后书写的称呼，如“同志”、“先生”等等，是专供邮递员或带信人使用的，而并非是发信人对收信人所用的称呼，因此像“爱妻”、“小弟”之类的私人称呼，是不宜出现的。

5. 简洁

写信如同作文一样，同样讲究言简意赅，适可而止。在一般情况下，写信应当“有事言事，言罢即止”，切勿洋洋洒洒、无休无止、空耗笔墨。

当然应当避免为使书信简洁而矫枉过正，走另一个极端，过分地惜墨如金，而使书信通篇冰冷乏味。

（二）发信

写毕书信之后，写信者在准备、寄发信件时，还有一系列的事情要做。在发信之时，下述礼仪规范亦不可不知。

1. 折叠

写好信文，将信笺装入信封时，不可令其过大或过小。在折叠信笺时，即不要随手乱折，也没有必要搞得上缠下绕，边角对插，过分神秘。

折叠信笺的常规方法有四：

其一，先将信笺三等分纵向折叠，然后再将其横折，并令其两端一高一低。此法叫作“以低示己法”，意在表示谦恭之意。

其二，在折叠信笺时，有意将收信人姓名外露。它叫“外露姓名法”，可令收信人产生亲切感。

其三，先将信笺纵向对折，随即在折线处再往里卷折1～2厘米宽，最后再将其横向对折。此法叫作“公函折叠法”，多用于因公通信。

其四，将信笺先横向对折两次，然后再将其纵向折叠到可以装入信封之中的长度。此法称为“随意折叠法”，适用于日常通信之时。

2. 装入

折好信笺，将其正式装入信封时，要注意的问题是：一定要将其推至信封的顶端，并且令其与信封的封口之处留有大约1厘米的距离。这样做的好处是，收信人将来拆阅书信时，因为发信人早已“留有余地”，信笺便不易被“伤筋动骨”，影响阅读了。

3. 附件

有些时候，发信人在信封之内往往还要装入其他一些书信的附件。在处理这一问题时，应当注意三点：

其一，要符合有关方面的具体规定。不要违规，不要乱装有可能违禁的物品。

其二，要保持信封的平整、美观。不要因所装附件过多，而令其膨胀不堪，甚至因此而“开膛破肚”。

其三，要向收信人交代明确。在信文之中，要对附件的数量写得一清二楚，必要时还可要求收信人“收到即告”，免得对方“查无实据”。

4. 邮资

通过邮局寄发的信件，应自觉按规定交付足够的邮资，不要缺资、欠资，大家都不方便。

需要自己在信封上贴邮票的话，应将其端端正正地贴好，而切勿“见缝插针”，随便乱贴邮票。贴一枚邮票时，按惯例，应将其贴在信封正面（横式信封）右上角的指定之处。

在一般情况下，最好不要在一封信上贴多枚邮票。非得这么做时，则须将其一并贴在信封背面的封口之处。

5. 封闭

对于信笺装入信封后，信封应否封闭的问题，不可不加任何分别地一概而论。

根据现行的习惯做法，通过邮局寄达的信件，其信封必须一律封口。而托请他人代交的信件，其信封则原则上不宜封闭。之所以要这么做，前者是为了恪守个人隐私，保障通信秘密；后者则主要是表示对托带者的信任与尊重。

（三）收信

接到他人来信后，收信人在礼仪方面有下列五点需要认真加以注意的事项。

1. 守法

中国现行宪法之中明文规定："中华人民共和国公民的通信自由和通信秘密受法律保护。"因此，任何扣留、私拆、偷阅他人信件的行为，都是触犯法律的。所以，在职场交际中接触书信，尤其是替他人收取的书信时，务必要具有良好的法律意识，切勿违法。即使自己扣留、私拆、偷阅他人的信件仅仅是为了跟别人开玩笑，也是绝对不许可的。

2. 拆信

收到他人来信，通常先要拆启，才能进行阅读。拆阅他人信件时具体做法是否得当，不仅涉及来信能否完整无缺的问题，而且也间接体现着收信人的个人修养。

拆信时，一要确保信笺的完好；二要注意信封拆启后的美观。拆信的最佳之处，当推信封的封口处。有可能的话，最好利用刀、剪拆信，而不要直接下手去撕。无论如何，都不要把信封拆得"犬牙交错"、"遍体鳞伤"。

3. 保存

收到他人来信后，切勿乱扔、乱塞。未经发信人本人允许，千万不要随便将对方的来信公开发表，或是到处进行传阅。这样做，对对方是非常不尊重的。

对于需要长期保存的书信，可整理在一起，或装订成册，然后妥为收藏。对于无须保留的书信，可集中起来，以火焚毁，或用碎纸机进行破坏性处理。但是不宜将其作为垃圾扔掉，或是当成废纸卖掉。

4. 即复

在一般情况下，收到他人来信之后，应当立即去做的头一件事，就是尽可能快地回复对方的来信。应当说，及时复信，不仅仅是一种对对方表示尊重的礼貌，而且也是做人所应当具备的一种美德。

对于他人的来信，只收不复，或者能拖便拖，得过且过，不但会令寄信人担心他的来信是否丢失，而且还有可能会延误正事。

有人在回复他人来信时，总喜欢说什么："因为太忙，迟复为歉，希望见谅"云云。其实，这种说法根本站不住脚。因为只要牵挂对方，再忙的人也能挤出回一封信的时间来。忙不能成为迟复他人来信的理由。

若是对他人的来信一拖了事，干脆不作答复，让对方觉得自己杳无音信，则是通信之大忌。

5. 回应

对于他人的来信，不仅要及时给予回复，而且在复信之中，还应当善解人意地对对方来信中需要回应的问题一一作答。

特别需要注意的是，对于他人来信之中提及的问题，如有可能，应当及时在复信中给予答复。对于确需延后回答或不能解答的问题，在复信时要说明具体原因，或者是将延后回答所需要的大致时间，及时相告于对方。不要避而不谈，或是含糊作答。

对于他人在来信之中求助于自己的问题，难免出手相助，最好尽力而为。由于种种原因，难以帮助别人的话，亦应及时复信，并在信中申明具体困难，向对方致歉，或请求对方予以谅解。

后记

2009年初，在中国人民大学出版社郭晓明先生的策划、推动下，我的“礼仪面对面丛书”得以正式出版。迄今为止，它已累计重印近10次，印数达数十万册，获得了广大读者的一定认可。现在，应广大读者与中国人民大学出版社的要求，该丛书经过修订，第二版即将问世。在此，我略做如下说明：

首先，“礼仪面对面丛书”的第二版，在对原有《职场礼仪》、《接待礼仪》、《交际礼仪》进行认真修订的同时，又增加了《行政礼仪》与《国际礼仪》。《行政礼仪》主要面向各类行政人员，《国际礼仪》则以我国涉外人员为读者。这样一来，“礼仪面对面丛书”将更全面、更充分地面向社会各界不同层面的读者。

其次，除新增的《行政礼仪》、《国际礼仪》之外，对本丛书原有三册的修订在坚持与时俱进、适应读者需求的同时，注重规范性，关注对象性，强调可操作性。因此，此次修订对原有的三册各自进行了较大篇幅的调整、补充、完善。具体而言，它们既有一定章节的增加，也有一定篇幅的删除；同时还有一定数量的纠错与更正。

最后，本次修订的最终目的，是力求令本丛书“知”、“行”合一，更好地为广大读者服务、为社会服务、为国家服务。尽管本人为此不遗余力，然而个人的水平与精力毕竟有限，在此恳请广大读者与专家、学者对我本人、对本丛书的第二版不吝指教。《礼记》有云：“礼，以时为大。”今后，我将恪守前贤这一教诲，持续不断地对本丛书进行完善。

值此机会，再次感谢广大读者的信任与支持，感谢专家、学者、同行们的鼓励与指教，感谢中国人民大学出版社各位领导与本丛书策划编辑郭晓明先生的帮助与督促！

金正昆

2014年10月23日于北京香山

图书在版编目（CIP）数据

接待礼仪/金正昆著．—2版．—北京：中国人民大学出版社，2015.5
（礼仪面对面丛书）
ISBN 978-7-300-21277-7

Ⅰ.①接…　Ⅱ.①金…　Ⅲ.①礼仪-基本知识　Ⅳ.①K891.26

中国版本图书馆CIP数据核字（2015）第103747号

礼仪面对面丛书
接待礼仪（第二版）
金正昆　著
Jiedailiyi

出版发行	中国人民大学出版社		
社　　址	北京中关村大街31号	**邮政编码**	100080
电　　话	010－62511242（总编室）		010－62511770（质管部）
	010－82501766（邮购部）		010－62514148（门市部）
	010－62515195（发行公司）		010－62515275（盗版举报）
网　　址	http://www.crup.com.cn		
经　　销	新华书店		
印　　刷	天津鑫丰华印务有限公司	**版　　次**	2009年4月第1版
开　　本	720 mm×1000 mm　1/16		2015年6月第2版
印　　张	19.75	**印　　次**	2024年6月第6次印刷
字　　数	266 000	**定　　价**	88.00元